本书系 2021 年山西省哲学社会科学规划课题“网络问政服务社会治理研究”（项目编号：2021YY197）阶段性成果

中国媒体的建设性新闻报道研究

郭　倩　著

知识产权出版社
全国百佳图书出版单位
—北京—

图书在版编目（CIP）数据

中国媒体的建设性新闻报道研究 / 郭倩著 . -- 北京：知识产权出版社，2022.5

ISBN 978-7-5130-8134-4

Ⅰ . ①中⋯ Ⅱ . ①郭⋯ Ⅲ . ①新闻报道—研究—中国 Ⅳ . ① G219.2

中国版本图书馆 CIP 数据核字（2022）第 064873 号

内容提要

本书以苏州广播电视总台的建设性新闻栏目为蓝本，探究中国媒体的建设性新闻实践。首先，概括建设性新闻的媒介呈现框架，揭示媒体建设性新闻生产背后潜藏的制约因素与规制特征；其次，分析媒体在实际工作中充当的角色与受众期望之间的落差及角色困境，为国内媒体从事建设性新闻实践，如内容制作、新闻生产、媒介角色建构等提供生动阐释与现实参考。

本书适合新闻工作者、媒体领域科研人员阅读。

责任编辑：李 婧 **责任印制：孙婷婷**

中国媒体的建设性新闻报道研究

ZHONGGUO MEITIDE JIANSHEXING XINWEN BAODAO YANJIU

郭 倩 著

出版发行：知识产权出版社有限责任公司 **网 址：** http：//www.ipph.cn

http：//www.laichushu.com

电 话： 010-82004826

社 址： 北京市海淀区气象路50号院 **邮 编：** 100081

责编电话： 010-82000860转8594 **责编邮箱：** lijing@cnipr.com

发行电话： 010-82000860转8101 **发行传真：** 010-82000893

印 刷： 北京中献拓方科技发展有限公司 **经 销：** 各大网上书店、新华书店及相关书店

开 本： 720mm × 1000mm 1/16 **印 张：** 18.75

版 次： 2022年5月第1版 **印 次：** 2022年5月第1次印刷

字 数： 315千字 **定 价：** 110.00元

ISBN 978-7-5130-8134-4

目录

第一章　导论

一、研究背景

伴随着信息技术革命的到来及政治经济社会环境的变化，全球新闻传媒业面临的挑战日益增多。假新闻泛滥、网络人身攻击、隐私泄露……蚕食着受众对新闻业的信任。民众开始质疑新闻媒体是否在履行其基本使命，即新闻是否由专业人士制作，是否对了解周围世界有所助益。[1]对此，新闻业亟需做出调整，对自身角色、使命及工作进行重新认识与部署。根据英国广播公司的一次观众调查，在英国，有51%的16～18岁的人和47%的19～24岁的人“同意或强烈同意”希望新闻能提供解决方案。在发展中国家，这一数字甚至更高：75%的印度人、78%的尼日利亚人和82%的肯尼亚人希望他们的新闻能够提供解决方案，而不仅仅是问题。[2]面对受众吁求及新闻业的困境，业界、学术界考虑有必要转换报道理念及报道方式，将解决方案寓于新闻报道之中。由此，方案新闻、解困新闻、建设性新闻等公共新闻理念及实践方式进入业界与学术界视野。

建设性新闻报道（Constructive Journalism）是对以往倾向于消极、冲突、危机为导向的报道方式的反思，主张在报道讲述过程中注入积极的情感及价值观并

---

[1] NEWMAN N，FLETCHER R，KALOGEROPOULOS A，etc. Reuters Institute Digital News Report 2019［R/OL］.（2019-08-09）［2019-10-17］. https：//reutersinstitute.politics.ox.ac.uk/sites/default/files/2019-08/DNR_2019_FINAL.pdf.

[2] KASRIEL E. Why We Need Solutions-Focused Journalism［EB/OL］.（2016-08-31）［2019-10-17］. http：//www.bbc.co.uk/blogs/academy/entries/be8991c7-c1c7-42e6-a371-f40278838fa2.

以积极的姿态“介入”其中，指出可能的解决方案并推进问题的解决，是一种更具包容性和问责性的新闻实践。[1]从广义视角来看，建设性新闻可被置于“情境化新闻”（Contextual Journalism）语境之下，情境化新闻有三个细分类别：建设性新闻、方案新闻和恢复性叙事。情境化新闻强调从社会的角度看待问题，关注“大局”而不是“事实”，提供了传统报道方法所没有的广阔视角，新闻工作者为了改善社会管理而采取的更全面的报道方法。语境主义者不会被动地传播信息，他们关注的是一个事件如何影响社会，回答“谁”“什么”“什么时候”“在哪里”，以及“为什么”“如何”“什么是可能的”，与新闻业的核心价值观相一致，包括对真相的义务和全面的报道。[2]建设性新闻正是在“为什么”与“怎么做”方面为受众带来更广阔的视角，从而促进社会问题的解决。与建设性新闻相似的概念还有方案新闻（Solutions Journalism）、和平新闻（Peace Journalism）、恢复性叙事（Restorative Narrative）、积极新闻（Positive Journalism）等。从狭义视角来看，建设性新闻包含四个基本元素：积极向上的情绪、以解决方案为导向的报道、落实于行动的诉求、关注未来的面向。

如今，建设性新闻更加受到世界各地媒体机构的关注，并努力将建设性新闻理念运用于报道实践之中。欧美国家表现较为积极且是这一潮流的引领者。以媒体实践的先后时间来划分，可分为三个阶段。

第一阶段是萌芽期，20 世纪 90 年代—2009 年，以英国为代表。例如，《积极新闻》（*Positive News*）作为第一份以正面报道理念为宗旨的公开出版物，早在 1993 年英国伦敦创建之初，便着手展开积极新闻的探索。彼时，作为一种“激进”的小众新闻理念而存在，未受到广泛关注，2009 年前后，建设性新闻逐渐进入欧美媒体的视野。BBC 世界服务集团（BBC World Service）编辑合作主管艾米丽·卡斯里尔（Emily Kasriel）在 2008 年创办的旗舰品牌节目“论坛”（*The Forum*）上倡导解决方案导向的新闻制作。除了英国外，丹麦也较早推行建设性新闻实践，并进行了理论探索。2009 年丹麦记者乌瑞克·哈格鲁普（Ulrik Haagerup）在《世界经济论坛》（*World Economic Forum*）上讲解了何谓建设性新

[1] MAST J，COESEMANS R，TEMMERMAN M. Constructive Journalism：Concepts，Practices，and Discourses［J］. Journalism，2019，20（4）：492-503.

[2] MCINTYRE K，DAHMEN N S，ABDENOUR J. The Contextualist Function：US Newspaper Journalists Value Social Responsibility［J］. Journalism，2018，19（12）：1657-1675.

闻报道[1]，并于2007—2017年，在丹麦电台推行建设性新闻实践，出版了《建设性新闻》[2]（2012年）、《建设性新闻：否定为何会破坏媒体和民主——以及如何改善明天的新闻业》[3]（2015年）。

第二阶段是发展期，2010—2014年，欧美各国媒体逐渐接受了建设性新闻理念。同时，一些非营利的新闻机构及组织成立了建设性新闻（或方案新闻）项目，与各大新闻媒体合作，通过开办工作室、讲习班、研讨会等形式宣传建设性新闻理念，推出出版物或工具包（Toolkit）阐释建设性新闻（或方案新闻）的来龙去脉，明示辨别及编写建设性新闻（或方案新闻）的方法；[4]与大学及科研院所合作，为新闻专业学生教授相关课程，搭建聚合自由职业者、记者等新闻工作人员和新闻机构的协同网络等，发展出一条产学研一体化的道路。例如，2010年，美国记者大卫·伯恩斯坦（David Bornstein）及普利策奖的获奖记者兼作家蒂娜·罗森伯格（Tina Rosenberg）在《纽约时报》创办建设性新闻栏目"解决"，掀起了美国媒体建设性新闻实践的浪潮。两人同时作为联合创始人，连同博客写手考特尼·马丁（Courtney Martin）一起，于2013年2月建立了"方案新闻网络"（Solutions Journalism Network，SJN）。2012—2013年欧美建设性新闻实践版图上多了法国的《火花新闻》（*Spark News*）、美国的《赫芬顿邮报》《西雅图时报》及资讯网站Upworthy、IVOH（Images & Voices of Hope）等媒体。

第三阶段是高潮期，2015年至今。建设性新闻理论逐渐成熟，欧美媒体纷纷投身于建设性新闻探索实践，开设栏目。他们致力于推进建设性新闻的媒体组织机构的蓬勃发展，具体有丹麦记者哈格鲁普成立的建设性（新闻）研究所（Constructive Institute）、凯瑟琳·吉登斯泰德（Cathrine Gyldensted）于荷兰阿姆斯特丹成立的"开眼"（Open Eyes）研究所，以及由媒体专业人士管理的建设性新闻项目（Constructive Journalism Project）。伴随建设性新闻这一概念的正式确

---

[1] Ulrik Haagerup Speaks About Constructive Journalism [EB/OL].(2009-10-19)[2019-10-17]. https://www.youtube.com/watch? v=zESU7OnR1_U.

[2] Ulrik Haagerup [EB/OL].[2019-10-19]. https://da.wikipedia.org/wiki/Ulrik_Haagerup.

[3] HAAGERUP U. Constructive News: Why Negativity Destroys the Media and Democracy-and How to Improve Journalism of Tomorrow [M]. Zurich: InnoVatio Publishing AG, 2015.

[4] ASHLEY N. Solutions Journalism Network Launches Free Toolkit [EB/OL].(2015-01-14)[2019-10-19]. https://ijnet.org/en/story/solutions-journalism-network-launches-free-toolkit.

立及相关理论的完善与发展，欧美建设性新闻实践范围进一步扩大。2015年，《波士顿环球报》成立了方案新闻栏目“学习曲线”，2016年德国《每日观点》（*Perspective Daily*）和英国INKLINE、《卫报》、BBC正式成立建设性新闻栏目，老牌期刊《经济学人》也逐步将解决方案作为内核融入故事阐述之中。

综上所述，建设性新闻在全球已形成一定规模，并产生了一定影响力。虽然各个媒体采用旗号不尽相同，但殊途同归，宗旨皆是为社会问题探求出路，为民众带来鼓舞人心的力量。有学者用24个字予以高度概括：积极踊跃，范围渐广，效果初显；名目各异，方法有别，宗旨一致。[1]

以上是建设性新闻在欧美的实践历程，反观国内媒体实践可以发现，很早就有与建设性新闻理念类似的作品及栏目。无论是聚焦于百姓日常生活的民生新闻、帮扶类节目、问政节目，还是致力于为新闻人物、企业精英、政府官员、经济专家和投资者提供交流和对话平台的节目，抑或是贯彻正面报道的典型报道、成就报道，甚至是揭露问题的调查类报道、舆论监督类报道，这些节目或报道形式虽然千姿百态，但目的是相似的，或为民众排忧解难；或为各方人士搭建对话平台；或是通过先进、典型人物报道及成就报道，为社会大众带来积极向上的力量；或通过聚焦问题，引发社会关注，最终皆对促成问题的解决及改进社会治理提供思路。

从近年来荣获中国新闻奖的作品来看，不乏含有建设性新闻理念的作品，如第二十九届中国新闻奖（2019年）一等奖作品：湖北广播电视台的电视消息《问政现场：书记递上小纸条》[2]，浙江在线的网络专题《一片叶子的扶贫故事》[3]，杭州广播电视台的新闻名专栏《我们圆桌会》[4]；二等奖作品：《新安晚报》文字消息《苏明娟设立助学基金传递“希望”》。[5]第二十八届中国新闻奖（2018年）二

---

[1] 唐绪军，殷乐．建设性新闻实践：欧美案例［M］．北京：社会科学文献出版社，2019.

[2] 郭小容，田园，胡芳，等．问政现场：书记递上小纸条［N/OL］.（2018-12-20）［2019-10-22］. http：//www.zgjx.cn/2019-06/24/c_138168798.htm.

[3] 丁晓琴，陶悦清，朱冬艳，等．一片叶子的扶贫故事［N/OL］.（2018-05-22）［2019-10-22］. http：//tea.zjol.com.cn/201810/t20181018_8512263.shtml.

[4] 余新平．我们圆桌会［N/OL］.（2019-06-23）［2019-10-22］. http：//www.zgjx.cn/2019-06/23/c_138136705.htm.

[5] 陈牧，夏丽霞．苏明娟设立助学基金传递“希望”［N/OL］.（2018-06-23）［2019-10-22］. http：//www.zgjx.cn/2019-06/23/c_138143687_2.htm.

等奖作品:《人民日报》文字消息《等不是办法,干才有希望》[1],《贵州日报》的深度报道《给乡亲一个精神焕发的村庄》;[2] 三等奖作品:《河池日报》的文字消息《河池脱贫经验"出口"亚非国家》。[3] 第二十七届中国新闻奖(2017 年)的三等奖作品:重庆广播电视集团(总台)的电视消息《重庆交大:破解沙子土壤化密码 沙漠有望变绿洲》。[4] 第二十六届中国新闻奖(2016 年)二等奖作品:《中国国土资源报》的调查性报道《北京通州:行政副中心如何"治病救城"?》[5],中国国际广播电台的广播访谈节目《直面雾霾:中国空气污染治理之战》[6],东方网的《"老"评弹的新发展:年轻管理团队的"互联网 +"众筹推广》;[7] 三等奖作品:《榆林日报》的文字消息《榆林 860 万亩流沙全部得到治理》。[8] 从近年来中国新闻奖获奖情况来看,蕴含建设性新闻内涵的作品愈加受到重视,获奖的数量也随之增加。

此外,自 2014 年以来,中国记者协会便着手开展媒体社会责任报告制度工作,各媒体对上一年度履责情况进行详细汇报,其中包括三项责任:正确引导、提供服务、人文关怀。正确引导强调三个"正",即正面宣传为主,传递正能量,弘扬社会正气;两个"主",即主流价值观与主旋律。提供服务,强调提高媒体

---

[1] 张帆,徐元锋.等不是办法,干才有希望[N/OL].(2017-03-20)[2019-10-22].http://www.pingjiang.zgjx.cn/NewsAwardingSys/WksPublicsubmittedAction/totext.do?id=8a8990106354783001635dd3af8f02e8&flag=&prizeFlag=.

[2] 李卫红,刘莹,黄蔚,等.给乡亲一个精神焕发的村庄[N/OL].(2017-03-31)[2019-10-22].http://news.gog.cn/system/2017/03/31/015545722.shtml.

[3] 龙隆.河池脱贫经验"出口"亚非国家[N/OL].(2017-06-19)[2019-10-22].http://www.pingjiang.zgjx.cn/NewsAwardingSys/WksPublicsubmittedAction/totext.do?id=8a899010636d254c01636d6cf72d0417&flag=&prizeFlag=.

[4] 毛林涛,蒲克.重庆交大:破解沙子土壤化密码 沙漠有望变绿洲[N/OL].(2016-09-17)[2019-10-22].http://www.xinhuanet.com//zgjx/2017-06/13/c_136362663.htm.

[5] 陆芬.北京通州:行政副中心如何"治病救城"?[N/OL].(2015-08-03)[2019-10-22].http://www.xinhuanet.com//zgjx/2016-08/30/c_135642378_2.htm.

[6] 周竞男,迈克尔·巴特沃斯,丁亨,等.直面雾霾:中国空气污染治理之战[N/OL].(2015-12-11)[2019-10-22].http://www.xinhuanet.com//zgjx/2016-08/30/c_135645497.htm.

[7] 张桑,陈旭东,周姗仪,等."老"评弹的新发展:年轻管理团队的互联网+众筹推广[N/OL].(2015-12-25)[2019-10-22].http://enjoy.eastday.com/ytft/index.html.

[8] 呼东荣,张富强.榆林 860 万亩流沙全部得到治理[N/OL].(2015-01-27)[2019-10-22].http://www.xinhuanet.com//zgjx/2016-08/30/c_135644626_2.htm.

的服务意识，服务社会、地方经济、民生，直面社会热点与问题，回应民众关切与需求。人文关怀，则强调报道过程中尊重个体的生命、尊严与价值，注重公益，为新闻注入温度与温情。这三项责任从思想内核来看，或多或少与建设性新闻理念相关，或偏重积极向上的情绪，或偏重解决问题，将新闻报道融于政治经济社会发展的大局之中，做符合当下情境的报道。

由此可见，在国内正式提出建设性新闻之前，相关新闻理念与实践便已存在，虽形式不同，但精神内核是相似的，并探索出一条符合中国实际情况的建设性新闻道路。

本书将研究视野聚焦到中国媒体来审视建设性新闻与当地媒体实践的碰撞与融合，重点考察中国媒体建设性新闻理念的“在地化”及建设性新闻呈现样态、新闻产制及媒介角色，希冀以此概览并探究中国媒体建设性新闻实践的总体面貌与发展规律，为媒介参与社会治理并最终构建和谐社会及人类命运共同体贡献智慧与方案。

二、研究关注的问题

媒介学者约翰·哈特利曾经写道：新闻是“现代性的意义生产实践”，因而，它是“世界上最重要的文本系统”[1]。不同的政治制度、经济环境、文化氛围、媒介体制及不同的历史阶段及地域环境很大程度影响新闻文本的生产与呈现。建设性新闻作为一种理念与媒体实践方式，并非先天存在，也非由人为预设，以总体化的方式来研究当地的建设性新闻实践显然是不合适的。鉴于本书研究对象是中国媒体的建设性新闻实践，研究取向偏向社会，由此，必须在立足于中国实情的基础上，选择有代表性的媒体，探究建设性新闻实践的特点及媒介角色的构建。

近几年，建设性新闻报道已引起中国媒体圈的关注，无论是官方媒体还是商业媒体纷纷展开了探索并形成了一定影响，在此背景下，本书试图考察的核心问题包括：中国媒体的建设性新闻生产环境与整体情况如何？建设性新闻的媒介呈现方式如何？中国媒体建设性新闻选择与生产机制是什么？新闻生产受哪些社会因素影响与制约？在建设性新闻报道过程中媒体分别扮演着怎样的媒介角色？

---

[1] 迈克尔·舒德森．新闻社会学［M］．徐佳权，译．北京：华夏出版社，2010：15.

媒介角色是如何被建构与呈现的？完善媒介角色的路径有哪些？具体而言，问题如下。

其一，中国媒体的建设性新闻生产环境与整体情况如何？实践探索的价值与局限是什么？

其二，中国媒体的建设性新闻的呈现方式是什么？在媒体实践中如何体现了媒体的新闻框架理论？对后续的建设性新闻发展有何理论和实践上的借鉴？

其三，中国媒体在建设性新闻实践中新闻选择与生产机制如何？影响、制约中国媒体建设性新闻生产的因素是否与休梅克的影响阶层模式相一致？该理论是否在中国语境下适用？对后续的建设性新闻生产的研究在理论和实践层面有何借鉴意义？中国特色社会主义新闻理论为本国建设性新闻生产影响因素的阐释做出了哪些贡献？

其四，中国媒体在建设性新闻报道过程中的作用与媒介角色是什么？媒介角色是如何被建构与呈现的？是否满足了受众期望？如何解决建设性新闻社会角色期待与媒体实然角色差距？

三、核心概念界定与理论

（一）概念界定

1. 建设性新闻报道

“建设性新闻报道”一词的英文是 Constructive Journalism，有观点认为由丹麦广播电视台（DR）新闻部前负责人乌瑞克·哈格鲁普（Ulrik Haagerup）在 2009 年的专栏文章中提出。[1] 丹麦记者凯瑟琳·吉登斯泰德（Cathrine Gyldensted）与美国学者凯伦·麦金泰尔（Karen McIntyre）认为，建设性新闻报道是对冲突和消极框架所主导的旧式新闻的“回应”。

在麦金泰尔 2015 年的博士论文《建设性新闻报道：新闻报道中积极情绪和解决方案信息的作用》一文中对“建设性”一词含义进行了界定，即“倾向于建立，且有用；有助于事物的发展或改进；对某人有益处而不是令其沮丧和消极”。该文认为建设性新闻报道作为一种新兴的新闻形式，它将积极心理学的技巧运用

---

[1] 殷乐，高慧敏．建设性新闻：溯源、阐释与展望［J］．新闻与写作，2020（2）：13-20.

到新闻工作中，从而在忠实于新闻的核心功能的同时，创造出更有成效、更吸引人的报道。建设性新闻报道的核心要素包括：情感、情绪设置、解决方案。情感，指报道激发受众积极情绪反应；情绪设置，将积极情绪嵌入故事高潮及结尾中；解决方案，指在新闻故事中存在“潜在的解决方案”。[1]由此可见，麦金泰尔给出的定义偏重“积极心理学”这一视角，主张运用积极心理学的技巧提升受众的幸福感及提高社会福祉。麦金泰尔认为建设性新闻根源在于公共新闻（Civic Journalism），建设性新闻包含四个分支，即方案新闻及它的分支问题解决类新闻（Problem-Solving Journalism）、前瞻性新闻（Prospective Journalism）、和平新闻和恢复性叙事。[2]建设性新闻强调将积极心理学的幸福五要素[3]：正向情绪、全心投入、积极的人际关系、生命意义、成就感用于新闻报道的高潮及结尾中，为受众带来积极的情绪体验。

建设性新闻项目（Constructive Journalism Project）认为建设性新闻包含以下14个特征：

① 在新闻报道中偏重解决方案的新闻格式写作；

② 在新闻对文化和（人类）行为的影响方面进行比较有分寸的表述；

③ 运用积极心理学技巧，以吸引和赋权受众；

④ 关注世界的福祉模型而不是疾病模型，例如将民众视作强者而非受害者；

⑤ 采用问题解决路径，媒体积极介入，解决与受众有关的问题；

⑥ 在考虑重要和相关的事物时，考虑新闻的视角和诠释（方式）；

⑦（受众）所关心新闻；

⑧ 具备批判性，建设性的心态而非消极的心态；

⑨ 保持独立（立场）；

⑩ 具有很高的社会价值；

---

[1] MCINTYRE K E. Constructive Journalism：The Effects of Positive Emotions and Solution Information in News Stories［D］. North Carolina:The University of North Carolina at Chapel Hill，2015.

[2] MCINTYRE K，GYLDENSTED C. Constructive Journalism：An Introduction and Practical Guide for Applying Positive Psychology Techniques to News Production［J］. The Journal of Media Innovations，2017，4（2）：20-34.

[3] 幸福五元素来源于积极心理学（PERMA），P 代表 Positive Emotion，E 代表 Engagement，R 代表 Relationships，M 代表 Meaning，A 代表 Accomplishments。

⑪ 为记者提供了一个更有意义的角色；

⑫ 阐明（普通人）如何去做，而不仅仅是掌权者正在施加或可以产生影响；

⑬ 促进深思熟虑的对话，协作和建立共识；

⑭ 展示改变是可能的，并强调回应的机会。[1]

本研究综合以上论述，将建设性新闻的要素融入其中，由此提出建设性新闻报道的定义：从狭义上讲，是媒体直面并回应社会问题，致力于推动其解决的新闻报道总称，以积极的情感与价值，主动参与及介入，受众立场与视角及未来面向为核心特征。从广义上讲，建设性新闻报道是包含以上一种或多种核心特征的新闻实践及新闻理念，包含方案新闻、暖新闻、恢复性叙事等。

具体而言，建设性新闻报道包含五个要点：其一，坚守新闻的核心功能与规范，必须是基于事实的报道，注重新闻的客观性；其二，强调积极的情感与体验，而非冲突、矛盾等负面极端情绪；其三，关注重要的社会问题，搭建多方对话、协作的桥梁，促成解决方案；其四，为受众提供事实全貌，面向未来，做符合当地情境的叙述；其五，记者的角色由旁观者与报道员向参与者和行动者转化。

此外，由于学者及新闻从业者并不使用一致的术语，因此，有必要厘清建设性新闻的内涵及外延，需要阐释“建设性新闻”与以下八个相似新闻术语的关系。

第一，建设性新闻与公共新闻。

“公共新闻”始于20世纪80年代末，在90年代形成一股新闻改革思潮。公共新闻意图将新闻学纳入并推动民主进程，认为媒体不仅向公众传播信息，而且应致力于使公民参与公共生活并引起公众辩论。公共新闻的思想最早起源于杜威对新闻与民主的思想。杜威认为记者应与公众保持互动，严格审查政府提供的信息并权衡正在制定的政策后果。杜威认为对话和辩论是民主的全部内容，而新闻业是对话的重要组成部分。需要建立公民和新闻界联系的沟通系统，以一种更具参与性的民主形式解决民主问题。[2]

---

[1] Constructive Journalism［EB/OL］.（2019−12−20）［2021−01−10］.https://constructiveinstitute.org/how/.

[2] BYBEE C R. Walter Lippmann and John Dewey［EB/OL］.（2019−10−25）［2021−01−10］.https://www.infoamerica.org/teoria_articulos/lippmann_dewey.htm.

1993 年，纽约大学新闻学教授杰·罗森（Jay Rosen）与《威奇托鹰报》（*The Wichita Eagle*）的编辑戴维斯·梅里特（Davis Merritt）创立了公共新闻的概念。在 1994 年发表的关于公共新闻的联合“宣言”中，罗森解释说：“公共新闻试图将新闻工作者作为负责任的成员置于政治团体中，与公共生活息息相关。但它并不否认记者与其他行动者之间的重要区别，包括政治领导人、利益集团和公民本身……公共新闻工作者希望公共生活能够发挥作用，为了使其发挥作用，他们愿意宣布在某些问题上不再保持中立。”[1] 简言之，公共新闻的核心是相信新闻界对公共生活负有义务，它既是一种新闻哲学，一套价值观，还是一种社会实践。它要求记者：其一，把人们称为公民，是公共事务的潜在参与者，而不是受害者或旁观者；其二，帮助政治团体解决问题，而不仅仅是了解问题；其三，改善公众讨论的氛围，而不是坐视其恶化；其四，诚实地谈论公民价值观，政治偏爱，公共角色。[2] 这一点与哈贝马斯的公共领域颇为相似，新闻工作者与媒体通过提供公共讨论的空间，营造公共领域，增强社会资本，促进民主。

此外，要注意公共新闻与公民新闻（Citizen Journalism）的区别，两者主体、受众地位、内容和目标不同。前者主体是专业记者，受众除了担当信息的来源和接受者外，还是合作伙伴，尽管如此，专业记者仍然占据新闻活动的主导地位，内容以公共议题为主，目标是促进民主。而后者又称协作媒体（Collaborative Media）、参与式新闻（Participatory Journalism）、民主新闻（Democratic Journalism）、游击新闻（Guerrilla Journalism）、街头新闻（Street Journalism）[3]，源于网络技术的赋权，指公民在收集、报道、分析和传播新闻信息过程中发挥积极作用的新闻。[4] 它是公众媒体和用户生成内容（UGC）的一种特定形式，因此，主体是公民，受

---

[1] JAY R. What are Journalists for? [EB/OL]. (2019-10-25) [2021-01-10]. https://books.google.com/books? hl=zh-CN&lr=&id=M86kADfNwcgC&oi=fnd&pg=PR9&dq=Rosen, +Jay+++What+Are+Journalists+For&ots=dku0la7TNM&sig=LyjGoQSZ8Xnu8--hZWLXH0ACO_8#v=onepage&q=Rosen%2C%20Jay%20%20%20What%20Are%20Journalists%20For&f=false.

[2] THEODORE G L, CAMPBELL C. The Idea of Public Journalism [M]. New York: The Guilford Press, 1999.

[3] Citizen Journalism [EB/OL]. (2019-10-25) [2021-01-10]. https://en.wikipedia.org/wiki/Citizen_journalism.

[4] BOWMAN S, WILLIS C. We Media. How Audiences are Shaping the Future of News [R]. Reston: The Media Center at the American Press Institute, 2003.

众处主动地位，内容可能是公共议题也可能是私人议题，目标是促进民众广泛参与。

从新闻理念来看，建设性新闻与公共新闻有诸多相似之处，学者凯伦·麦金泰尔认为建设性新闻根植于公共新闻。两者产生背景相似，都是新闻界面临新闻业危机的本能“自救”行为以及自下而上的理念变革，且与履行媒体的社会责任有关。公共新闻理念的出现是对20世纪90年代初美国民众疏离政治及报刊阅读率下降的反思；建设性新闻是互联网时代，信息超载，订阅及广告收入双双下降，后真相时代来临，受众的新闻偏好与媒体消费发生转变等内外交困的情境下，对新闻价值、目标、角色的重新定义与思考。两者都注重新闻来源的多元化，使用以解决方案为导向的框架和新闻话语，鼓励以公共为导向的路径，将受众视为积极的公民。[1]

通过相关文献的梳理，笔者认为两者之间的差异可归结为以下三点：其一，情感倾向方面。建设性新闻特别强调避免新闻中的消极偏见[2]，而公共新闻对此并不刻意强调。其二，理论侧重点方面。建设性新闻引进了积极心理学且将其积极应用于新闻实践之中，公共新闻主要表现为民主参与理论及公共领域理论。其三，目标方面。建设性新闻的总体目标并非意在号召公民采取行动或对政治观点采取立场，而是旨在使报道恢复平衡，并避免过分耸人听闻及引发消极情绪，聚焦问题本身，设法促进公众就重要问题的可能解决方案进行辩论。[3]公共新闻则以行动为导向且蕴含一定的政治倾向，目标在于培养民主活跃的公民。

第二，建设性新闻与情境化新闻。

情境化新闻，又称语境新闻，背景新闻，源于阐释性报道理念，在近些年成为新闻业的趋势。例如，哥伦比亚大学的学者凯瑟琳·芬克（Katherine Fink）和迈克尔·舒德森（Michael Schudson）在《1950年代至2000年代情境化新闻的兴起》（*The Rise of Contextual Journalism, 1950s-2000s*）一文中，总结出1950—

---

[1] HERMANS L，GYLDENSTED C. Elements of Constructive Journalism：Characteristics，Practical Application and Audience Valuation［J］. Journalism，2019，20（4）：535-551.

[2] HERMANS L，DROK N.Placing Constructive Journalism in Context［J］. Journalism Practice，2018，12（6）：679-694.

[3] Constructive Journalism［EB/OL］.（2019-12-20）［2021-01-10］.https：//constructiveinstitute.org/Constructive-Journalism/Constructive-Journalism.

2000年新闻业的五大变化：新闻越来越多的批评既有势力，记者在公开场合表现得更加咄咄逼人，新闻报道篇幅变得更长，而且不再以政府和选举政治为中心，新闻已经变得更加情境化。[1]同时，追踪了1955年、1967年、1979年、1991年和2003年的三份报纸《纽约时报》《华盛顿邮报》和《密尔沃基日报》。通过对1891篇报道进行内容分析与类型分组，得出结论：情境化新闻数量逐年增加，从不到10%增长到近50%，记者愈加倾向于在核心事实基础上对新闻报道进行阐释与补充。情境化新闻如今已成为一种重要而普遍的报道方式。

如果将传统的新闻报道比作剪裁良好、内容聚焦的镜头，情境化新闻则是使用广角镜头，为读者提供广阔图景。情境化的报道提供语境，如故事的起因、结果或类似事件，关注整体，它通常是解释性的，有时出现在传统的故事旁边，补充当天"只是事实"的枯燥报道。[2]可见，情境化新闻的出现源于人们对信息需求的变化，从单纯知晓"是什么"，到渴求理解"为什么"及"背后发生了什么"，这逼迫新闻业向上发展信息食物链[3]，以满足人们对新闻的深度需求。

建设性新闻从形式来看，也可以看作是一种情境式新闻类型（Contextual Genre），因为它是"一种更全面的新闻形式"，它不仅报道有关冲突的故事，还报道有关进步的故事来准确地描绘世界。[4]笔者认为两者的区别在于建设性新闻注重四个"导向"：方案导向、正面导向、未来导向、参与导向。情境化新闻则意在阐释，报道内容可正面可负面，不一定含有解决方案，对参与及面向未来方面也不做刻意强调。

第三，建设性新闻与方案新闻。

方案新闻这一概念的流行是2010年前后，但是以其理念为核心的新闻实践及相关论述早在20多年前就出现了。1998年《哥伦比亚新闻评论》（*Columbia*

---

[1] FINK K，SCHUDSON M. The Rise of Contextual Journalism，1950s—2000s［J］. Journalism，2014，15（1）：3–20.

[2] Constructive Journalism［EB/OL］.（2019–12–20）［2021–01–10］.https：//constructiveinstitute.org/Constructive–Journalism/Constructive–Journalism.

[3] STRAY J. Objectivity and the Decades–Long Shift from "Just the Facts" to "What Does it Mean？"［EB/OL］.（2013–05–22）［2021–01–11］. https：//www.niemanlab.org/2013/05/objectivity–and–the–decades–long–shift–from–just–the–facts–to–what–does–it–mean/.

[4] MCINTYRE K，DAHMEN N S，ABDENOUR J. The Contextualist Function：US Newspaper Journalists Value Social Responsibility［J］. Journalism，2018，19（12）：1657–1675.

Journalism Review）重点报道了解决方案报道（Resolution Reporting）这一潮流。20 世纪 90 年代末，《洛杉矶时报》《纽约时报》《圣地亚哥联合论坛报》《国家》等报纸与杂志以及彼得·詹宁斯主持的广播节目《今晚世界新闻》（ABC 新闻节目）纷纷报道可能解决社会问题的办法。❶方案新闻是对媒体社会责任理论的回应，同时，是为满足公众信息需求以方便其做出最佳决策的反馈。1999 年，学者戴维斯（Davies）在文章中提出增加调查性新闻的方法并反对记者的社团化，至此“方案新闻”一词首次在学术文献中被提及。戴维斯将方案新闻定义为“对负面新闻引发的后果进行研究”。❷

解决方案新闻网络（Solution Journalism Network，SJN）将方案新闻定义为对根深蒂固的社会问题的回应。它考察了人、机构和社区为解决方案而努力的实例。基于解决方案的故事不仅关注于“什么”可能起作用，而且关注“如何”和“为什么”起作用或者“为什么”起阻碍作用。❸学者杰米·洛伊佐（Jamie Loizzo）等人在此基础上，将方案新闻定义为：专注报道基于解决方案的故事，鼓励读者和观众参与做出积极改变的新闻。❹总之，方案新闻一改传统报道社会问题的方法，在吸引读者阅读的同时为改变提供蓝图，并改变公共话语的基调。❺

由此可见，无论从内涵抑或是实践层面来看，建设性新闻与方案新闻存在相似之处。学者麦金泰尔从首要意图、方法、是否接受过职业培训、对于（新闻）核心功能的执行情况、是否有建设性这五个方面，对两者予以对比，得出结论：建设性新闻与方案新闻的不同点在于，在意图方面，前者重在参与及提高福祉，后者重在促进重大改变；在方法方面，前者应用积极心理学技巧，后者强调社会问题的解决方案。两者的相同点在于都接受过职业培训，都遵守（新闻）核心功

---

❶ BENESCH S. The Rise of Solutions Journalism［J］. Columbia Journalism Review，1998，36（6）：36.

❷ LAWE C D. Journalism，Corporatism，Democracy［J］.Media International Australia Incorporating Culture and Policy，1999，90（1）：53-64.

❸ CURRY，ALEXANDER L，KEITH H. The Power of Solutions Journalism.［EB/OL］.［2016-06-10］. https：//engagingnewsproject.org/enp_prod/wpcontent/uploads/2014/06/ENP_SJNreport.pdf.

❹ LOIZZO J，WATSON S，WATSON W.Examining Instructor and Learner Experiences and Attitude Change in a Journalism for Social Change Massive Open Online Course：A Mixed-Methods Case Study［J］. Journalism & Mass Communication Educator，2017（73）：392-409.

❺ THIER K.Opportunities and Challenges for Initial Implementation of Solutions Journalism Coursework［J］. Journalism & Mass Communication Educator，2016，71（3）：329-343.

能，都有建设性。[1]

综上所述，建设性新闻与方案新闻两者的差异并不明显。“建设性新闻”作为一种“伞式术语”[2]（Umbrella Term），将方案新闻“收纳”其中。不同在于方案新闻重在“方案”二字，新闻中蕴含解决方案，而建设性新闻不一定含有解决方案，只是以方案为导向。解决方案作为积极心理学技巧之一，将其应用到新闻中，提高新闻的建设性。因此，基于解决方案的新闻报道是有建设性的，但建设性的新闻报道不需要包含解决方案。[3]

第四，建设性新闻与积极新闻。

积极新闻，既是一种新闻实践，又是一种新闻理念。有学者将“好新闻”归纳为英美两个脉络：脉络之一为基于英国的积极新闻实践和建设性新闻理论尝试，其代表媒体即为创办于1998年的刊物《积极新闻》（*Positive News*）；脉络之二则是美国对于“好新闻”的媒体实践[4]和“解决之道新闻”（Solutions Journalism）理论建构。[5]积极新闻正如其名，倾向于发布给人带来愉悦感及积极向上的新闻，目标在于振奋人心。报道内容可以是小善行、有趣的动物或儿童的短篇故事或视频。内容分析显示积极新闻网站上的故事具有高度情绪化和娱乐性特征。[6]同时，积极新闻网站的受众调查显示，阅读积极的新闻比其他任何激励因素更能获得好心情。[7]主流新闻界对积极新闻的批评主要在于两点，分别是回避冲突，有美化客观世界之嫌；“格局”较小，议题较为琐碎，重要性不足。总之，在新闻核心功能坚守方面，有所缺失。

---

[1] MCINTYRE K E. Constructive Journalism：The Effects of Positive Emotions and Solution Information in News Stories [D]. North Carolina：The University of North Carolina at Chapel Hill，2015.

[2] 同[1].

[3] MCINTYRE K E，LOUGH K. Toward a Clearer Conceptualization and Operationalization of Solutions Journalism [J]. Journalism，2021，22（6）：1558-1573.

[4] 美国“好新闻”包括好新闻网（Good News Network）、快乐新闻（Happy News）、《赫芬顿邮报》之好消息（Huffton Post Good News）

[5] 唐绪军，殷乐. 西方媒体“好新闻”的实践、理论及借鉴 [J]. 对外传播，2015（11）：26-27.

[6] MCINTYRE K. What Makes “Good” News Newsworthy? [J]. Communication Research Reports，2016，33（3）：223-230.

[7] MCINTYRE K，SOBEL M. Positive News Websites and Extroversion：Motives，Preferences，and Sharing Behavior Among American and British Readers [C] //Annual Meeting of the Association for Education in Journalism and Mass Communication. Montreal，2014.

学者麦金泰尔认为建设性新闻与积极新闻的关键区别在于对传统新闻核心功能的承诺，例如履行新闻的监督职能及提醒公众潜在威胁或提供有用的信息。而后者则不倾向于报道此类内容，它的意图在于改善受众心情及娱乐大众。在方法方面，前者运用积极心理学技巧，后者通过发表令人快乐、乐观向上的资讯提振人心。在接受专业训练及建设性方面，前者受过正规训练并具有建设性，而后者则不确定。然而，需要注意的是并非所有的"好"新闻故事都是如此，如果一个积极新闻网站上的故事确实反映了新闻的核心功能，那么它可能被认为是有建设性的。[1]

综上所述，建设性新闻与积极新闻都含有积极的情感因素，但是目标不同，报道议题也不同。建设性新闻是严肃的新闻报道，强调新闻的社会责任，而积极新闻对此并不关心；报道议题方面，建设性新闻强调回应社会问题，须具有广泛的社会意义，而积极新闻报道议题范畴可大可小，"影响的广泛性"不一定是其选题的依据。

第五，建设性新闻与和平新闻。

和平新闻的概念在 1973 年由著名的和平学者约翰·加尔东（Johan Galtung）[2]提出。广义的和平新闻，包括冲突解决新闻（Conflict Solution Journalism）、冲突敏感新闻[3]（Conflict Sensitive Journalism）、建设性冲突报道（Constructive Conflict Coverage）和报道世界[4]（Reporting the World）。有学者对"和平新闻"下过一个简短的定义，指编辑和记者就报道什么和如何报道做出选择，这为整个社会创造了机会来考虑和重视对冲突的非暴力的、发展性的回应。[5]

学者加尔东对比了和平新闻 / 冲突新闻与战争暴力新闻，认为两方主要在以下四个导向存在差异。其一，前者表现为和平冲突导向，主张"双赢"，后者表现为战争暴力导向，更多造成零和局面。其二，前者表现为真相导向，后者表现

---

[1] FINK K，SCHUDSON M. The Rise of Contextual Journalism，1950s—2000s［J］. Journalism，2014，15（1）：3-20.

[2] GALTUNG J，RUGE M. The Structure of Foreign News：The Presentation of the Congo，Cuba and Cyprus Crises in Four Norwegian Newspapers［J］. Journal of Peace Research，1965（2）：64-91.

[3] HOWARD R. Conflict-Sensitive Journalism：（r）Evolution in Media Peacebuilding［M］// Communication and Peace. London：Routledge，2015：62-75.

[4] Peace Journalism.［EB/OL］.［2019-11-01］. https：//en.wikipedia.org/wiki/Peace_journalism.

[5] LYNCH J A. Peace Journalism［M］. Stroud：Hawthorne Press，2005.

为宣传导向。其三，前者以人民为本，后者面向精英阶层。其四，前者以解决方案为导向，认为和平等于非暴力加创造力；强调和平倡议，防止更多的战争发生；关注结构、文化、和平社会；结果有利于（形成）决议、（社会）重建、（促成）和解。而后者以胜利为导向，认为和平等于胜利加停火；在胜利即将到来之前，隐藏和平倡议；关注条约、制度、受控的社会；（记者）做好奔赴另一场战争的准备，倘若战争再次爆发会返回（战场）。[1]

和平新闻包括以下内容：探讨冲突形成的背景和环境，为当事的每一方摆出原因和选择的机会（不仅仅是“双方”）；从各个层面为各利益攸关方提供发声与表达的机会；为冲突解决、发展、建立和平和维持和平等事项提供创造性的想法；从各个方面揭露谎言、被掩盖的企图和罪魁祸首，揭露犯下的暴行。关注和平故事和战后发展；探索隐藏议程；强调随时随地的和平思想和倡议。[2]概言之，这种以倡导“和平”代替“冲突”与“暴力”的积极向上的新闻故事平衡了媒体通常呈现的负面消息。

学者麦金泰尔将和平新闻归至建设性新闻，可见，两者具有相似之处。笔者认为两者区别在于理论基础不同，建设性新闻以积极心理学为基础，而和平新闻以和平与冲突研究为基础，如民主和平理论（Democratic Peace Theory）、群际冲突（Intergroup Conflict）、和平心理学（Peace Psychology）等理论。但无论如何和平新闻作为建设性新闻的一个分支，在坚持新闻核心功能，注重挖掘事件真相，关注整个社会图景与各个利益攸关方，以解决方案为导向，旨在化解冲突，营造和平局面这一点与建设性新闻的内涵基本上是一致的。

第六，建设性新闻与恢复性叙事。

恢复性叙事（Restorative Narrative），属于情境新闻的一种类型，旨在报道社区和个人在创伤事件或系统功能障碍后的反应。[3]美国资讯网站希望之影响与声音（IVOH）创建了恢复性叙事体裁，通过讲述与深层挖掘人们和社区经历逆境

---

[1] KEMPF W，LUOSTARINEN H. Journalism and the New World Order Vol. 2：Studying War and the Media［M］. Nordicom：University of Gothenburg，2002.

[2] SALAWU A，OWOLABI T O S. Exploring Journalism Practice and Perception in Developing Countries［M］. Hersey：IGI Global，2017.

[3] SMITH D N. Restorative Narrative as Contextual Journalistic Reporting［J］. Newspaper Research Journal，2019，40（2）：211-221.

并从中恢复、治愈、重建生活及成长的故事，比如校园枪击、自然灾害、贫困等，旨在赋予人们力量。通过更完整、更真实地讲述故事，启发受众重新审视自己的生活和社区的新潜力，增加受众对讲故事者的信心和信任。❶俄勒冈大学新闻与传播学院助理教授妮可·史密斯·达曼（Nicole Smith Dahmen）认为恢复性叙事有一些共同的特点：其一，以力量为基础，坚持新闻核心功能，以事实为依据，显示进步而不给人虚假的希望；其二，真实、持续的调查，展现普遍真理和人际关系。❷概言之，恢复性报道的价值在于故事的深度，以创造真正的理解，促进人类的沟通和同理心。❸

恢复性叙事与和平新闻一道被学者麦金泰尔归到建设性新闻范畴之中。与和平新闻不同之处在于，恢复性叙事不一定与战争或冲突有关。既可以报道处于军事冲突中的社区和个人，也可以报道和平地带的社区与个人。此外，恢复性叙事为纪念新闻（Commemorative Journalism）开拓了一个新的思路，不仅从历史的角度来报道事件，而且将事件置于现代背景下。❹

网站“希望之影响与声音”的记者及解决方案网络的创始人大卫·伯恩斯坦一致认为，恢复性叙事超越了新闻的即时性。恢复性叙事使得新闻不再停留在“浅表层”，而是深入问题核心，以“冲突—进展—解决”的进路，“不仅帮助人们理解如何应对，而且帮助人们理解如何治愈和制定在生活中前进的策略”❺。

总之，恢复性叙事通过将希望与解决方案蕴于叙事之中，以帮助人们治愈创伤，重建日常生活的秩序。作为建设性新闻的一种类型，同样以营造积极情绪为导向，以方案为导向并面向未来。笔者认为两者的区别在于恢复性叙事的报道重在“社区”这一较小的区域范畴，对灾后重建、公众日常生活、民众福祉等微观

---

❶ IVOH. Restorative Narrative［EB/OL］.（2019-11-02）［2021-01-11］.https：//ivoh.org/what-we-do/restorative-narrative/.

❷ HARE K. What's Restorative Narrative? A Q&A with a Journalism Professor Who's Studying it［EB/OL］.（2015-10-22）［2021-01-11］. https：//www.poynter.org/reporting-editing/2015/whats-restorative-narrative-a-qa-with-a-journalism-professor-whos-studying-it/.

❸ DAHMEN N S. Images of Resilience：The Case for Visual Restorative Narrative［J］. Visual Communication Quarterly，2016，23（2）：93-107.

❹ KITCH C. The Afterlife of Print［J］. Journalism，2009（10）：340-342.

❺ SMITH D N. Restorative Narrative as Contextual Journalistic Reporting［J］. Newspaper Research Journal，2019，40（2）：211-221.

领域议题更感兴趣。而建设性新闻的报道区域与领域则更广泛，影响也更深远。

第七，建设性新闻与前瞻性新闻。

前瞻性新闻又称预期新闻或未来新闻。学术界目前没有明确的定义。学者麦金泰尔将其纳入建设性新闻的分支并为它下了简单的定义，即关注未来的新闻。前瞻性新闻的心理学基础来自于一个相对较新的概念“预期”（Prospection），指的是对可能的未来的心理表征进行评估，包括计划、预测和白日梦等功能。[1]这种想象未来的能力可以从根本上塑造人类的认知、情感和动机。[2]记者可以将前瞻性应用到他们的新闻工作中，引导他们与消息来源的对话并走向未来。[3]

具体来说，记者可以询问问题可能如何解决，人们可能如何合作或者他们的消息来源希望取得什么样的进展。虽然个人的想象并不总是准确地代表未来，但是积极心理学者马丁·塞利格曼等（Martin Seligman）提供了证据来支持这样一种观点，即基于目标的行为关注未来，比基于习惯的行为关注过去更有效。[4]以此理念为依归媒体实践主要分布在欧洲，如英国《卫报》栏目“将能源储存在底下”（Keep It in the Ground）及荷兰新闻网站“记者”（Correspondent）与荷兰未来事务平台“背光灯”（VPRO Tegenlicht），它们将焦点对向未来，鼓励人们参与共绘未来蓝图。综上，笔者认为前瞻性新闻作为建设性新闻的一个分支，两者无本质差异，只是前者与一般建设性新闻相比，在报道偏向、新闻产制与目标方面更关注未来。

第八，建设性新闻与倡导新闻。

倡导新闻（Advocacy Journalism）核心在于“倡导”二字，为他人的事业辩护或争论，以支持一个想法、事件或一个人。《牛津英语词典》（*OED*）将其定义为“对某一事业、政策等的口头支持或论点”[5]。倡导新闻背后折射的是记者角色的转变。从内涵来看，倡导新闻带有一定的立场与主观意图，但它也不同于偏

---

[1] GILBERT D T，WILSON T D. Prospection：Experiencing the Future［J］. Science，2007，317（5843）：1351-1354.

[2] Homepage［EB/OL］.（2019-11-02）［2021-01-12］. http：//imagination-institute.org.

[3] MCINTYRE K，GYLDENSTED C. Constructive Journalism：Applying Positive Psychology Techniques to News Production［J］.The Journal of Media Innovations，2018（4）.

[4] 同[3].

[5] Oxford English Dictionary. The Australian Concise Oxford Dictionary（ed Moore B）［M］. Australia：Oxford University Press，1997.

见，因为偏见是有意的，而倡导新闻并不一定是有意的，也可能是无意的。

有学者认为倡导新闻包含一系列促进社会问题和事业的主观报道形式，如揭露丑闻报道（Muckraking）、致力改革报道（Crusading）、另类报道（Alternative）、激进报道（Activist）、和平新闻、公民倡导新闻（Civic Advocacy Journalism）和阐释类新闻（Interpretive Journalism）。[1] 例如，学者哈尼奇（Hanitzsch）在对“和平新闻”定义边界的过程中，将和平新闻与广告、公关、新闻和娱乐归为一类。他认为“和平新闻的干涉主义模式”与公共关系密切相关，当记者开始积极参与解决冲突时，可能偶尔会越界到公关部门。一个新的“和平公关”可能会更好地描述一些和平记者的工作。[2] 在他看来，“和平倡导”更符合和平新闻的定位。

笔者认为建设性新闻不是倡导新闻。因为倡导新闻记者必须参与倡导过程，他必须是那些被剥夺权力的发言人的拥护者，他必须指出当代权力失衡的后果。[3] 而建设性新闻虽然也强调参与，但是不倾向于为任何党派、群体或个人代言，地位相对中立；从角色来看，建设性报道的记者更倾向于做一个参与者，可能会提出方案，但较少有明确的倡导倾向；新闻话语与框架虽然注重积极的情感和价值，但是遵守新闻的核心功能，强调对问题的回应。

综上所述，建设性新闻与以上八类新闻皆有相关性，建设性新闻根植于公共新闻，是情境式新闻的一种类型，认同积极情感价值，有倡导的成分，但并不等同于公共新闻、情境化新闻、积极新闻及倡导新闻。建设性新闻包含和平新闻、恢复性叙事、方案新闻与前瞻性新闻四个分支。可见，建设性新闻作为一种“伞式”概念，有将诸多术语包罗在内的能力。值得注意的是，建设性新闻这四个分支虽然在形式、新闻产制、报道偏向与目标上有所不同，但是在建设性新闻技巧运用及新闻核心功能与广泛社会影响[4] 方面是“殊途同归”的。

---

[1] FISHER C. The Advocacy Continuum：Towards a Theory of Advocacy in Journalism［J］. Journalism，2016，17（6）：711–726.

[2] HANITZSCH T. Situating Peace Journalism in Journalism Studies：A Critical Appraisal［J］. Conflict & Communication，2007，6（2）：1–9.

[3] JANOWITZ M. Professional Models in Journalism：The Gatekeeper and the Advocate［J］. Journalism Quarterly，1975，52（4）：618–626.

[4] MCINTYRE K，GYLDENSTED C. Constructive Journalism：Applying Positive Psychology Techniques to News Production［J］.The Journal of Media Innovations，2018（4）.

2. 媒介社会学

媒介社会学，英文名是 Media Sociology，简单来讲就是探讨媒体与社会相互关系及相互影响的研究。它既是媒体研究的子领域，同时，也是社会学研究的分支，关注媒体的社会学含义，涉及权力、社会化、劳动、自治、意识形态、身份、社会控制和社会变革的动力等研究，观察民主在公共生活中的作用，考察新闻工作者、组织、机构，以及新闻生产和惯例之间的关系。

学者黄成炬总结了西方媒介社会学的三个进路：一类是直接以“媒介社会学”这一概念冠名的，代表人物如大卫·巴拉特（David Barrat）的《媒介社会学》（*Media Sociology*）和杰里米·滕斯托尔（Jeremy Tunstall）主编的《媒介社会学读本》（*Media Sociology：A Reader*），以此冠名的学者颇有建立媒介社会学“独门独派”的雄心。第二类是略为审慎的“中间路线”派。这一类研究倾向于使用“关于大众传播的社会学原理”（the Sociology of Mass Communication）这一类相对宽松的提法，代表学者有如哈尔莫斯（Halmos）、怀特（Wright）、克里斯蒂安（Christian）、史密斯（Smith）、麦克尼尔（McNail）。传播学在此被纳入社会学的范畴变成其一个分支领域。第三类是在“媒介与社会”（Media and Society）这一类更为宽泛的框架内来探讨媒介与社会大系统之间的关系。代表学者有库兰与古尔维奇（Curran & Gurevitch）、伯顿（Burton）、麦奎尔（McQuail）等。[1]

本书对媒介社会学理论的论述与应用倾向于第三类，探究从事建设性新闻实践的媒体内部的组织关系，该媒体与其他社会组织及社会这个大系统之间的相互关系、运动规律，其中“社会”包括物质基础（经济政治资源与权力）、社会关系（国家社会、社区、家庭）及社会所规定的社会角色与职业（正式的与非正式的）。[2]

3. 新闻生产

哥伦比亚大学新闻传播学教授迈克尔·舒德森（Michael Schudson）认为新闻生产涉及新闻选择及报道方式两个层面，不同的新闻来源、新闻记者、新闻机构编辑，还有专业主义、市场和文化传统各自不同的诉求之间的角力与协商，都在

---

[1] 黄成炬．媒介社会学［M］// 鲁曙明，洪浚浩．传播学．北京：中国人民大学出版社，2007：57-59.

[2] 丹尼斯·麦奎尔．麦奎尔大众传播理论［M］．崔保国，李琨，译．北京：清华大学出版社，2010：63-70.

这个关键节点上展开。[1]

新闻生产的研究多是从社会学视角切入，考察媒体内部组织系统以及媒体在社会系统与环境中如何发挥作用。前者将视角定位于新闻编辑室，如赫伯特·甘斯（Herbert Gans）和盖伊·塔奇曼（Gaye Tuchman）等社会学家进行的编辑室民族志研究；后者从更广泛的意义看问题，纵观整个社会系统，致力于解决新闻的结构性问题，而不仅局限于新闻从业者个体或“守门人”的态度和价值观，只对新闻生产过程进行心理层面的阐释。

本研究对建设性新闻的生产从中观视角切入，考察媒介内容的制作过程，重点考察新闻从业者个体态度与价值观、编辑室内的新闻控制、新闻报道政策以及其他机构影响，同时，寻求从更广泛的意义出发，探究整个社会环境与系统对新闻生产的影响。

4. 媒介角色

媒介角色，对应英文是“Media Role”，在西方研究者中“角色”一词经常被替换成“影响”或“作用”（Impact 或 Influence）、“功能”（Function）、“责任”（Responsibility）等概念，研究主体“媒介”大多数是大众媒体（Mass Media），随着媒体技术的发展，出现了新媒体（New Media）、社交媒体（Social Media）等媒介形式。由此，媒介角色研究大多数转换成大众媒体的“媒介功能”研究、“媒介责任”研究与“媒介效果”研究，辅以新媒体及社交媒体的相关研究。遵循媒介与社会相互作用的逻辑，即大众媒体影响社会的同时其角色也受社会影响。从媒体影响社会的视角来看，主要表现为功能与效果研究，前者代表有拉斯韦尔的“三功能说”和赖特的“四功能说”；后者代表有“魔弹论”“使用与满足”“有限效果”“宏观效果论”。此外，关于媒介的角色还有两个争论，分别是李普曼的“镜像反映”与杜威的“民主对话与参与”，以及新闻自由主义的“观点的自由市场”“言论的自我修正”与社会责任论的“自由而负责任的报道”。从社会影响媒体角色的角度来看，宏观层面将意识形态、社会结构、政治经济秩序与媒体扮演角色相互关联，例如，发展传播学理论，微观层面考察媒体所有权、媒体政策等对媒体角色制约与影响。

---

[1] 迈克尔·舒德森．新闻生产的社会学［M］// 詹姆斯·库兰，米切尔·古尔维奇．大众媒介与社会．杨击，译．北京：华夏出版社，2006：164.

对于媒介角色的定义，我国学者吴庆棠认为媒介角色是媒介在社会中所处的位置，是媒介的社会形象。学者周榕在吴庆棠基础上，结合社会学角色界定及六大要素角色扮演主体、社会地位、社会期待、权利和义务、主观能力、行为模式，给出媒介角色的定义：媒介角色是指媒介在社会系统中处于一定地位、根据社会期望、借助自己的主观能力、履行与地位一致的权利和义务所表现出来的行为模式。[1]本书对媒介角色的界定采纳学者周榕的定义，以社会与媒介角色互相形塑为着眼点展开研究，重点考察实践建设性新闻的媒体扮演何种角色，与受众关系处理，享有权利与履行义务的实际情况，多大程度上满足了社会期待，媒体对自身角色的认知与责任履行意愿，以及所形成的角色行为模式的特点。

（二）研究理论

1. 新闻框架理论

首先，我们对“框架”予以解释，从心理学视角来看，它指的是人们用以阐释外在世界的认知基模，指将注意力集中在给定现实的某些部分而不是其他部分的潜在解释，阐释了为什么大多数人最终以一种方式而不是另一种方式看待现实。从某种程度来看，信息的一切叙述方式都和框架有关。例如，隐喻是通过与其他事物的比较来构建一个概念；故事（神话、传说）以生动的叙述方式来组织主题；传统（仪式、庆典）是注入意义的文化习俗，与人为生产的“理念”紧密相连；标语、行话、警句也是用朗朗上口的短语来框定一个客体，使它更容易被人记住，更容易传达；手工艺品作为具有内在象征价值的物品是一种视觉或文化现象，比物品本身更有意义，而文化本身也是被“建构”的；通过展现客体的对立面来揭示其本来面目。[2]

心理学家格雷戈里·贝特森（Gregory Bateson）是最早使用“框架”的人之一。1955年，他提出了框架是心智的一部分，帮助我们区分事物。[3]在20世纪70年代以后，“框架”这个概念从社会学和心理学被正式引入了媒体研究。框

[1] 周榕．中国公共危机传播中的媒介角色研究——以2000—2013年重大公共危机事件为例［M］．武汉：华中科技大学出版社，2014：22.

[2] FAIRHURST G，SARR R. The Art of Framing［M］. San Francisco：Jossey-Bass，1996.

[3] Framing Theory and Media Manipulation［EB/OL］.（2019-04-20）［2021-01-12］.https：//exploringyourmind.com/framing-theory-and-media-manipulation/.

架理论的学术根源可以从两个方向探源。其一，社会学，戈夫曼（Goffman）在1974年出版的《框架分析》一书中首次引入了“框架”一词。他将“框架”定义为人们在认知社会事务时用以作出快速判断的基模，一种论释外在世界的心理基模，另一种人们寻找、感知、辨识以及标签外在世界的基础；其二，认知心理学，谢里夫（Sherif）提出，个体的判断和认知是在一个参考框架下进行的，因而框架是一套控制感性认识、逻辑评价和社会行为的标准、信仰或预期。[1]加姆森（Gamson）把“框架”的定义分为两类：一类指界限（Boundary），引申为社会事务的规范；另一类则指人们用以诠释社会现象的“架构”（Frame Building），以此来解释外在世界。前者限定了选择的范围，后者为一种观察事物的世界观。[2]将框架理论应用于大众传播领域，是一种隐喻，即媒体向我们展示了一个被“框定”的现实。通过凸显某些事物及隐藏其他事物而展现。类似的观点如媒体“形塑”（Shape）社会，媒体是社会现实的建构。

其次，从理论根源来看，框架的概念也与传播学诸多理论有关联。著名传播学者李普曼（Lippman）1922年的著作《公众舆论》提出“社会真实”的概念，在此基础上提出“拟态环境”与“刻板印象”现象。在此，李普曼虽然没有正式提出“框架”这一说法，但是两者内核是一致的，都注意到了媒体对社会现实选择性的呈现。框架理论也与议程设置理论有关，两者都认为媒体将注意力集中在某些事件上，同时赋予其意义。但是与议程设置理论的不同之处在于，框架理论更关注问题的实质而非特定主题。框架理论认为事物如何呈现给受众（即框架本身）会影响人们如何选择、处理信息。框架理论可被视作议程设置的第二个层级，即属性议程设置，不仅告诉受众思考什么，而且引导他们如何思考这个问题。例如罗伯特·恩特曼（Robert Entman）认为框架可以被定义为一个过程，在这个过程中，选择现实的某些方面，给予更多的强调或突出重要性，从而定义问题，诊断其原因，进行道德判断，并提出适当的解决方案和行动。[3]其中，“突

---

❶ 陈怀林．媒介框架分析法的变化趋向［M］// 洪浚浩．传播学新趋势．北京：清华大学出版社，2014：929-952.

❷ GAMSON W A. News as Framing：Comments on Graber［J］. American Behavioral Scientist，1989（33）：157-166.

❸ ENTMAN R. Framing：Toward Clarification of a Fractured Paradigm［J］. Journal of Communication，1993（43）：51-58.

出”“强调”“显著性”等词汇与议程设置相关，并对其进行了补充与延展。同时，由于框架能够描述客体[1]，因此，框架就是客体的一种属性，然而，并非所有的属性都是框架，框架是与客体有关的主导视角或主导属性，界定主题的属性才是框架。[2]对于框架概念与属性议程设置的结合，有学者将其比喻为“老树发新枝”[3]，它提出了关于新闻报道中不同叙述方式如何影响公众考虑公共事务话题的新问题。[4]

著名学者塔奇曼（Tuchman）将新闻描述为一扇窗户，限制人们对不同现实的感知并专注于其中特定的部分。[5]由于通过新闻感知到的现实的某些方面将比其他方面更加突出。因此，从这个角度来看，新闻信息是围绕着思维的中心轴建立的文本和视觉结构，由信息专业人士（且不仅是他们）为接触到新闻信息的受众提供解释框架。框架以牺牲其他方面为代价，将人们的注意力吸引到现实的某些方面，因此，我们不仅要考虑到（新闻）所描述的内容也要注意它遗漏的内容。同时，框架不仅存在于撰写新闻报道的记者的头脑中，也存在于他所构建的新闻报道中，通过一个解码过程到达读者，这个解码过程对于理解新闻报道及其所指的现实是必要的。[6]

综上所述，笔者认为就新闻内容的传播而言，无论是相对“客观”的信息传递还是说服性的表达都需要借助叙事结构来组织其话语。诚如之前提到的媒体新闻生产基于一定的叙事惯例，描述与解释谁在做什么、目的是什么、产生什么影响。由此可见，新闻框架理论作为承接媒体新闻生产（框架的生产）与传播效果（框架的效应）的“中层理论”具有一定的阐释力。

最后，本书对新闻框架的内涵、构成、辨识及研究方法进行具体界定。新闻

---

[1] “客体”（Object）一词主要用于社会心理学，指一个人对之产生态度或观点的某种事物。

[2] 麦克斯韦尔·麦考姆斯，郭镇之，邓理峰．议程设置理论概览：过去，现在与未来［J］．新闻大学，2007（3）：60–72.

[3] 陈怀林．媒介框架分析法的变化趋向［M］// 洪浚浩．传播学新趋势．北京：清华大学出版社，2014：929–952.

[4] 同[2].

[5] GAYE T. Making News：A Study in the Construction of Reality［M］. New York：Free Press，1978.

[6] ARDÈVOL–ABREU A. Framing Theory in Communication Research. Origins，Development and Current Situation in Spain［J］. Revista Latina de Comunicación Social，2015（70）：423–450.

框架是一种认知模式或图式，既存在于“符码操控者”[1]新闻机构与新闻工作者头脑之中，也包含作为表征的新闻信息及客观存在的新闻产品等文本性材料，以及新闻话语。有学者将框架分为特定议题框架与通用框架两种。前者指的是每个事件都可以有量身定制的框架；后者则超越了某一个或某一类事件的限制，可以体现在不同的事件里。五个广为人知的通用框架分别为冲突、趣味性、经济后果、道德和责任归属。[2]从新闻框架的层次来看，分为三个层次，即社会层次、媒体层次与个人层次，分别对应新闻行业框架（意指行业整体的意识形态），媒体组织方针与事实认知模式以及新闻从业者的认知图式。[3]针对框架的说服力的强弱，可将框架分为强框架与弱框架。强弱框架的强度难以度量，一般通过关于感知的问卷以及主观量表来衡量，但是测量的准确性难以保证。框架的相对强度取决于各种因素，如频率、可接触性和相关性。频率指媒体使用框架的次数和数量，重复率越高，频率越大，说服力也越强。可接触性指当一个框架的力量集中在那些已经接触过这个框架并事前了解的个人身上时，框架的说服力往往会更大。相关性指接近事件的内核，且接近内核的框架比周边叙述的框架说服力大。[4]

从媒介话语过程来看，新闻框架的结构可分为不同的层级，结构的内核是未经转换的现实，外层是对它们的定调，这就形成了一个简单的两层结构。不同个体在互动交流中重新定调，即为这个结构加上了新的外层。[5]新闻框架的结构分为五个层次，第一层次内核是客观存在的事实；第二层次消息源向记者叙述事实信息时，加上了自己的认知框架；第三层次媒体从业者在认识该信息及事实的过程中，加上了个体和组织的认知框架；第四层次是以符号呈现的文本框架；第五层次受众在阅读文本时又加上了自己的诠释框架。[6]如果从认知的深度来看，框

---

[1] GITLIN T. The Whole World is Watching［M］. Berkeley：University of California Press，1980.

[2] SEMETKO H A，VALKENBURG P M. Framing European Politics：A Content Analysis of Press and Television News［J］. Journal of Communication，2000，50（2）：93–109.

[3] 肖伟. 新闻框架论［M］. 北京：中国人民大学出版社，2016：47–50.

[4] CHONG D，DRUCKMAN J N. A Theory of Framing and Opinion Formation in Competitive Elite Environments［J］. Journal of Communication，2007，57（1）：99–118.

[5] GOFFMAN E. Frame Analysis：An Essay on the Organization of Experience［M］. Cambridge：Harvard University Press，1974.

[6] 同[3].

架可分为主导价值框架、普通事件框架与事件细节框架[1]，这三种框架反映了社会共识、社会议题、事件细节，由宏观到微观，认知深度从深层到浅层过渡。臧国仁认为新闻框架既是动词，也是名词。社会（客观）真实、符号（媒介）真实与（阅听人）主观真实这三种不同真实之间的转换就是框限（动词）真实的历程，而其后所形成的产物就成了真实的框架（名词）。[2]

从新闻文本框架来看，文本也包含了从高层到低层的形式要件。臧国仁认为所有的框架都有着类似的基本成分，即由高层到低层的形式要件，具体内容有涵盖主题的高层结构，讲述故事主要内容的中层结构及语言符号展现的低层结构，具体内容如图 1-1 所示。其中，中层结构中包括历史、先前事件、主要事件、结果与影响这五大要素。历史指发生在主要事件之前一段时间但与主要事件有间接因果关系者。先前事件指的是发生在主要事件之前且与主要事件有直接因果关系者。主要事件涉及归因与评估这两个维度。对主要事件的归因指的是对事件发生的因果推论；对主要事件的评估指对事件现象的好恶或赞成与反对的态度。[3]

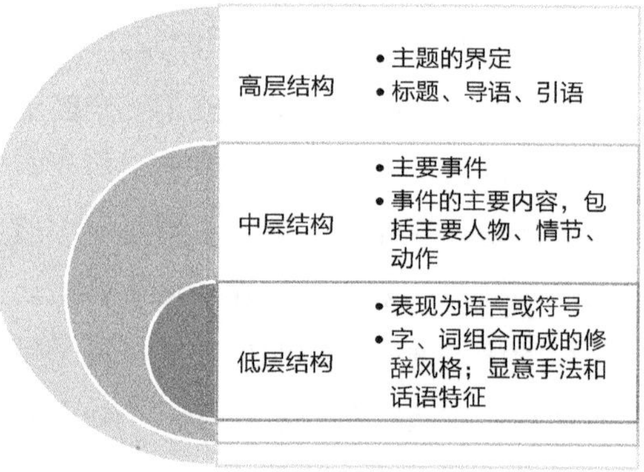

图 1-1　新闻文本框架的构成[4]

文本框架辨识与分析方法包含多项判定，马瑟斯（Matthes）的研究对单个的

---

[1] 张明新 . 后 SARS 时代中国大陆艾滋病议题的媒体呈现：框架理论的观点［J］. 开放时代，2009（2）：133-153.

[2] 臧国仁 . 新闻媒体与消息来源——媒介框架与真实建构之论述［M］. 台北：三民书局，1999：33-44.

[3] 肖伟 . 新闻框架论［M］. 北京：中国人民大学出版社，2016.

[4] 笔者根据臧国仁《新闻媒体与消息来源——媒介框架与真实建构之论述》中新闻框架内在结构的阐释而整理绘制

方法步骤进行了区分，具体包括：①分析是基于文字还是数字（量化还是质化）；②框架决定的过程是归纳还是演绎；③编码是由人工进行还是由计算机辅助；④框架是通过数据简化（Data Reduction）程序而得出的，还是直接由编码生成。[1]概言之，文本框架的分析从抽样方法来看，分为随机抽样、立意抽样等，从研究方法的属性来划分，表现为量化研究与质化研究，从论证的方法划分，表现为归纳法和演绎法。

其中，不同的研究路径决定不同的方法导向。例如，质化研究取向的分析有范戴克的“批判论述”取向，甘姆森以及雷恩的“诠释包裹”分析取向[2]及潘忠党的“新闻话语结构”取向。量化研究方面的分析有小坦卡德的“框架清单”手册式内容分析方法，也有计算机辅助取向。例如，米勒（Miller）和他的同事建议用“框架勘地图”（Frame Mapping）来“计算”框架。假设框架会经由某些词汇凸显出来，作者借助聚类分析的软件（不使用人工）检视那些“扎堆”出现的词汇，从而识别出特定的框架。还有人采用了比词语分组更先进的技术。例如，（Shah）和他的同事创造语法规则的软件，可以抓取整句话的意义。[3]本书倾向于将量化与质化研究相结合，通过对新闻文本进行主题分析，辨识并归纳出各个媒体建设性新闻分析框架，之后应用量化内容分析方式进行编码，得出结论。

2. 新闻生产的影响阶层模型

对于讯息的筛选及其影响因素的研究历来都是传播学者关心的热点问题。例如，传播学奠基人威尔伯·施拉姆（Wilbur Schramm）曾写道“传播的任何方面都不如大量（讯息）的筛选更令人印象深刻，这些筛选必须在传播者和接受者的头脑中形成适当的符号”。[4]

著名的传播学者帕梅拉·休梅克（Pamela Shoemaker）认为传统的传播学研

---

[1] MATTHES J. What's in a Frame? A Content Analysis of Media Framing Studies in the World's Leading Communication Journals，1990–2005［J］. Journalism & Mass Communication Quarterly，2009，86（2）：349–367.

[2] 孙彩芹. 框架理论发展35年文献综述——兼述内地框架理论发展11年的问题和建议［J］. 国际新闻界，2010（9）：18–24.

[3] MILLER M M，RIECHERT B P. The Spiral of Opportunity and Frame Resonance：Mapping the Issue Cycle in News and Public Discourse［J］. Framing Public Life：Perspectives on Media and Our Understanding of the Social World，2001：107–121.

[4] SCHRAMM W.The Nature of News［J］.Journalism Quarterly，1949（26），259–269.

究以公司赞助或政府研究为主，这造成了非批判性的研究视角。从这种视角出发，研究者往往只注重传播效果，结果是巩固现状而不是改变现状。媒介的正面或负面内容塑造着受众的世界观，因而媒介内容的研究应该比效果研究更为重要。她认为，媒介内容并不完全是对社会现实的真实反映，媒介在积极建造现实（包括扭曲现实），因此，研究哪些因素参与这种建造是很必要的。[1]

在世界亿万可获得的讯息中，存在把关的过程。新闻工作的整个过程，倚仗“选择”与“筛选”。学者大卫·曼宁·怀特（David Manning White）曾将把关过程形象化为电讯编辑“盖茨先生”（Mr. Gates，或译作“门先生”）日常工作的一天，这位小城市报纸的编辑，每日接受美联社及国际新闻服务商等媒体提供的讯息，其中，只有10%的讯息会进入新闻制作的下一个流程。据此，怀特认为是编辑的主观判断影响新闻制作。而吉伯（Gieber）认为在形塑把关模式方面，组织因素比记者个人因素更重要。他将编辑描绘为受机械的细节所约束，这些机械的细节的约束使得个人价值观不能在新闻选择过程中产生主要影响。[2]

纽科姆（Newcomb）则认为每一传播行为涉及有关某一客体的信息传递，发展出“ABX共同定向”（ABX Coorientation Model）模式。韦斯特立（Westley）与麦克莱恩（MacLean）对纽科姆模式进行了拓展，指出在任何一个特定的时间点，有多个信息源（As）、传播对象/受者（Bs）和传播渠道（Cs），其二阶组合通过大众传媒传播。此模式与怀特模式的不同之处在于认为个体是被动的，彼此之间没有重要的区别特征。他们是媒体机器上可互换的齿轮。麦克内利（McNelly）进一步拓展了韦斯特立与麦克莱恩模式，认为讯息传播过程中存在多位把关人，“一条针对外国受众的新闻通常必须经过困难重重的过程，这个过程中的困难有报道错误或偏见、编辑选择和加工、翻译、传输困难以及可能的压制或新闻检查”[3]。总之，通过一位位把关人（C）依次传递，每位把关人都可能在该报道最

---

[1] 陈力丹．美国传播学者休梅克女士谈影响传播内容的诸因素［J］．国际新闻界，2000（5）：79.

[2] GIEBER W. Across the Desk：A Study of 16 Telegraph Editors［J］. Journalism Quarterly，1956，33（4）：423-432.

[3] MCNELLY J T. Intermediary Communicators in the International Flow of News［J］. Journalism Quarterly，1959，36（1）：23-26.

终到达信息接受者（R）之前对其进行删节、重组，或将之同另一篇报道合并。[1]

巴斯（Bass）指出并非所有的新闻把关人都履行同类的把关职能，提出“双动的内部新闻流”[2]模式，新闻采集者（主要是记者）获取来自各种渠道的信息（原始消息）并将之加工成新闻稿；新闻加工/处理（包括编辑、复制者、翻译）修改新闻稿并将之整合成能传递给受众的成品。如此一来，巴斯拓展了怀特的加工模式，从一个新闻加工者变为两个不同类型的多个新闻加工者。奇步诺尔（Chibnall）认为新闻是由各种各样的原材料构成的，其中最重要的是来源，新闻工作者同信息源的连结是最重要的把关舞台。此外，新闻把关人不仅包括新闻采集者、消息来源、新闻处理人员，而且包含公共关系从业者和其他利益集团的代表，他们都希望塑造大众媒体的内容。[3]

帕梅拉·休梅克的影响阶层模式是在以上把关模式与理念的基础上提出的。休梅克将把关分为五个层次：第一个层次是作为个体的传播者（观察变量比如态度）；第二个层次是媒体惯例与实践工作（如截止期限或倒金字塔模式）；第三个层次是媒体组织（观察变量比如所有权模式）；第四个层次是社会机构（观察大众媒体、广告和利益集团）；第五个层次是社会系统（观察变量比如意识形态和文化）[4]，具体如图1-2所示。从媒体社会学的角度来看，该框架“考虑了同时冲击媒体的多种力量，并提出了一个层面的影响如何与另一个层面的影响相互作用”。虽然大多数媒体效果研究都将媒体内容作为自变量来理解受众如何使用媒体内容以及如何受到媒体内容的影响，但“影响层次”框架将媒体内容作为因变量，将五个影响层次作为潜在自变量。总的来说，该框架提供了一种理解“媒体及其与文化、其他组织和机构的联系”的方式。[5]

---

[1] 休梅克.GATEKEEPING大众传媒把关（中文注释版）[M].张咏华，注释.上海：上海交通大学出版社，2007：20.

[2] BASS A Z. Refining the “Gatekeeper” Concept：A UN Radio Case Study [J]. Journalism Quarterly, 1969，46（1）：69–72.

[3] 同[2].

[4] 休梅克.GATEKEEPING大众传媒把关（中文注释版）[M].张咏华，注释.上海：上海交通大学出版社，2007：50.

[5] SHOEMAKER P J，REESE D S，etc. Mediating the Message in the 21st Century [M].London：Routledge，2014.

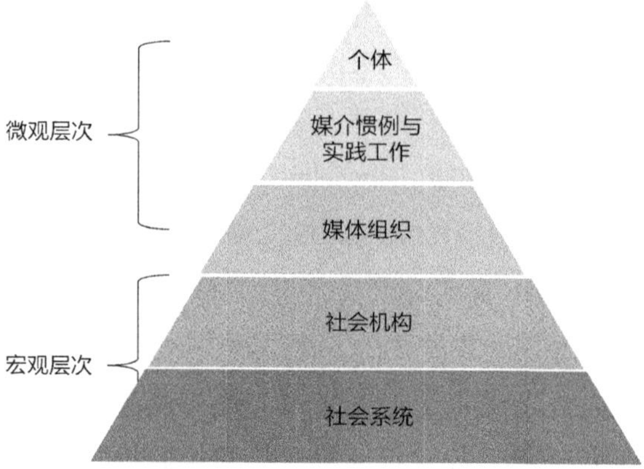

图 1–2　休梅克影响阶层模式图[1]

本书所采用的影响层次模型是在 1996 年休梅克与里斯写就的《中介信息》(*Mediating the Message*)一书基础上，结合两人 2016 年出版的《网络公共领域的媒介社会学：影响层次模型》(*A Media Sociology for the Networked Public Sphere*：*The Hierarchy of InfluencesModel*[2])论文，综合提炼而成。

第一个层次是传播者个体层次。个体层次的影响因素包含三个方面，分别是个人背景和特点；个人态度、价值观和信仰；传播者的专业角色和道德框架。其中，个人背景和特点塑造了新闻工作者的基本样貌，一定程度上影响我们看待世界的方式。它包含性别、种族（族裔）、性取向、平民或精英、新闻职业的演变（包含职业满意度、职业热情、职业素养）、受教育程度等。对于记者个人背景和特点对于新闻制作的影响，学者韦弗（Weaver）和威尔豪特（Wilhoit）认为考虑到（媒体）组织惯例和约束的重要性，记者的人口统计性特征对新闻价值和内容的影响可能很小。[3]但是当人口统计学特征与专业知识相关时，背景的影响可能最为明显。[4]例如，专业的记者比业余的记者对新闻内容的影响更大。

此外，除了上述人口统计学特征外，新闻从业者的认知、心智、思维模式对

---

[1] 笔者根据研究需要整理绘制。

[2] REESSE D S，SHOEMAKER P J. A Media Sociology for the Networked Public Sphere：The Hierarchy of InfluencesModel［J］. Mass Communication and Society，2016，19（4），389–407.

[3] WEAVER D H，WILHOIT G C.The American Journalist：A Portrait of U.S. News People and Their Work（2nd ed.）［M］. Bloomington：Indiana University Press，1991.

[4] SHOEMAKER P J，REESE S D. Mediating the Message［M］. White Plains：Longman，1996：74–77.

其评估、阐述讯息的方式也会产生影响，具体而言，它包括思维方式（Models of Thinking）、事后评论（Second-Guessing）、认知策略（Cognitive Heuristics）、决策制定（Decision Making）。概言之，“守门人”在决定一条信息是否能过“门区”之前，他必须考虑到这条讯息的特性和它所处的环境❶，运用一定的认知策略并遵守相应的规则，在此基础上进行信息处理与加工。

个人态度、价值观和信仰包括三个方面，分别是个人政治态度；个人价值观和信仰；个人宗教倾向。其中，个人价值观和信仰方面，甘斯（Gans）指出美国新闻记者共有一套经久不衰的社会价值观，这些价值观指导着新闻的生产。这些价值观代表了一种进步主义，它既不容易被归类为自由主义，也不容易被归类为保守主义。它们包括民族中心主义；利他主义民主观；负责任的资本主义；乡镇田园主义；个人主义；温和主义 / 稳健主义；强调社会秩序；领导能力。❷

概言之，传播者的个人态度、价值观和信仰对媒体内容的影响难以做出全面的阐述。当传播者对信息拥有更大的权力并在更少的约束下工作时，他们的个人态度、价值观和信念就有更多的机会去影响内容。但是媒体组织施加的常规和约束可能会抵消个人态度、价值观和信仰的影响。组织惯例和约束的力量因组织而异，可能与传播者的态度、价值观和信念的影响成反比。❸

传播者的专业角色和道德框架指的是新闻从业者的职业角色与道德认知。职业角色包括记者作为一份职业的内涵界定及记者对自身身份的认知，有中立者与参与者两种角色定位。秉持“中立者”角色定位的记者认为自己的工作只是传播渠道，职责是迅速向公众提供信息，避免报道未经核实的内容，关注最广泛的受众，并娱乐受众。认为自己是“参与者”的记者将筛选信息作为职责，以发现新闻并挖掘报道深度，提供复杂问题的分析，讨论国家政策以及发展（受众）知识 / 文化兴趣。❹学者韦弗（Weawep）和威尔豪特（Wilhoit）定义了三种角色类别：

---

❶ 休梅克 .GATEKEEPING 大众传媒把关（中文注释版）[M]. 张咏华，注释 . 上海：上海交通大学出版社，2007：52–60.

❷ GANS H. Deciding What's News [M]. New York：Random House，1979.

❸ 休梅克 .GATEKEEPING 大众传媒把关（中文注释版）[M]. 张咏华，注释 . 上海：上海交通大学出版社，2007：84–87.

❹ JOHNSTONE J W C，SLAWSKI E J，BOWMAN W W. The Professional Values of American Newsmen [J]. Public Opinion Quarterly，1972，36（4）：522–540.

传播的角色、阐释的角色、对抗的角色。其中，传播角色与“中立”角色类似，强调信息的传递功能；阐释角色与“参与”角色类似，侧重于分析问题，引发对政策的讨论；对抗的角色指记者作为官员或企业的对手，如同“守门人”一样监督政府与企业运作。[1]道德框架指新闻工作者对职业道德的认知与观念，这些观点形成相应的职业道德准则。新闻记者协会也对记者的职责、权利与义务等进行规定。

休梅克认为专业角色和职业道德对内容的影响似乎很明显，记者定义其工作的方式将影响他们创作的内容。认为自己是传播者 / 中立者的记者应该写与那些认为自己是阐释者 / 参与者的记者截然不同的报道。[2]而当道德标准与新闻价值观相冲突时，有时大众传播媒介也可能为了尊重、正派和秩序等其他美德而牺牲准确的报道。[3]

概言之，个体层次的三个方面：个人背景和特点；个人态度、价值观和信仰；传播者的专业角色和道德框架对传播内容的影响是不同的。传播者的特征、背景和经历对媒体内容没有直接影响，但这些因素对个人态度、价值观的影响可能与内容有关。传播者的职业角色和伦理道德比他们的个人态度、价值观和信仰对内容的影响更大。在一个大众传媒组织中，个人意志的发挥较难产生巨大的影响。专业角色认知决定了传播者认为什么值得传达给他或她的受众以及故事应该如何发展。[4]此外，随着社会变革与新媒体技术的发展，个人因素与更大社会结构之间的关系需要被重新审视[5]，例如，技术给新闻工作者带来的新压力。

第二个层次是媒介惯例与实践工作。休梅克认为惯例来源于三个方面，分别是（信息）加工者、（信息）消费者、（信息）提供者。消费者所接受的内容，组织（媒体）的处理能力以及从提供者方面可以获得的信息共同约束着媒体日常工作安排。例如，在新闻编辑室中，编辑必须考虑这三个问题才能决定哪些新闻可

---

[1] WEAVER D H，WILHOIT G C.The American Journalist：A Portrait of U.S. News People and Their Work（2nd ed.）[M] . Bloomington：Indiana University Press，1991.

[2] SHOEMAKER P J，REESE S D.Mediating the Message [M] . White Plains：Longman，1996：98–99.

[3] BREED W. Mass Communication and Socio–Cultural Integration [J] . Social Forces，1958：109–116.

[4] 同[3]：98–99.

[5] REESE S D，SHOEMAKER P J. A Media Sociology for the Networked Public Sphere：The Hierarchy of InfluencesModel [J] . Mass Communication and Society，2016，19（4）：389–407.

以发表，了解到哪些新闻可以吸引受众以及哪些新闻可以满足组织的需要（版面要求等）。[1]把关人以受众为导向进行新闻价值判断与预测并形成了“惯例”。这些价值标准包括：重要性、有趣性、争议性、不寻常性、及时性和接近性。[2]此外，媒体组织还会兼顾受众的需求，调整叙事的策略，以“讲故事”，而非报道的方式来吸引受众的注意力。

除了新闻价值、叙事结构这种吸引受众的惯例外，媒体组织将“客观性”作为惯例与准则以保护自己免受社会外界的攻击。由于新闻工作者几乎没有时间去思考自己是否了解了故事中的“真相”，他们需要一套程序或策略，如果遵循这些程序或策略，就能保护自己免受职业危害，如诽谤诉讼和上级的训斥。学者哈林（Hallin）认为客观性有助于使媒体合法化。[3]

从新闻的“供应方”（新闻的外部来源）来看，主要包括常规渠道、官方来源、专家三个方面。这些新闻的“供应商”对媒体内容有很大的影响。学者西格尔将渠道来源划分为三类，分别是常规渠道、非正式渠道、企业渠道。学者索莱（Soley）1992年分析了新闻节目制作中出现的专家，认为他们构成了一个狭隘且同质化的精英群体。尽管他们经常被描述为客观和无党派，但其实他们与华盛顿的智库、前共和党政府和著名的东海岸大学等保守派有关。[4]从实施的难易度及操控性来看，记者向“窄化”的专家咨询，也比每次都向新专家咨询更容易，也更容易预测。

除了以上来源外，记者还依赖于一些新闻的“官僚组织”（Bureaucratic Organization）获取新闻。费舍曼（Fishman）认为记者依赖机构中心如“媒体联络中心”或新闻代表、新闻会议等在短时间内集中大量信息。[5]总之，媒体惯例对符号内容的生产有重要的影响，它们形成了媒体工作者工作的直接环境。如果说这些高度关联的媒体惯例约束了个体，那惯例本身就是约束的函数。[6]新闻来

---

[1] BREED W. Mass Communication and Socio-Cultural Integration [J]. Social Forces，1958：104.

[2] BASKETTE F K，RICHTER D W. The Art of Editing [J]. Newspaper Research Journal，1996，17 (3)：136.

[3] HALLIN D. The Uncensored War [M]. Berkeley：University of California Press，1989.

[4] SOLEY L C. The News Shapers：The Sources Who Explain the News [M]. Westport：Greenwood Publishing Group，1992.

[5] FISHMAN M. Manufacturing the News [M]. Austin：University of Texas Press，1980.

[6] SHOEMAKER P J，REESE S D.Mediating the Message [M]. White Plains：Longman，1996：132.

源决定（新闻）原材料的结构，一些新闻的官僚组织为了实现自身的利益诉求，通过供给媒体“来源”来影响内容生产，且官僚组织权力越大，影响力越大，越有利于引导媒体。此外，需要重新审视新技术对媒体惯例的改变。技术通过引入新的价值间接地改变了新闻生态系统。由于新闻机构不得不依靠专业领域以外的人员来获得数字专业知识，因此技术文化的价值已与新闻实践联系在一起。例如，开源概念既是一种实用的编码方法，又是一种共享哲学。❶

第三个层次是媒体组织。试图解释组织层面对于媒体内容的影响且这一层面的相关问题无法归因于个人差异和媒体惯例。组织层面的问题围绕组织构建、内部权力行使展开，强调组织角色、内部结构、目标、技术和市场的差异，强调所有权、目标和政策所造成的差异。❷

从把关流程来看，最早的“守门人”流程研究将新闻选择视为一个线性过程，视作某个特定的、单一的“守门人”生产的产品，之后发现“守门人”可能受日常工作的约束。如果从组织层面看，把关是一系列复杂的、相互关联的、多层次的决策，整个组织是真正的“守门人”。如果说媒体工作常规构成了新闻从业者的直接环境，那么组织则构成了他们接触的间接环境。组织作为一个宏观、庞杂的机构，由许多专门的部分组成。每个部分都有自己的例程，任何一个人都不能与所有人直接接触。来自组织高层的特定策略可以否决较低级别的例程。❸

从组织目标来看，很多媒体机构首要的目标是经济层面的，即盈利。其他的目标建立在这个总体目标之上，如生产一个高质量的产品，服务于公众，并获得专业的认可。在特殊情况下，组织的所有者可能会选择把经济目标放在第二位。媒体社会学家赫伯特·甘斯和利昂·西格尔通常把经济因素看作是对新闻工作的制约，从而间接影响编辑决策。❹

组织结构通过组织内成员角色的分配与扮演来完成，通过这种结构安排，实现资源的分配，有利于组织成员以最佳状态一起工作。休梅克认为在大多数媒

❶ REESE S D，SHOEMAKER P J. A Media Sociology for the Networked Public Sphere：The Hierarchy of InfluencesModel［J］. Mass Communication and Society，2016，19（4）：389–407.

❷ SHOEMAKER P J，REESE S D.Mediating the Message［M］. White Plains：Longman，1996：13–42.

❸ SHOEMAKER P J，REESE S D.Mediating the Message［M］. White Plains：Longman，1996：134.

❹ 同❸：139.

体组织中通常有三个层次：①一线员工，如作家、记者和创意人员，负责收集和“组装”原材料；②中间层由经理、编辑、制作人和其他人员组成，负责协调流程并协调组织的底层和顶层之间的沟通；③公司高层和新闻主管，制定组织政策，制定预算，做出重要的人事决定，保护公司的商业和政治利益，必要时保护组织的员工免受外部压力。[1]

概言之，从组织层面来看，媒体组织机构大都受到一定的经济压力制约，这些压力在决定新闻决策方面发挥着越来越大的作用。组织结构对内容的影响通过影响职业文化来完成；新闻内容受到或显在或潜在的制约，制定和实施政策的所有者控制着编辑室运作。此外，以往对于组织层面的研究，主要采用民族志的方法对于某媒体采用“驻点”式研究，随着媒体技术发展与媒体向“跨平台”转变，使得网络民族志与社会网络分析方法更具可行性。

第四个层面是社会机构。又称为“其他组织”，介于组织层次与社会系统层次之间，通过经济、政治和文化因素的相互作用，构成媒介的中观环境。[2]主要包括：①信息来源，如特殊利益集团、公关活动以及新闻机构本身；②收入来源，如广告商和受众；③其他社会机构，如企业和政府；④经济环境；⑤技术。

首先是信息来源。记者本人并不一定亲眼目睹新闻事件的发生，他只能通过现场的相关人员了解事件经过、原因等细节性信息，而每位被访者对于所发生的事情都有其独特的看法，这导致每个消息来源都向记者提供不同的信息。记者的工作就是筛选被访者所提供的所有信息，甚至有可能是相互矛盾的信息，在此基础上尽量做出准确和完整的新闻报道。

记者在报道过程中，可能受到利益团体的影响。利益团体或通过游说、施压，或提供指导准则来影响媒体内容的编排、导向，甚至“制造”报道的议题，从而改变媒体的惯例与相关政策的制定。例如，学者沃特斯（Waters）对媒体暴力内容传播的研究发现，由于美国的全国电视暴力联盟（National Coalition on Television Violence）等组织游说国会对电视节目中的暴力内容数量进行某种形式的控制。电视台同意实行自我管制，在播放含有过度暴力内容的节目之前出示父

---

❶ SHOEMAKER P J，REESE S D.Mediating the Message［M］. White Plains：Longman，1996：145.

❷ REESE S D，SHOEMAKER P J. A Media Sociology for the Networked Public Sphere：The Hierarchy of InfluencesModel［J］. Mass Communication and Society，2016，19（4）：389−407.

母的警告声明。[1]

此外，利益集团也开展公关运动，利用媒体来吸引公众的注意力。就这些活动的成功程度而言，媒体内容受到直接（通过发布新闻稿）和间接（通过引起媒体对这个问题的注意，筹划和举办新闻媒体感兴趣的活动，如示威和抗议）的影响，有时记者本身就是公关活动的目标。[2]在与其他媒体机构的关系方面，每个新闻机构都充当着其他媒体的信息来源。新闻从业者会阅读、观看和收听来自他们自己和竞争对手的新闻，且当一个故事最先在一个媒体上曝光时，它可能很快就会被其他媒体转载。

从收入来源来看，广告与赞助是大多数媒体的主要收入来源。正如二次售卖理论所讲，受众获得媒介产品的同时，注意力与时间也被卖给了广告商。订阅数也与广告费率的计算密切相关。广告费率是根据有多少受众使用媒体来计算的，即“千人成本”，订阅数 / 用户数越多，广告收入越多。而为了保证广告收入的稳定，媒体将目光锁定在“目标受众”身上，这些根据人口统计学（如年龄、性别、收入和教育）或消费心理学（态度和生活方式）来定义的群体，是最有可能购买广告商产品的受众。广告客户从拥有最佳目标受众的媒体那里购买空间或时间。同时，广告商经济实力越雄厚，它就越有力量。现代跨国制造商和广告公司更是拥有相当大的力量“压制他们不喜欢的公共信息”[3]，制造可供报道的新闻议题。正如阿特休尔（Altschull）所断言的，“报刊的内容与那些为报刊提供资金者的利益是直接相互关联的，报刊是管乐器吹奏者，而吹奏的曲子则是由那些付钱给他们的人创作的”[4]。

从政治层面看，政府对媒体的管控也影响新闻的生产。世界上绝大多数国家政府都或多或少地对大众传媒施加控制。各个国家的不同之处在于管控方式。盛行媒体私有的国家，控制是通过法律、法规、许可证和税收来实施的；媒体主要

---

[1] WATERS H F，GLICK D. Networks Under the Gun［J］. Newsweek，1993，122（2）：64–66.

[2] SHOEMAKER P J，REESE S D.Mediating the Message［M］. White Plains：Longman，1996：175–177，182，186.

[3] 同[2].

[4] ALTSCHULL H J. Agents of Power［M］.New York：Longman，1984.

为政府所有的国家，政府通过媒体融资来实施控制。[1]同时，有些国家政府还会成立一些行业监管组织来为媒体制订章程和规定。例如，美国广播行业的监管可以追溯到 1927 年，当时国会成立了联邦广播委员会，后来在 1934 年成为联邦通信委员会（FCC）。[2]此外，政府还会通过政策制定与行动影响媒体内容。

从经济环境来看，竞争者、市场特性、社区关系会影响媒体内容。首先是竞争者，有两个及以上竞争者的地域的媒体内容要多元一些。尽管韦弗（Weawer）等学者认为在同一社区竞争的报纸所发表的社论内容的种类几乎没有差别[3]（麦库姆斯[4]后来也证实了这一点），但是如果一份都市报纸侵占了一份郊区报纸的市场，客观上也会导致郊区报纸增加对当地新闻的报道。[5]社区是媒体必须运作的环境，因此社区的经济和文化，以及它的物理和社会布局，将影响在那里建立业务的媒体类型和它们的成功程度。[6]社区越大，市场规模越大，在该地域的媒体也更有可能产生原创的内容，而规模较小的媒体则更依赖于其他媒体的稿件。

从机构隶属（Institutional Affiliations）来看，研究者发现大型媒体公司高层之间的关系网络是互通的。学者德雷尔（Dreier）发现美国 24 家最大的报业公司的董事与美国权力机关的董事共享一个“关系网络”（Web of Affiliations）。学者阿可哈万·马吉德（Akhavan-Majid）对日本主要报纸和电视台的研究表明，记者和行业领袖往往有相似的教育背景，属于同一个职业俱乐部。[7]传媒公司与金

---

[1] JANUS N. Advertising and the Creation of Global Markets: The Role of the New Communication Technologies [J]. The Critical Communications Review, 1984 (2): 57–70.

[2] KILLORY D S, BOZZELLI R J. “Fairness,” the First Amendment and the Public Interest [J]. Gannett Center Journal, 1988 (2): 62–72.

[3] WEAVER D H, MULLINS L E.Content and Format Characteristics of Competing Daily Newspapers [J]. Journalism Quarterly, 1975: 52, 257–264.

[4] MCCOMBS M E. Effect of Monopoly in Cleveland on Diversity of Newspaper Content [J]. Journalism Quarterly, 1987 (64): 740–745.

[5] LACY S. The Impact of Intercity Competition on Daily Newspaper Content [J]. Journalism Quarterly, 1988: 65, 399–406.

[6] PHILLIPS W, BOYLAN J, YU E T C.Mass Media [M]. New York: Holt, Rinehart & Winston, 1982.

[7] AKHAVAN-MAJID R. The Press as an Elite Power Group in Japan. Journalism Quarterly, 1991 (68): 1006–1014.

融机构关联最为密切，通过改变持股比例，金融机构可以控制媒体公司的基本决策。同时，董事会与主要广告商、金融机构、律师事务所、竞争公司和其他精英社会机构的联锁关系，可能引发媒体公司的自主权问题；大型媒体组织本身也可能依赖这些精英社会机构控制的资源，使媒体潜在地处于其控制之下，且媒体公司越依赖于精英机构，它们控制大众媒体的机会就越大。[1]此外，媒体公司董事与其他大型企业通常有着共同的意识形态。这种意识形态，即公司自由主义，资本主义权力体系中的那些人“通过实施战略改革吸纳不同意见，来预防底层的革命并维护资本主义的根基”。[2]

从技术层面来看，媒体技术的更新换代，也可能对内容生产造成影响。19世纪末大众传媒业的技术革命，扩大了媒体的版图与辐射的地理范围。20世纪90年代的实时播报技术，利用卫星收集新闻等都帮助新闻工作人员更有效地呈现复杂的信息。再到计算机技术，大大便利了记者与编辑的新闻采访及编排工作。跨国通信基础设施如海底电缆的铺设，促进了全球新闻业发展的同时，也带动了广告业的发展。从信息高速公路到媒体融合，全球信息的流动变得更为频繁与便利。

概言之，其他组织对媒体内容的影响是多样的。休梅克认为消息来源可根据其利益诉求或助力或限制信息的传播，记者对采访来源的选择可为报道增添色彩。尽管利益集团有组织地努力影响媒体内容（制定指导原则），但他们在影响内容方面的成果喜忧参半。能进行经济“制裁”的利益集团能在很大程度上影响媒体内容，为此，一些媒体组织可能会对内容进行自我审查来应对此类威胁。营造“假事件”（Pseudoevents）是公关人员控制媒体内容的一种方式。[3]广告是媒体收入的主要来源，受众的注意力与时间被“二次售卖”给广告商。目标受众是为出版商及广告商更方便地“定位”媒体而进行的营销策略。政府的控制构成影响媒体内容的另一重要因素。所有国家的政府都在一定程度上控制着大众媒体。在美国，这种控制采取的形式是法律（比如那些旨在惩罚诽谤的法律）及规定，

---

[1] HAN K. Interlocking Directorates of Major Media Corporations：The Main Determinants［D］. Austrin：University of Texas at Austin，1988.

[2] DREIER P. The Position of the Press in the US Power Structure［J］. Social Problems，1982，29（3）：298–310.

[3] SHOEMAKER P J，REESE S D.Mediating the Message［M］. White Plains：Longman，1996：210.

这些规定决定了谁可以拥有广播媒体，以及允许传播什么类型的内容[1]。媒体都在一定区域内运作，该区域的社区特点与市场特性有时会影响内容。市场的规模越大、盈利机会越多，对内容的影响就越大，竞争并不是市场多元化的保证。技术的更新换代也会对内容产生影响，尤其在互联网等新兴技术条件下，媒体融合更是对内容的生产造成巨大影响。伴随全球化趋势，学者本森（Benson）主张使用新闻制度领域的相关理论，结合媒介社会学，分析媒介系统（尤其是跨国媒体系统）并将其纳入社会制度的研究范畴[2]。

第五个层次是社会系统，原先称作意识形态层面。意识形态解释了社会系统如何在媒体为权力提供服务时将投射出的理念和意义联系在一起。[3] 对于何谓意识形态，学者们观点不一。雷蒙德·威廉姆斯（Raymond Williams）将意识形态定义为“相对正式和清晰的意义体系、价值和信仰，是一种可以被抽象为‘世界观’或‘阶级观’的体系”[4]。塞缪尔·贝克尔（Samuel Becker）认为意识形态“支配着我们感知世界和我们自己的方式；它控制着我们认为自然的或明显的东西。意识形态是一套完整的参照系，通过它，我们每个人都能看到世界，我们每个人都能调整自己的行为”[5]。古尔德纳（Gouldner）认为意识形态作为一种象征机制具有特殊的重要性，通过这种象征机制，这些不同社会阶层的利益可以得到整合；通过象征符号的共享，统治阶层能够对变化的社会条件做出兼容的反应。[6] 总之，意识形态层面，从媒体与意识形态的关系出发，对媒体与社会控制，权力与意识形态，新闻范式与霸权等方面进行考察。

美国媒体意识形态、价值观的基本原则是相信资本主义经济体系的价值、私有制、追求利润的利己主义企业家和自由市场。这一制度与新教伦理和个人成就

---

❶ SHOEMAKER P J，REESE S D.Mediating the Message［M］. White Plains：Longman，1996：210.

❷ BENSON R. Bringing the Sociology of Media Back in［J］. Political Communication，2004，21（3）：275–292.

❸ REESE S D，SHOEMAKER P J. A Media Sociology for the Networked Public Sphere：The Hierarchy of InfluencesModel［J］. Mass Communication and Society，2016，19（4）：389–407.

❹ 同❶：213.

❺ BECKER S. Marxist Approaches to Media Studies：The British Experience［J］. Critical Studies in Mass Communication，1984（1）：66–80.

❻ ALVIN G. The Dialectic of Ideology and Technology：The Origin of Grammar；and Future of Ideology［M］. New York：Seabury Press，1976.

的价值交织在一起。与之相伴的政治价值观以自由民主为核心，在这个体系中，所有人都被假定拥有平等的价值，共享自己的治理权，基于对个人利益的理性判断做出决策的权利。[1]美国媒体对这些价值观通过反复表达与重申来凸显并传播。意识形态构成媒体内容的“终极”影响因素，是影响层次模型最宏观的层次，囊括其他较低层次。其他层次影响的分析结果都或多或少地蕴含了意识形态的考量。例如，媒体惯例、媒体组织及与其他组织的关系包含了权力、利益等核心议题；广告商与媒体的关系，不仅是组织机构之间的关系，背后折射的是资本主义系统运作与媒体结构的关系。

从媒体与社会控制方面来看，休梅克从媒体对异常行为的报道及媒体的论述边界来分析媒体如何履行社会整合职责。异常行为是一种“离经叛道”的社会行为，新闻媒体对其态度是报道并加以突出。新闻选择标准本身某种程度上说是基于异常的维度，对于有争议的、耸人听闻的、突出的和不寻常的事件进行报道；媒体不会回避这些异常行为，而是以一种刻意强调其不正常的方式来描绘它们。[2]

对于媒体论述的边界，学者丹尼尔·哈林（Daniel Hallin）推出了一个阐释模型。他认为新闻业可分为三个领域：正当/合法的争论、共识和异常行为。合法/正当争论的领域追求客观性和平衡，例如竞选和立法辩论；核心主要指共识领域，在该领域内，记者既不会被强迫去提出相反的观点，也不要求必须保持公正的观察。新闻工作者的角色是一致价值观的倡导者或宣扬者。在合法争论的范畴之外是异常行为，这是社会主流之外群体的思想领域。在此，新闻业抛弃了中立性，扮演着揭露者、谴责者的角色，将违反或挑战政治共识的人排除在公共议程之外，标记并捍卫可接受的冲突界限。[3]概言之，媒体为“异常”行为划定了界限，是“异常”行为的建构者。

休梅克认为从权力与意识形态的关系来看，一共有三种研究范式，分别是

---

[1] SHOEMAKER P J，BECKER S. Mediating the Message［M］. White Plains：Longman，1996：212–213.

[2] SHOEMAKER P J，CHANG T K，BRENDLINGER N. Deviance as a Predictor of Newsworthiness：Coverage of International Events in the US Media［J］. Annals of the International Communication Association，1987，10（1）：348–365.

[3] HALLIN D.The Uncensored War［M］. Berkeley：University of California Press，1989.

马克思主义结构范式，政治经济学范式与文化研究范式。马克思主义结构范式关注社会权力的本质，围绕阶级、性别或种族展开，考察媒体通过象征性符号在多大程度上系统地维护了某些群体的利益和权力。马克思主义范式的中心话语是居于上层地位的统治阶级和从属地位的群体之间的阶级冲突，媒体是意识形态的工具，它不关心经济因素与媒体内容呈现的实践或机制。

政治经济学家习惯采用传统的马克思主义的观点，以经济基础与上层建筑比喻来分析意识形态这个上层建筑的一部分与经济基础的关系。类似的观点有库兰（Curran）、古尔维奇（Gurevitch）等学者提出，“媒体的作用是通过产生错误的意识，为拥有和控制媒体的阶级利益合法化”[1]。为了做到这一点，媒体必须掩盖和歪曲阶级对立，而阶级对立是马克思主义社会观的核心。所有权被认为是统治阶级控制媒体机构的主要手段。从政治经济学的角度来看，媒体所有权的变化不会对权力关系产生太大的影响，因为每个所有者的行为方式都与资本的利益相一致。[2]传播政治经济学家默多克和戈尔丁认为，对新闻生产的正确分析需要关注控制的经济背景和阶级基础。[3]加纳姆则认为资本主义具有一种普遍化、抽象化的驱动力，它将一切都简化为交换价值的等价物。[4]因此，从某种程度上讲，媒体内容是资本主义制度的文化商品。

对于资金来源在意识形态上的差异方面，阿特休尔（Altschull）提出了一个框架来研究不同所有者控制媒体对意识形态产生的影响。和政治经济学家一样，阿特舒尔的出发点是，媒体反映了资助他们的人的意识形态，他概述了媒体支持的四个来源，具体如表 1–1 所示。因此，无论媒体控制者与意识形态保有何种模式，媒体均反映的是出资方的意识形态。此外，还有精英来源结构探究了统治阶级作为新闻来源的提供者与意识形态构成的关系；宣传模式则单刀直入，探究精英集团控制媒体的路径。

---

[1] CURRAN J，GUREVITCH M，WOOLLACOTT J. The Study of the Media：Theoretical Approaches［M］//Culture，Society and the Media. London：Routledge，2005：15–34.

[2] SHOEMAKER P J，REESE S D.Mediating the Message［M］. White Plains：Longman，1996：221.

[3] MURDOCK G，GOLDING P. Capitalism，Communication and Class Relations［J］. Mass Communication and Society，1977：12–43.

[4] GARNHAM N.Contribution to a Political Economy of Mass Communication. Media［J］. Culture and Society，1979（1）：123–146.

表 1–1 阿特休尔：不同媒体控制模式与意识形态关系 ❶

模式类型	控制者 / 立场
官方模式	媒体由国家控制，官方立场
商业模式	广告公司及拥有媒体的一切盟友
利益模式	金融集团的意识形态，如一个政党或宗教团体
非正式模式	想要“推销”自己观点的个别撰写者

文化研究范式结合了政治经济学和马克思主义结构主义视角，专注于媒体“文本”，不主张简单的经济基础决定论，不认为统治阶级的意识形态是铁板一块、自动确定的，更密切地关注社会和媒体之间的联系并将其置于更广阔的文化背景中。他们认为媒体拥有一定的自主权，信息与符号包含许多相互矛盾的元素，统治阶级试图通过驯化这些颠覆性思想，维持其特权地位。

霸权是文化研究的重要理论途径之一。霸权理论，由葛兰西提出，通过批判性分析视角检视权力与实践之间的关系，强调意识形态的作用，意识形态作用更多表现为间接控制。霸权是维持统治秩序的手段，代表占主导地位的群体的利益。霸权不是作为一种被动的存在，而需要不断更新、创造与更改。❷ 吉特林（Gitlin）将霸权定义为“有系统地（但不一定或甚至通常是蓄意地）制造大众同意的既定秩序”。在霸权主义语境中，意识形态被认为是一个本质上是冲突的、动态的过程，必须不断吸收和采纳不同的价值观。媒体机构通过不断产生有凝聚力的意识形态、常识性的价值观和规范来发挥霸权作用。❸

从新闻工作者的职业规范、“职业意识形态”与主导意识形态之间的关系来看，牵扯出一个重要的议题即新闻范式与霸权的互动机制，例如选择并引用权威信源的信息被认为是客观的，但这忽略了其他信源的价值。关于记者与编辑在职业意识形态角力的典型案例莫过于“麦克杜格尔案”（The MacDougall Case）。麦克杜格尔是 20 世纪 50—80 年代一名激进的记者，撰写了许多在意识形态上不是很“主流”的报道，挑战了新闻常规范式，跨越了霸权可接受性的界限，对此，

❶ 本表由笔者整理绘制，内容来源于 ALTSCHULL H J.Agents of Power［M］. New York：Longman，1984.

❷ SHOEMAKER P J，REESE S D.Mediating the Message［M］. White Plains：Longman，1996：228.

❸ GITLIN T.The Whole World is Watching［M］. Berkeley：University of California Press，1980.

媒体中不同位置的人对其进行不同的修复工作且在媒体系统中层次越高越关注如何从制度层面保护（新闻）范式。具体采取的策略有三：①在日常工作中使记者脱离 / 远离具有威胁性的价值观；②重申 / 强调新闻惯例防止威胁性价值观扭曲新闻；③减少麦克杜格尔和他传达的信息。从这个案例可以理解新闻编辑室内对于这种“离经叛道”挑战“职业意识形态”的态度。❶

概言之，意识形态与范式不是静态的，而是动态的变化过程，不断被重新协商。无论是宏观的社会意识形态还是微观的职业意识形态（如惯例、常规）都是真实社会现象的反映。意识形态与新闻范式包含着自相矛盾的对立价值，如同时并存多元报道与毫无价值的报道。❷这些价值观必须在统治层可控范围内并适应社会的意识形态要求。此外，全球化带来了社会关系的延伸，将远处的人们联系起来，这导致人们重新审视社会系统层面中超越单一民族文化的霸权以及媒体全球化对媒体内容等各个方面的影响。❸

综上所述，休梅克的影响层次模型，第一个层次从个人态度和职业角色两方面来看待媒体从业者，考察新闻从业者的政治态度、“中立”和“参与者”的角色划分及新闻职业精神对其新闻选择的影响。第二个层次考察媒体内容是如何受到媒体惯例的约束与制约的，考察了“守门人”常规以及依赖官方信源等媒体惯例是如何发展起来的。第三个层次从媒体组织结构、目标、编辑立场和公司政策及组织角色的角度考察对新闻内容的影响。第四个层次从媒体运作的政治、经济、技术环境考察对媒体内容生产的影响。第五个层次则站在意识形态的视角审视对内容的影响，囊括马克思主义结构范式、政治经济学范式、文化研究范式，并对新闻职业意识形态与霸权的关系进行考量。此外，随着媒体技术与全球化趋势的到来，需要重新审视技术与媒体全球化对各个层次的影响并更新原有相关范式。总之，五个层次之间相互嵌套、层层递进，共同揭示了影响媒体内容的层级。

---

❶ SHOEMAKER P J，REESE S D.Mediating the Message［M］. White Plains：Longman，1996：239-242.

❷ 同❶.

❸ REESE S D，SHOEMAKER P J. A Media Sociology for the Networked Public Sphere：The Hierarchy of InfluencesModel［J］. Mass Communication and Society，2016，19（4）：389-407.

3. 中国特色社会主义新闻理论

中国特色社会主义新闻理论是以马克思主义为指导，在吸取中华优秀传统文化思想资源基础上，融通东西方新闻传播科学成果，结合理论与实践，围绕中国实践和问题推动新闻学概念、知识、理论的重构和创新，深化中国共产党新闻思想研究，以马克思主义新闻观为核心内涵的学科体系、学术体系和话语体系。[1]具有民族性、继承性、时代性、原创性、专业性与系统性。[2]作为一个独立而相对完整的理论形态，它具有自己的理论范式、研究对象、内容与方法及有别于其他新闻传播理论的基本立场和价值取向。[3]它与马克思主义新闻观的关系在于"马"是指导，"中"是目的[4]，宏观的思想指导与本土化经验、实践相结合。学者郑保卫将其称为"立足中国土，请教马克思[5]"。

中国特色社会主义新闻理论是中国特色社会主义理论体系的一部分，在思想路线和核心价值体系上，来源于中国特色社会主义理论体系；在总要求上，来源于中国特色社会主义关于宣传工作的总要求。[6]在2009年编撰的"马克思主义理论研究和建设工程重点教材"《新闻学概论》中将具体理论内容概括为以下十点：①新闻媒体是党、政府和人民的喉舌，是党和国家重要的思想文化阵地和舆论阵地，具有鲜明的阶级性和意识形态属性；②党性原则是社会主义新闻工作的根本原则，是马克思主义新闻观的精髓；③坚持为人民服务、为社会主义服务、为党和国家工作大局服务；④坚持贴近实际、贴近生活、贴近群众；⑤坚持实事求是，维护新闻的真实性；⑥坚持正确的舆论导向，坚持团结稳定鼓劲、正面宣传为主，唱响主旋律、打好主动仗；⑦坚持把提高舆论引导能力放在突出位置，增强舆论引导的针对性和实效性，提高舆论引导的权威性、公信力、影响力；⑧坚持把社会效益放在首位，努力使经济效益同社会效益相统一；⑨坚持解放思想、

---

[1] 季为民．中国特色社会主义新闻学"三大体系"的建构［J］．新闻与传播研究，2019（9）：16-25，126.

[2] 同[1].

[3] 张小平，蔡惠福．加强中国特色社会主义新闻传播理论研究的思考［J］．新闻战线，2017（19）：49-51.

[4] 同[3].

[5] 郑保卫．立足中国土 请教马克思——对构建中国特色社会主义新闻学的思考［J］．新闻与写作，2016（7）：69.

[6] 张首映．中国特色社会主义新闻理论的来源和主要内容［J］．新闻战线，2013（7）：36-38.

改革创新，增强生机和活力；⑩切实加强新闻工作队伍建设。[1]

关于新时代下中国特色社会主义新闻理论，有学者认为需要扩展其内涵与外延，即：习近平治国理政思想研究成果；习近平新闻思想的研究成果；[2] 中国共产党新闻工作的历史经验与理论成果；国外新闻学专业理念与学术成果；党的十八大以来我国新闻工作适应新媒体环境和新时代发展需要所形成的一系列新思想、新观点、新论断，例如2018年8月21日，习近平总书记在全国宣传思想工作会议讲话中提出的“九个坚持”[3]，为新时期中国特色社会主义新闻工作指明了方向。

四、研究方法与研究设计

（一）研究方法

本书以新闻生产的影响阶层模型及新闻框架理论为研究框架，选取苏州广播电视总台的建设性新闻栏目为研究对象，主要采用主题分析、内容分析、资料分析、深度访谈的方式，对其媒体新闻文本的呈现方式以及记者编辑如此呈现的原因及扮演的角色进行分析与诠释。其中，主题分析、内容分析法用于新闻文本分析，回答“是什么”的问题；资料分析法与深度访谈法用于阐释新闻生产的影响因素及媒体的角色扮演，回答“为什么”的问题。下面将对四种分析方法的运用方式进行逐一介绍。

1. 主题分析的界定

主题分析（Thematic Analysis）主要对一个给定的情节进行描述与识别[4]，对主题的识别是通过“仔细阅读和反复阅读数据”的过程来实现的。[5] 主题分析作为一种识别、分析和报告数据内模式的方法，一方面为研究人员灵活选择理论框架提供便利，另一方面还可以对数据进行详细阐释。

---

[1] 《新闻学概论》编写组．新闻学概论［M］．北京：高等教育出版社，2009.

[2] 朱清河．关于新时代中国特色社会主义新闻理论研究的几个问题［J］．教育传媒研究，2018（5）：54-58.

[3] 郑保卫．开创中国特色社会主义新闻学学科发展新时代［J］．教育传媒研究，2019（6）：2.

[4] DALY J，KELLEHEAR A，GLIKSMAN M.The Public Health Researcher：A Methodological Approach［M］. Melbourne：Oxford University Press，1997.

[5] RICE P，EZZY D.Qualative Research Methods：A Health Focus［D］. Melbourne：Oxford University，1999.

本书采用学者布劳恩（Braun）和克拉克（Clarke）在社会科学中进行主题分析的6个步骤。第一，熟悉数据，研究人员通过反复阅读来熟悉数据；第二，产生初始代码和类别，整理与每个代码相关的数据；第三，找寻主题，将代码整理成潜在的主题，收集与每个潜在主题相关的所有数据，如同将原始数据“雕刻”加工成艺术品一样，实现从代码向主题的转换；第四，检视主题，检查主题是否与编码摘要、整个数据集有关，制作主题地图；第五，定义和命名主题，持续分析每个主题的细节，为每个主题生成明确的名称；第六，产出分析报告，这是分析的最后机会，“萃取”出适合的内容，结合研究问题或相关文献分析讨论，最终撰写成文。[1]本研究遵循布劳恩主题分析法对新闻文本的主题分布、主要内容进行萃取，制作主题语义网络图、主题地图并结合所研究问题进行分析，最终撰写出总结报告。

2. 内容分析方法

内容分析法是一种基于已有的文本进行分析的研究方法，无须研究者做出回应，属于非介入性研究。从研究取向来看，分为传统量化内容分析法与质化内容分析法。学术界目前公认的定义是伯纳德·贝雷尔森提出的，“内容分析是一种对传播的显在内容进行客观的、系统的和定量的描述研究技巧”[2]。该定义符合定量取向的内容分析属性，即“系统”“客观”“定量”。“系统”表明内容和类目的包含排除依据运用明晰而一致的规则、程序来完成；“客观”指研究者个人事前预设与主观偏向不带入研究与发现之中；“定量”指以数字精确地再现信息主体，将文本转换为数字。[3]量化分析的目标是对“关键类目计数，并测量其他变量的数量”[4]。质化内容分析则主要使用人文学科如人类学研究的方法阐释与解读文本内容，将文本置于一定的文化情境中，通过精细阅读、理解等手段诠释文本内容

---

[1] BRAUN V，CLARKE V. Thematic Analysis［EB/OL］.（2019-11-18）［2021-01-18］.https://s3.amazonaws.com/academia.edu.documents/57712386/Braun12APAHandbook.pdf? response-content-disposition=inline%3B%20filename%3DTHEMATIC_ANALYSIS.pdf&X-Amz-Algorithm=AWS4-HMAC-SHA256&X-Amz-Credential=AKIAIWOWYYGZ2Y53UL3A%2F20191118%2Fus-east-1%2Fs3%2Faws4_request&X-Amz-Date=20191118T123911Z&X-Amz-Expires=3600&X-Amz-SignedHeaders=host&X-Amz-Signature=c6c3696488189cfb7501fc971aa5d04502de4767a0ca19e18c5b8a260859be4b.

[2] 周翔. 传播学内容分析研究与应用［M］. 重庆：重庆大学出版社，2014：9-19.

[3] 同[2].

[4] 同[2].

背后的意义。

本书在对比两种研究取向优缺点的基础上，综合两种方法，采用量化与质化相结合的方式进行分析。分析步骤如下：首先，运用主题分析提取关键词，结合以往的“通用框架”建立建设性新闻框架；其次，对框架进行操作化定义，以量化的数据分析方式对新闻文本进行编码与分析；最后，对几个典型新闻文本进行案例分析与文本分析，详解文本蕴含的文化情境与思想结构。由此，可与量化结果互补，寻求导致量化结果出现的社会背景与原因。

3. 资料分析方法

本书使用资料分析法检视与中国媒体建设性新闻生产有关的文本资料。这样做，一来可以增添研究的背景知识，二来可以填补深度访谈未尽材料之不足。收集的文档材料主要有与研究主题相关的学术成果、行业调查报告、市场资讯等材料。资料分析的步骤有四，即阅览、整理、描述、分类、诠释。[1]

本书采用的资料一共分为以下四种：一是网上对媒体的行业报告、新闻资讯与公司领导的访问记录；二是地域（苏州）与主题相关的政府工作报告；三是图书馆关于媒体及建设性新闻生产、呈现及新闻角色研究的相关书籍、期刊等文献资料；四是媒体相关人员提供的公司内部文件。在对以上资料阅读完毕后，将其用于本建设性新闻框架内容分析类目的建构及新闻工作者的深度访谈提纲的搭建，以深化对主题的研究。

4. 深度访谈法

深度访谈作为一种定性的数据收集方法，在与被访谈对象建立融洽关系的基础上，与被访者深入沟通，共同建构话语，以获得丰富描绘言语背后情境与意义的机会。访谈的内容通常涉及人们的感知、态度及对其行为的解读。通过对被访者如记者、编辑的深度访谈可以一定程度上解释新闻文本呈现的原因，对于一些无法从文本分析中得到解释的问题也比较容易获得较为明确的答案。

本书采用深度访谈目的有三：其一，了解苏州广播电视总台新闻记者及编辑的日常新闻实践；其二，与框架分析的文本进行对照解读，对比文本呈现的样貌与新闻工作者认知、行为之间的差异；其三，探究新闻文本呈现的原因、影响因

---

[1] 郑淑文．纪实娱乐频道节目全球在地化历程探析——以 Discovery 在台湾的发展为例［D］．台北：台湾政治大学，2007.

素及新闻工作者扮演何种角色。

本书采用半结构式访谈，依据研究主题建设性新闻设定访谈大纲，根据每个被访者实际情况有针对性地设计访谈提纲。同时，在实际访谈时，依据被访者回答做调整。访谈对象分为两类：一类是媒体建设性新闻栏目的直接负责人，主要由记者与编辑构成，另一类是在媒体内间接参与建设性新闻报道或对建设性新闻栏目有一定了解的记者或编辑。因此，笔者分别针对直接负责人与间接参与人制作访谈提纲。

访谈提纲围绕四个方面展开，分别是“媒体工作者个人的情况”“记者议题报道经验与栏目情况”“媒体报道的立场、角色与困境”“媒体报道的影响因素”。其中第一部分“媒体工作者的个人情况”主要由三个方面构成：①在该媒体机构工作时间、职责范围、相关的媒体工作经历；②被分配到该岗位的原因；③工作的感受和心得。第二部分“记者议题报道经验与栏目情况”就被访者具体报道作品展开，探究报道的初衷、报道过程中的“内幕”及从选题到报道再到问题解决的心得与体会。第三部分“媒体报道的立场、角色与困境”就栏目的立场，媒体在报道过程中起的作用、扮演的角色，媒体在现实过程中履行角色的情况、遇到的困难及解决的方案展开提问。第四部分“媒体报道的影响因素”从政治、经济、文化层面探讨被访者做建设性新闻的制约因素。

（二）研究设计

本书共有七章。除了第一章、第二章与最后一章的“导论”“文献综述”与“结语、建议与展望”分别负责引出研究背景、研究问题，介绍核心概念与理论、研究方法，文献综述及总结概括、提出建议与展望外，中间的第三章至第六章是本文的主体，分别是中国媒体的建设性新闻生产概述；中国媒体的建设性新闻栏目的主题分析与框架分析；中国媒体的建设性新闻产制过程与影响因素；中国媒体建设性新闻实践中的媒介角色建构与呈现。

如此编排的逻辑是：围绕中国媒体建设性新闻实践这一主题，先概述媒体建设性新闻实践开展情况，对新闻生产环境、实践的价值与局限及选取苏州广播电视总台作为案例的原因展开描述与分析，在此基础上分析中国媒体建设性新闻的媒介呈现，以苏州广播电视总台建设性新闻实践为例进行论证，首先回答媒体呈现的建设性新闻“是什么”的问题；其次，探究影响中国媒体建设性新闻生产的因素，以苏州广播电视总台为例，通过对媒体相关工作人员的访谈分析，回答影响媒体建设性新闻生产理念与影响因素，即回答“为什么”的问题，为何如此呈现，对比“所想”与“所做”是否有出入；再次，在前两者的基础上分析中国媒体建设性新闻的媒介角色建构，仍以苏州广播电视总台为例，探究媒体呈现出何种角色以及如何建构自身角色，角色期望与受众期待之间是否有现实落差及如何展现，角色履行过程中遇到哪些困难；最后，探讨建构建设性新闻的中国传播范式，提出从中国语境理解媒体的建设性新闻实践，完善中国媒体建设性新闻报道中媒介角色的路径并对中国建设性新闻实践与理论的未来发展方向做出展望。

第二章　文献综述

本书的研究对象是中国媒体的建设性新闻呈现、生产与角色，采用的研究视角是媒介社会学，因此，文献综述主要围绕这两个方面展开，重点关注国内外建设性新闻理论与媒体建设性新闻实践的研究成果，以及采用媒介社会学来研究新闻呈现、生产与角色建构的学术成果。

一、国内外建设性新闻理论与实践的相关研究

（一）国外相关研究

国外学者对建设性新闻理论与实践的研究主要集中在以下几个方面：第一，建设性新闻概念、理念、原则等理论性阐释与探讨；第二，效果维度下的建设性新闻受众与传播者效果研究，着重分析建设性新闻对受众与记者情感与行为影响；第三，积极心理学在建设性新闻中的应用及其影响；第四，不同地域与情境下的建设性新闻实践研究，不同国度下建设性新闻实践面临的情境与挑战是分析重点；第五，建设性新闻报道框架与内容分析，其中还包括建设性新闻理念在传统新闻业的应用及具体的建设性新闻案例分析。具体如下。

1. 建设性新闻概念、理念、原则等理论性阐释与探讨

根据建设性新闻网络（Constructive Journalism Network）2020 年 2 月更新发布的“全球建设性新闻地图”（The Global Constructive Journalism Map）显示，全球共有 142 个媒体、新闻工作者或自由职业者、大学及组织或基金会从事建设性新闻研究与实践。如果用疆域与派别来比喻全球建设性新闻研究与实践的“势力范围”，那么欧洲则是“发源地”与“主战场”，在此“实践派”与“理论派”齐头

并进，通过两方联手“开垦”，使得建设性新闻在欧洲这片“沃土”上遍地开花。以美国为代表的北美洲紧随其后，是建设性新闻全球化的另一重要“站点”，理论研究成果及实践探索与欧洲一样“繁盛”并“密集”。排名第三的是非洲，该地受欧美新闻理念的影响，较早开始探索建设性新闻，较为典型的是“和平新闻”的相关研究。剩余几个洲：亚洲、南美洲、大洋洲则表现为“零星点缀”，以“实践派”为主。

（1）建设性新闻之滥觞：欧洲“实践派”的思考与探索

丹麦记者乌瑞克·哈格鲁普于2008年较早地提出建设性新闻理念。2015年，哈格鲁普在《建设性新闻：否定为何会破坏媒体和民主——以及如何改善明天的新闻业》[1]一书中，从消极报道对西方文明与媒体民主的负面效应入手，提出改变的必要性，指出建设性新闻是拯救媒体与民主的“救命稻草”，并且以丹麦的DR新闻（DR News）、英国BBC以及欧洲广播联盟的建设性新闻实践为典范，论述走出“阴霾”（负面新闻）的方法，同时指出建设性新闻实践面临的困境，如难以改变的新闻编辑室的主导文化，并提醒注意建设性新闻的“陷阱”，最后强调了媒体为民众赋权的必要性。

建设性新闻的另一代表人物凯瑟琳·吉登斯泰德在《从镜子到推动者：建设性新闻报道的五个要素》[2]一书中指出，积极心理学、道德心理学、前瞻性心理学等行为科学与新闻学的交叉，为改进新闻学思想、模式与方法提供解决方案，并以荷兰、南非、美国、英国等地媒体的新闻实践为例讲述建设性新闻的具体操作方法。概言之，哈格鲁普与吉登斯泰德作为欧洲建设性新闻的“实践派”，不仅提出了建设性新闻的理念，还从具体“实操”的角度提出了建设性新闻的实践路径。两者的不同之处在于哈格鲁普遵循的是传统的新闻学研究路径，以媒体与民主为切入点展开探讨；吉登斯泰德则借鉴积极心理学等行为科学的理念与研究方法并将其运用到新闻实践之中，通过跨学科交叉推动新闻创新。

（2）建设性新闻之学理性探讨：欧美“理论派”的概念辨析

虽然有学者认为是哈格鲁普在2008年最早提出了“建设性新闻”这一提法，

---

[1] HAAGERUP U. Constructive News：Why Negativity Destroys the Media and Democracy–and How to Improve Journalism of Tomorrow［M］. Zurich：InnoVatio Publishing AG，2015.

[2] GYLDENSTED C. From Mirrors to Movers：Five Elements of Positive Psychology in Constructive Journalism［M］. Scotts Valley：CreateSpace Independent Publishing Platform，2015.

但是如果仔细爬梳文献可发现，早在1959年学者大卫·查默斯（David Chalmers）就在其文章《掏粪者与企业权力增长：建设性新闻研究》中使用了“建设性新闻”这一表述，查默斯从政治经济学视角出发分析“掏粪运动”的起源与“掏粪者”的关切，认为“掏粪者”对于公众教育与半个世纪以来的诸多变革发挥了至关重要的作用。文中指出培养一个积极、警觉、关切和敬业的公民是解决社会所有弊病的根本办法，并认为“掏粪者”为进步主义提供了事实和信息基础，使其在某种程度上不像民粹主义那样成为阴谋论的牺牲品。[1]如果套用我国新闻术语，“掏粪者”某种程度上可以看作是美国版的“建设性舆论监督”，表面上是“揭丑”，但实际上推动了社会变革，维护了公众利益。学者殷乐等认为虽然该文对于建设性新闻的使用并未引发什么水花，但是为如今建设性新闻的蓬勃发展铺下了草蛇灰线。[2]

2015年，麦金泰尔的博士论文《建设性新闻报道：新闻报道中积极情绪和解决方案信息的作用》[3]对建设性新闻展开系统理论论述，并于该年同丹麦记者凯瑟琳·吉登斯泰德一道正式提出建设性新闻概念。在2018—2019年新闻学杂志《新闻实践》（*Journalism Practice*）与《新闻学》（*Journalism*）分别设立“建设性新闻”专栏对该话题予以深入探讨。在《新闻实践》2018年12卷第6期，学者劳拉·艾娃（Laura Ahva）与米可·豪塔坎加（Mikko Hautakangas）在刊首介绍文章《为什么我们突然之间谈论建设性》一文中提出仔细审视建设性的呼唤从何而来，何谓建设性以及新闻业究竟应该建设什么，由此将建设性新闻的讨论与中心论点置于历史、文化和政治语境中并转化为实践和回应。[4]艾娃与豪塔坎加进而提出重新审视新闻业的社会责任，辨析建设性新闻与公共新闻、参与式新闻、和平新闻、公民新闻之间独立又彼此联系的关系。[5]

学者利斯贝斯·赫曼斯（Liesbeth Hermans）和尼科·德罗（Nico Drok）从

---

[1] CHALMERS D M. The Muckrakers and the Growth of Corporate Power：a Study in Constructive Journalism［J］. The American Journal of Economics and Sociology，1959，18（3）：295-311.

[2] 殷乐，高慧敏．建设性新闻：溯源、阐释与展望［J］．新闻与写作，2020（2）：13-20.

[3] MCINTYRE K E. Constructive Journalism：The Effects of Positive Emotions and Solution Information in News Stories[D]. North Carolina：The University of North Carolina at Chapel Hill，2015.

[4] AHVA L，HAUTAKANGAS M.Why do We Suddenly Talk so Much About Constructiveness?［J］. Journalism Practice，2018，12（6）：657-661.

[5] 同[4].

21 世纪新闻业社会背景发生的变化入手，解释了新时代重新定义新闻业职能的必要性与建设性的新闻业应运而生的时代背景，如新闻业与公众关系、新闻的公共服务功能、同行竞争问题、处理消极性方式等。随后梳理了公民新闻与建设性新闻两者的关系，如注重新闻来源的包容性，使用以解决方案为导向的框架和信息，鼓励以公共为导向的方法以及将受众视为活跃的公民[1]；进而总结了对建设性新闻实践的启示为四个“面向”，公众、解决方案、未来与行动[2]并做了详细说明。总之，作者认为建设性新闻作为一项运动，包含公民新闻，并将其带入新高度，为重获民众信任、建立与民众连接提供了契机。

学者坦佳·爱塔莫托（Tanja Aitamurto）与安妮塔·瓦玛（Anita Varma）通过分析以解决方案为导向新闻的元新闻话语，研究了建设性新闻的规范角色。研究结果表明，建设性新闻和方案新闻的定义是相似的，两者同样信奉传统的盎格鲁-撒克逊新闻准则和惯例。元新闻的话语表明对于新闻业规范角色存在一股张力。方案新闻和建设性新闻的存在是因为人们迫切需要解决棘手的社会问题，两者坚称仅客观地报道了解决方案，而没有偏好或价值观影响这些解决方案的选择，因而与倡导新闻学划清了界限。总之，方案新闻和建设性新闻在元新闻学话语中的表述表明了新闻的新角色，即担负起社会中的建设性力量，作为“变革推动者”，而不仅是一个独立的观察者。[3]然而，元话语论述表明，对于媒介角色从被动的监督角色转向更加积极的建设性角色，新闻业者态度暧昧。

学者尤尼·佛罗慕（Unni From）与内特·诺加德·克里斯滕森（Nete Nørgaard Kristensen）呼吁建设性新闻研究应将视野投向服务新闻学及其子领域，文化新闻学和生活方式新闻学，以了解这种新型新闻学的关键特征与实践轨迹。作者对比了服务新闻与建设性新闻两者之间的异同。相同点表现为“两个转变”，称呼方式与对于新闻功能或角色的理解发生转变，并都假定读者是活跃的、投入的，在一个日益“混乱”的世界中寻找建议和方向且需要被指导。两者差异表现

---

[1] HERMANS L，GYLDENSTED C. Elements of Constructive Journalism：Characteristics，Practical Application and Audience Valuation［J］. Journalism，2019，20（4）：535–551.

[2] HERMANS L，DROK N.Placing Constructive Journalism in Context［J］. Journalism Practice，2018，12（6）：679–694.

[3] AITAMURTO T，VARMA A.The Constructive Role of Journalism［J］.Journalism Practice，2018，12（6）：695–713.

为报道领域不同，服务新闻偏“软性”新闻，包括子领域如文化、个人生活方式、日常生活和消费者新闻；建设性新闻偏“硬性”新闻，与政治公共领域相关联。作者认为两者之间的界限正逐渐模糊，建设性新闻应将积极面向、解决方案导向与服务新闻相关要素相结合，提供个人和社会问题的解决方案，以重新获得公众对新闻的信任，并恢复新闻业在社会中的权威。[1]

《新闻学》2019 年 20 卷第 4 期设立了“建设性新闻”专栏，美国宾夕法尼亚大学教授、积极心理学家马丁·塞利格曼为此期特刊做了名为《建设性新闻与莫耶斯的格言》的序言介绍，该文对于“新闻工作的基本使命是揭露隐藏的东西”及“纠正所有的错误就意味着把事情做好”[2] 这一“莫耶斯格言”进行反驳，倡导积极心理学与新闻过程整合，探寻建设性新闻发展之道。

学者彼得·布罗（Peter Bro）是《新闻学》“特刊”的第一位作者，他试图从理论上发展建设性新闻的概念。在他的论文《建设性新闻：倡导者、先例和原则》中，他呼吁对建设性新闻进行概念性澄清。文中对于建设性新闻的几位倡导者哈格鲁普、吉登斯泰德等建设性新闻理论与实践探索的始末进行了回顾，通过追溯建设性新闻的起源，布罗指出建设性新闻不是什么新词，其固有的原则与新闻史上其他著名的运动，例如行动新闻与公共新闻，有着相似之处。该文为新闻的四种经典角色做了“指南针”（或称为象限）分析框架，该框架以新闻业的宗旨与视角为切入点，将新闻角色分为四个象限，分别是“积极 + 审议制”“消极 + 审议制”“代议制 + 消极”“代议制 + 积极”，文中特别指出，“积极”的含义并不意味着记者促进或赞同具有特殊利益的个人或组织的特定政治、商业或其他观点，而是“积极中立”。审议制与代议制的区别在于记者关注的重点不同，前者关注普通公民，而不是权威的决策者；后者代表公众或部分公众的个人、组织和其他人。作者通过这一“指南针”分析了建设性新闻与过去的新闻运动和更古典的新闻观念之间的区别和相似之处[3]，指出建设性新闻的倡导者对建设性新闻偏

---

[1] FROM U，KRISTENSEN N N.Rethinking Constructive Journalism by Means of Service Journalism［J］.Journalism Practice，2018，12（6）：714–729.

[2] SELIGMAN M. Constructive Journalism and Moyers' Dictum［J］. Journalism，2019，20（4）：489–491.

[3] BRO P. Constructive Journalism：Proponents，Precedents，and Principles［J］. Journalism，2019，20（4）：504–519.

向“消极”的阐释与实践，警惕将建设性新闻变成“行动主义”，但又与“看门人”新闻有所不同，注重问题解决的“潜能”而非问题本身。同时，建设性新闻融合了审议制与代表制两种面向。文末对于建设性新闻运动所面临的机遇和困难进行了分析并讨论了（建设性新闻）支持者们如何从以往运动中吸取教训。

学者杰尔·马斯特（Jelle Mast）等对建设性新闻的概念、实践与话语进行了综述。具体而言，在概念层面，通过提炼积极心理学的根源，描述建设性新闻在相关和不同类型的新闻中的地位，确定其核心价值和原则、谱系与背离，为建设性新闻的概念发展做出贡献。在实践层面，通过大规模或深入的分析探索、描述和检验，从定量和定性方法中得出各种经验数据和见解，具体包括如何解释和实施建设性新闻，如何实现和产生何种效果等。[1]总之，作者持“批判性欣赏”的总体立场，通过理论与实践层面的总结概括试图推进建设性新闻这一新兴研究领域的理论建设。

学者利斯贝斯·赫曼斯（Liesbeth Hermans）与凯瑟琳·吉登斯泰德（Cathrine Gyldensted）在《建设性新闻报道的要素：特征，实际应用和受众评价》（*Elements of Constructive Journalism：Characteristics，Practical Application and Audience Valuation*）一文中首先对于积极心理学影响建设性新闻的原因进行了阐释，原因与既有的负面新闻传统有关，长期以来的负面新闻导向使得民众受新闻中的负面偏见影响，增加了对媒体的不信任感，也使得社会出现“两极化”的趋势。而积极心理学作为提振新闻业的一剂药方，缓解了民众与新闻业的忧虑。作者得出了建设性新闻的六个要素：解决方案导向框架，未来导向，多样性和包容性，赋予受众权力，提供背景，共同创造。通过对 3263 名 20 ~ 65 岁荷兰人的调查，以了解如性别、年龄、教育程度和新闻兴趣等受众人口统计学特征和偏好对于以上六大建设性新闻要素的喜好或欣赏程度。研究结果表明，人们更喜欢包含多种视角的新闻形式和提供深度信息的新闻形式。婴儿潮一代（50 ~ 65 岁受访者）更加重视在新闻中使用建设性元素；受过高等教育的受访者和对新闻感兴趣程度较高的人更欣赏建设性因素，且对多样性和深度因素的偏好更高；中等及低教育程度的受访者更重视较为具体的建设性因素，如解决方向、更积极的语

---

[1] MAST J，COESEMANS R，TEMMERMAN M.Constructive Journalism：Concepts，Practices，and Discourses［J］.Journalism，2019，20（4）：492–503.

气、多样性及参与者（非专业记者）视角的包容性；男性与女性对于新闻的侧重点不同，前者看重更多的来源、视角和更深入的信息，后者看重积极的语气，总体上性别差异对建设性新闻要素影响较小，可以忽略不计。具有高新闻兴趣的受访者对“新闻来源和观点的多样性”和“新闻多样性”要素的评价高于中等和低新闻兴趣的人群。[1]在此，倾向于解决问题的人往往被认为是传统新闻机构难以接触的群体：年轻人、受过较低和中等教育的人及对新闻不感兴趣的群体。对新闻不感兴趣的人，减少对新闻的负面影响，增加多样性。

概言之，欧美学术界对于建设性新闻的学理性分析从概念辨析入手，尤其是对它与公共新闻、公民新闻的渊源、异同及新闻传统进行梳理，采用了元话语、新闻指南针等研究方式，总结出建设性新闻的概念、理念与要素，用以指导实践。

2. 建设性新闻效果研究

2014—2015 年，学者便开始对建设性新闻的受众效果展开研究，代表成果有两项，分别是卡瑞（Curry）与哈蒙兹（Hammonds）围绕“参与新闻项目”（Engaging News Project）进行的调查以及麦金泰尔的博士学位论文。两者都使用在线实验方法并且都在美国背景下特别关注了故事中包含的解决方案信息。[2]学者卡瑞等对 1500 名美国人进行在线民意调查，考察人们对提供与未提供解决方案的新闻的反映及影响。调查者向受众提供了三篇新闻文章（每篇或包含或不包含解决方案），一共有六篇文章。每位参与者从六篇文章中随机选择一篇进行阅读。结果显示带有解决方案的文章能提供更多信息，读者对主题、作者和媒介产生更多的兴趣，增加了受众对相关主题参与的可能性。

凯伦・麦金泰尔的博士论文衡量了新闻解决方案的效果以及新闻业对“心理健康”的影响。文章分为三个版本：无解决方案，无效解决方案，有效解决方案。164 名学生在大学计算机实验室中参加了在线调查并阅读同一篇文章，使用相同的问卷进行回答。研究结果表明，在阅读新闻故事时产生积极情绪的人，对新闻故事有更积极的态度，并且比那些在阅读新闻故事时有负面情绪体验的人更

---

[1] HERMANS L，GYLDENSTED C.Elements of Constructive Journalism：Characteristics，Practical Application and Audience Valuation［J］. Journalism，2019，20（4）：535-551.

[2] CURRY A L，KEITH H. The Power of Solutions Journalism［EB/OL］.（2016-06-10）［2020-03-23］. https：//engagingnewsproject.org/enp_prod/wpcontent/uploads/2014/06/ENP_SJNreport.pdf.

有意愿参与一些“亲社会行为”；读者喜欢提及有效方案的新闻，读这种新闻会使读者感觉良好，但不会影响读者的行为意图或实际行为。❶在该实验的修订版本中，有110名学生参与者展示了6篇不同的文章（因此平均每篇文章由18名参与者阅读）：关于两个主题，并分别给出了一个解决方案，一个无效的解决方案和一个有效的解决方案，结果与之前研究结论相似。❷

在《建设性新闻对情感和行为反应的影响》一文中，凯伦·麦金泰尔与学者丹妮丝·巴登（Denise Baden）等一起探讨了不同类型的建设性新闻报道对读者的情感、动机和行为意图的影响。通过两个实验分别研究了具有解决方案框架或灾难性框架的新闻报道及引起正面或负面情绪新闻的传播效果。调查结果表明，引发负面情绪的灾难性新闻报道减少了人们采取积极行动解决问题的意愿，并产生了负面影响。而激起积极情绪的包含解决方案框架的新闻报道产生积极影响，提高了人们采取积极行动的意愿。❸

荷兰学者马里斯卡·克莱曼斯（Mariska Kleemans）等将研究对象锁定于儿童，重点关注建设性报道对儿童的影响，研究样本为281名9 ~ 13岁的儿童，分为接触建设性新闻与非建设性新闻两组。通过对两组儿童进行实验对比，旨在分析与非建设性新闻报道相比，建设性新闻如何影响（儿童）对电视新闻的记忆及该新闻引起的负面情绪是否（由于建设性的报道方式）有所减轻。研究结果显示，与非建设性新闻相比，接触建设性新闻会产生更多积极的情绪反应，减少消极情绪。对于接触建设性新闻报道的孩子来说，负面消息在记忆中的作用不太明显，他们能回想起新闻广播中具有建设性元素的部分。❹因此，包含建设性元素的新闻在情感上更适合儿童。总之，该文对于如何将负面新闻以最优化的方式传播给儿童提供了洞见。

---

❶ ELIZABETH M K. Constructive Journalism：The Effects of Positive Emotions and Solution Information in News Stories［D］. North Carolina：Doctoral Dissertation. The University of North Carolina at Chapel Hill，2015.

❷ MCINTYRE K. Solutions Journalism：The Effects of Including Solution Information in News Stories about Social Problems［J］. Journalism Practice，2019，13（1）：16-34.

❸ BADEN D，MCINTYRE K，HOMBERG F.The Impact of Constructive News on Affective and Behavioural Responses［J］. Journalism Studies，2019（20）：13.

❹ KLEEMANS M，DOHMEN R，SCHLINDWEIN L F，etc. Children's Cognitive Responses to Constructive Television News［J］. Journalism，2019，20（4）：568-582.

学者克劳斯·迈耶（Klaus Meier）认为针对成人的建设性新闻受众效果的研究成果较少，目前还有三个方面的问题有待解答：其一，如果提出的建议必须首先付诸实施，或者在一篇文章中显示出总体上有希望和鼓舞人心的方面，而不是一篇毫无希望的文章，读者会作何反应；其二，到目前为止，只对网站上文本形式的新闻进行了测量，对于建设性的深度报道、纸质版新闻、广播报道的受众研究还是空白；其三，缺乏关于定性与定量数据的补充研究。❶

学者迈耶声称其研究填补了以上三个空白，他将研究分为两个方面，分别是基础研究与后续研究。在基础研究中，测试了纸质版新闻文章的受众效果，没有使用在线调查，而是采用定量研究和定性评估相结合的方式，如面对面访谈，以补充印证；在后续研究中，测试了广播报道的效果，开展了在线实验，在实验中还使用了其他定性开放性问题。

研究以德语建设性新闻杂志《克里斯蒙》（*Chrismon*）为新闻样本，选择了新闻报道和专题报道两种形式，分别制作了建设性与非建设性两种版本，共 4 篇文章，随机抽选 130 个受访者阅读，通过定量调查和定性的面对面访谈开展研究。研究结果表明，建设性新闻的影响是多方面的，从微观方面看，建设性形式可以抵消对世界的负面看法，因为受众会认识到解决方案导向和潜在的希望精神。从中观层面看，建设性报道在社交网络中被更频繁地分享且收到更多“喜欢”，这对媒体品牌产生了短期影响。从宏观层面看，建设性报道可以持续提高人们对解决方案的认识，从而促进受众参与和效仿。❷

学者安德里亚·格里亚瓦（Andrea Grijalva）对建设性新闻效果研究则另辟蹊径，聚焦于新闻工作者，研究从传统视角向建设性视角转变的过程中，记者们的新闻价值观是如何得到强化的。❸通过对五位新闻工作者的深度访谈，探究建设性新闻的应用对传统媒体记者心态和行为的影响。研究发现建设性新闻实践与传统新闻实践差别较小，记者并没有改变他们的价值观，但是由于纳入了建设性原

---

❶ MEIER K.How Does the Audience Respond to Constructive Journalism? ［J］. Journalism Practice, 2018（12）：6.

❷ 同❶.

❸ GRIJALVA A. Analysing the Effect of the Application of Constructive Journalism on the Mindset and Behaviour of Journalists in Traditional Media［EB/OL］.（2020-03-04）［2021-01-18］. https：//revistas.usfq.edu.ec/index.php/perdebate/article/download/1334/1300.

则，某种程度上改变了其思维方式和常规做法。同时，受访者认为有必要将传统新闻传统和建设性的新闻报道结合起来，例如，坚信履行“监督者”角色和尽可能报道事实的原貌是新闻的本质。

还有学者将视角放到建设性新闻的教学上来，学者杰米·洛伊佐（Jamie Loizzo）等发现建设性新闻学慕课（MOOC）这种大规模在线开放课程，可以改变人们的态度，还可以动员公民记者关注社会正义问题。此前他们揭示了在课堂环境下开展解决方案新闻教学对专业记者和公民记者具有启发作用，但也发现教学这一主题是具有挑战性的，包括有效地管理和参与高容量的讨论板，以及展示吸引来自不同国际环境的学习者的内容。[1]

概言之，建设性新闻的效果研究主要分为两个方面，分别是建设性新闻对受众及传播者的情感与行为的影响。其中，受众研究是重点，多采用实验、问卷调查等定量研究方法，通过对比实验测试受访者对包含建设性要素新闻与不包含的建设性新闻的认知与态度，得出的研究结果大同小异，印证了建设性新闻有利于提振民众情绪，促进社会参与的假设。

3. 积极心理学在建设性新闻报道中的应用及其影响

在《建设性新闻报道：在新闻制作中应用积极心理学技巧》（*Constructive Journalism：Applying Positive Psychology Techniques to News Production*）一文中，学者麦金泰尔与吉伦斯泰德概述了积极心理学五种可用于建设性新闻实践的技巧，分别是“幸福模式（Well-Being Model）”“在新闻故事中唤起积极的情绪”“在新闻工作中包含幸福五元素（PERMA Elements）”“使用建设性的采访技巧”“聚焦解决方案”[2]。

如果说上文是积极心理学技巧应用的“实操版”，那么麦金泰尔与吉伦斯泰德的《积极心理学是建构性新闻学的理论基础》（*Positive Psychology as a Theoretical Foundation for Constructive Journalism*）则从学理性角度探讨积极心理学如何为建设性新闻提供理论指导。在文中作者化用“心理学疾病模型”的说

---

[1] LOIZZO J，WATSON S，WATSON W.Examining Instructor and Learner Experiences and Attitude Change in a Journalism for Social Change Massive Open Online Course：A Mixed-Methods Case Study［J］. Journalism & Mass Communication Educator，2017（73）：392-409.

[2] MCINTYRE K，GYLDENSTED C. Constructive Journalism：Applying Positive Psychology Techniques to News Production［J］.The Journal of Media Innovations，2018（4）.

法，将消极、负面的新闻价值观视作“新闻传播中的疾病模型”，并指出以“疾病模型为焦点”的新闻报道违背了新闻的核心职能，如寻求真相、报道真相和准确描绘世界，记者应平等报道冲突与合作、倒退与进步、挫折与增长。[1] 由此，积极心理学与新闻价值规范相契合。在实践中将积极心理学要素运用到建设性新闻写作中，体现为六个要素：①方案导向，在报道问题时，添加一个面向解决方案的新闻框架。②未来导向，添加“现在怎么办”，在传统的新闻问题“5W”基础上添加 1 个“how”，即“如何”。③去极化，留心新闻媒体制造的极化动态，加强包容性和多样性。④建设性地进行采访，为受害者和专家赋权，问题应阐明可能的资源、协作、共同点和解决办法。此外，记者应该花更多的时间以人类学家或未来科学家的方式提出问题，以得到相关背景，引发深入思考。⑤用数据来确定在新闻报道的问题上是进展还是挫折。⑥参与和授权公众，与公民共同创造新闻内容，加强公民辩论。文末作者对积极心理学深入应用指导建设性新闻实践提出展望，希冀在预测性方面提升积极心理学的解释力。

此外，还有一些新闻媒体人对于如何运用积极心理学开展新闻工作展开探讨。例如，哥伦比亚广播公司（CBS）的新闻主播米歇尔·吉兰（Michelle Gielan）出版了一本名为《广播幸福：点燃和维持积极变化的科学》（*Broadcasting Happiness*：*The Science of Igniting and Sustaining Positive Change*），展示了“广播”幸福的价值，以及如何激发积极思维，克服压力和消极，优化大脑，例如改变使人沮丧的思维模式，把它们转化为恢复力和成长的动力；以积极的态度引导谈话或交流，从而推动成功；利用过去的胜利来推动未来的成功，更好地传播“坏消息”，以增加未来的社会资本。[2] 通过创造具有感染力的乐观精神，在工作或家庭中创造并保持积极的文化，最终让人们看到改变的必要性，从而采取行动。

概言之，积极心理学作为建设性新闻的理论支撑，为建设性新闻提供学理性保障，研究重点为积极心理学应用对建设性新闻的影响，主要代表学者为麦金泰

---

[1] MCINTYRE K，GYLDENSTED C.Positive Psychology as a Theoretical Foundation for Constructive Journalism［J］. Journalism Practice，2018（12）：6.

[2] GIELAN M.Broadcasting Happiness：The Science of Igniting and Sustaining Positive Change［EB/OL］.（2020-03-04）［2021-01-20］. https：//www.oreilly.com/library/view/broadcasting-happiness-the/9781941631317/.

尔与吉伦斯泰德。目前这方面的研究处于初级阶段，除了积极心理学，还有道德心理学等可以用来解释建设性新闻的运作机制并指导实践，因此仍有大量的理论工作需要去探索。

4. 不同地域与情境下的建设性新闻实践研究

对不同地域与情境下的建设性新闻实践探索占据建设性新闻研究的一大块“版图”，研究的重点在于建设性新闻在不同时空、情境下的特点、展现方式、机遇与阻碍。

（1）非洲建设性新闻实践探索

中国学者张艳秋在2014年即发表论文《从建设性新闻的角度了解中国在非洲的媒体》[1]，认为建设性的新闻报道涵盖了积极的和以解决方案为中心的新闻形式、叙事角度和辩论风格，同时保持了信息的准确和批判性。[2]大多数关于中国在非洲媒体的文献都关注于极端的正面和负面新闻，认为负面新闻或“看门狗新闻”（Watchdog News）是好的，而正面新闻被视为宣传。这种方法的缺陷在于，它模糊了一种方法的可能性，即从参与寻找解决方案的角度来看待被认为是分裂的事件。中国CCTV在非洲建设性新闻的使用表明了一种承诺，即展示非洲与世界其他地区一样有许多问题，但与此同时，人民在塑造自己的命运和寻找问题的解决方案方面是积极的参与者。[3]总之，针对中国媒体在非洲不同的新闻报道风格，建设性新闻报道可以为了解中国媒体在非洲的表现提供一个新的视角。

随后，2016年张艳秋与非洲学生西蒙·马特维娜（Simon Matingwina）发表了《非洲的新代表?〈中国日报〉和英国广播公司在报道埃博拉疫情时使用的建设性新闻》一文，从建设性新闻视角对比考察了《中国日报》与英国BBC对埃博拉病毒的报道。作者认为《中国日报》与BBC相比，更多地采用与建设性新闻相关的新方法来报道。该研究认为，建设性新闻主题的使用，通过从受影响地

[1] ZHANG Y Q. Understand China's Media in Africa from the Perspective of Constructive Journalism, September 11，2014［C］. the International Conference China and Africa Media，Communications and Public Diplomacy. Beijing，2014.

[2] ZHANG Y Q. Constructive Journalism for China's Media in Africa，November 18，2013［C］. Africa China Media Cooperation，the China–Africa Media Cooperation Seminar. Nairobi，2013.

[3] ZHANG Y Q，MATINGWINA S. Construct Relations via Constructive Journalism：A New Paradigm for Chinese Media in Africa? September 4，2014［C］.International Symposium on China's Soft Power in Africa：Emerging Media and Cultural Relations Between China and Africa. Ningbo，2014.

区人民的角度对问题进行全面报道，为传统的负面刻板印象提供了替代选择。此外，建设性新闻实践有助于有效的健康交流，这在识别、控制和治疗埃博拉等疾病的总体策略中至关重要。该文在叙述与埃博拉有关的故事和非洲故事时，将建设性新闻作为一种赋权方法加以推进❶，以关注可能的解决方案，并为非西方媒体在国际舞台上的出现和稳定崛起提供一种可能性。

学者凯伦·麦金泰尔与梅根·索贝尔（Meghan Sobel）则将视野聚焦于卢旺达的建设性新闻实践，以社会责任理论、框架理论与新闻角色文献为理论基础，对卢旺达的记者进行了定性采访，以了解他们如何看待自身当下所扮演的新闻角色及是否通过从事建设性新闻工作为国家的重建和复兴做出了贡献。访谈结果表示，虽然卢旺达记者的目标是履行宣传和教育公众等传统角色，但他们更重视促进团结与和解的独特作用；卢旺达记者主动采用了建设性新闻技巧，比如解决方案新闻和恢复性的叙事，报道那些促进希望、治愈和恢复的故事❷，以帮助国家在1994年种族大屠杀后进行重建。

（2）以欧洲发达国家为主场及世界主义视角下的建设性新闻实践研究

学者亨里克·博德克（Henrik Bødker）以《卡菲巴贝尔》（*Cafébabel*）这一欧盟共同资助的多语种时事在线杂志为例，对该杂志的建设性新闻报道运用建设性新闻、作为实践的新闻和世界主义这三个概念进行分析。对该杂志关于巴塔克兰（Bataclan）剧院袭击事件的相关文字进行了解释性的文本分析，在实践理论和世界主义的概念框架下，围绕“流动性”和“邻里”作为“世代社区”的主题进行了构建。❸作者反思了该案例研究对思考建设性新闻的更广泛的影响，如不同世代者和跨国世界主义者的身份表现、参与性做法和“建设性”新闻的关键要素（如以解决方案为导向的框架、赋权和共同创造）三者如何联系在一起，为重新思考新闻专业角色与公民参与的关系提供注解。

学者安德里亚·瓦格曼斯（Andrea Wagemans）等撰写的《影响作为新闻和

---

❶ ZHANG Y Q，MATINGWINA S. A New Representation of Africa? The use of Constructive Journalism in the Narration of Ebola by China Daily and the BBC［J］. African Journalism Studies，2016（37）：3.

❷ MCINTYRE K，SOBEL M. Reconstructing Rwanda：How Rwandan Reporters use Constructive Journalism to Promote Peace［J］. Journalism Studies，2018，19（14）：2126–2147.

❸ BØDKER H. Café babel and ‘Génération Bataclan’：Cosmopolitan Identities and/as Constructive European News［J］. Journalism，2019，20（4）：520–534.

社会变革的推动力》(*Impact as Driver of News and Social Change*)一文，以“影响力”作为定义新闻新形式的关键词。作者们希望从更广泛的角度来理解新闻概念的多样性，他们指出，建设性新闻的目标（即面向未来、解决办法和激励社会变革）并不局限于西方和富裕民主国家的新闻工作，需要考虑不同国家经济、文化和政治背景的多样性，将“建设性新闻”与当地情境特点相结合。该文聚焦“企业家记者”(Entrepreneurial Journalists)这一群体，来探讨建设性新闻话语中的一些问题。这群企业家记者作为相关领域的先驱，有寻求技术创新和意识形态创新的使命感，站在与媒体有关的整个社会转型的风口浪尖，不仅塑造了媒体的内容与形式，还影响媒体在社会中的角色与作用，界定什么是新闻❶，且“影响”是这些新闻创业者自我理解的核心。

2014—2017 年，作者访谈四大洲 129 名企业家记者，以探索他们对新闻社会影响的理解，对他们如何定位自己与其他记者和社会的关系进行批判性解读。访谈结果表明，与建设性新闻文献中作为整体概念的“影响”不同，研究中的受访者认为影响是一个多元化的概念，如个人、社区和整个社会的影响；有些受访者认为新闻的影响应该超越传统的界限，应将宣传社会事业、反对政府政策的行动以及组织和参与示威包括在内❷；对于建设性新闻实践不应该以主动与被动或中立与积极等“二分法”的方式来简单理解与定位。总之，该文对于企业家记者如何理解和积极建构他们在社会中的角色进行了探索，论证了建设性新闻实践经验，将建设性新闻理论与实践结合起来。

学者维克多·威德(Victor Wiard)等则将视野投向布鲁塞尔参与式社区新闻这一具有“微观情境”色彩的公民媒体“杜威”(Dewey)项目，该项目由一个非营利组织创建，由布鲁塞尔四个城市的公民组成了四个超级本地在线平台网络。“杜威”的总体目标是支持由当地人制作的基层、协作的公民新闻，是对忽视或歪曲有关市政当局的主流新闻媒体的回应。学者威德首先对公民媒体与建设性新闻之间的关系进行了辨析，将公民媒体定义为允许公民对新闻项目或产品做出贡献的媒体，而不受制度化结构和专业惯例的影响。将公民媒体描绘成社会变革和

---

❶ WAGEMANS A，WITSCHGE T，HARBERS F. Impact as Driving Force of Journalistic and Social Change [J]. Journalism，2019，20 (4)：552-567.

❷ MAST J，COESEMANS R，TEMMERMAN M. Constructive Journalism：Concepts，Practices，and Discourses [J]. Journalism，2019，20 (4)：492-503.

赋予公民权利的机会；而建设性新闻的一般含义，即旨在以某种方式改善社会的新闻制作，将其与公共性与参与性的新闻形式相关联。由此，将“杜威”新闻平台实践定置于建设性新闻的“伞式”话语之下，认为该媒体积极开展了超本地事件的报道，成功报道了社区实践，而媒体往往把这些内容置于黑暗之中。❶

在对概念进行了清晰界定后，作者运用行动研究方法，连同参与者一起，对活动、成员之间的互动、制作等方面进行了评估。同时，对平台的 12 位参与者进行了半结构化的访谈。访谈结果表明，参与者的具体写作实践产生了反对陈规定型观念或缺乏对某些问题的报道的建设性新闻。此外，“杜威”的开放和非制度化结构对于个人较少约束，导致不同的写作风格和新闻制作方法。但是，这种开放性造成责任分配不均及对少数个人的高度依赖，使得流程变得脆弱而缓慢。总之，该文描述了公民媒体与建设性新闻之间的关系，从媒体赋权层面对建设性新闻是什么或可能是什么的学术和公众讨论进行了适度的推进。❷

学者米可·豪塔坎加、劳拉·艾娃与学者威德一样，以一个行动研究项目为基础开展研究。该研究考察了新闻专业人员对社会责任的自我认识。该项目邀请芬兰记者参加讲习班，与研究人员一起制定“和解新闻”的概念。该项目的目的是寻找在社会两极分化时期重新定位新闻业的方法，它源于各种形式的对社会负责的新闻业，冲突调解和在线节制。该研究分析了研究人员和从业人员之间如何合作来发展专业新闻理想和实践的过程，展示了记者如何实施和解性新闻工作，以评估冲突复杂性，并为建设性分歧提供空间。总之，“和解新闻”作为一个新概念引起了人们的注意，为记者和媒体组织提供了一种途径，以解决他们的专业问题，并在压力加大的情况下寻找前进的方向。❸

学者安德斯·桑德斯·勒维（Anders Sundnes Løvlie）对于建设性新闻的实践研究另辟蹊径，从在线评论和媒体设计入手，从“技术实操”的角度探讨建设性新闻面临的挑战。作者通过对丹麦广播公司（DR）网站开发的新在线评论格式

---

❶ MAST J，COESEMANS R，TEMMERMAN M. Constructive Journalism：Concepts，Practices，and Discourses［J］. Journalism，2019，20（4）：492–503.

❷ WIARD V，SIMONSON M. The City is Ours，so Let's Talk about it：Constructing a Citizen Media Initiative in Brussels［J］. Journalism，2019，20（4）：617–631.

❸ HAUTAKANGAS M，AHVA L. Introducing a New Form of Socially Responsible Journalism［J］. Journalism Practice，2018（12）：6.

的三年案例研究，发现该网站面临两方面问题，分别是评论系统的设计特征和设计过程。前者强调开发功能以加强编辑控制，使得用户参与度较低；后者对用户进行身份验证，设计的认证系统存在障碍，影响受众参与。此外，关于激情与理性之间的平衡，评论系统更偏重于促进理性辩论，未能充分吸引受众。[1]由此来看，在设计过程中缺乏对用户的关注似乎是造成问题的原因。作者认为在线评论作为一种建设性的新闻方式，通过评论和辩论的形式吸引受众参与，是践行建设性新闻的重要形式。

（3）除非洲国家以外的其他发展中国家或地区的建设性新闻实践研究

与大多数以欧美媒体为对象的建设性新闻研究不同，学者萨安妮·罗特梅耶尔（Sanne Rotmeijer）将加勒比海圣马丁岛（St Maarten）的建设性新闻实践作为分析对象。作者认为圣马丁岛的印刷版新闻和在线新闻都体现了建设性新闻的特点。通过对该岛主要报纸编辑部 10 个月的实地调查及参与性观察和采访，作者发现了当地从事建设性新闻工作的三个动机：促进当地经济发展；促进跨国社区建设，增进归属感；促进社会政治稳定。作者描述和说明了实现这些目标的建设性新闻技术，并讨论了圣马丁的建设性新闻如何受到当地政治、经济、社会文化和专业背景的制约。例如，当政治危机使该岛四分五裂时，记者们透露，他们更愿意在当前政府的领导下建立一个稳定的社会，而不是抹黑所有在腐败丑闻中被点名的政客。考虑到这些背景因素，作者得出了一个有点矛盾的结论：在圣马丁特定的政治、经济和社会文化条件下从事建设性新闻工作，不仅有可能反映现状，还可能落入当权者之手。[2]

作者进而得出结论，圣马丁的新闻媒体不需要是建设性的，而需要具有破坏性、令人不安和解构霸权主义的力量。总之，圣马丁的新闻制作动态与欧美的政治新闻业不同。圣马丁的政治背景并非独有，由此作者提出进一步研究圣马丁建设性新闻的问题和风险以及对具有破坏性的新闻报道的必要性[3]，为世界上具有相同情境国家和地区提供借鉴与参考。

---

[1] LØVLIE A S.Constructive Comments? [J] .Journalism Practice，2018，12（6）：781-798.

[2] MAST J，COESEMANS R，TEMMERMAN M. Constructive Journalism：Concepts，Practices，and Discourses [J] . Journalism，2019，20（4）：492-503.

[3] ROTMEIJER S.Words that Work? Practices of Constructive Journalism in a Local Caribbean Context [J] . Journalism，2019，20（4）：600-616.

学者佩特拉·科瓦切维奇（Petra Kovacevic）与泰娜·佩里辛（Tena Perisin）对克罗地亚的建设性新闻实践展开研究。该项研究考察了建设性新闻在克罗地亚的执行情况，并将其置于克罗地亚的社会、文化和历史背景之中进行审视。作者首先从语言上追根溯源，访谈了三位克罗地亚语言学家，解释了“建设性”一词对克罗地亚人可能隐藏的含义与意识形态意蕴。其次，采访了克罗地亚公共广播公司 HRT 的 15 名电视记者和编辑，以探讨在新闻编辑室实施建设性新闻思想的潜在机会和障碍。克罗地亚记者对新闻工作采取了更为积极的态度，他们对建设性新闻思想的总体印象是积极的。受访者认为实施建设性新闻的机会在于帮助和吸引观众，消除新闻中的消极偏见；实施障碍主要来自三个方面：克罗地亚人心态与社会背景，以及与丹麦等国的差异；新闻编辑室惯例，缺乏时间、沟通和规划薄弱[1]；对解决方案的报道可能是导致新意识形态的陷阱的恐惧。由此，作者建议明确界定“建设性”的核心内涵，为克罗地亚新闻编辑室制订一项具体战略，并与该国具体的历史、文化和政治因素联系起来。

拉沙·阿拉姆（Rasha Allam）聚焦于阿拉伯过渡民主政体中的建设性新闻实践，以埃及和突尼斯这两个阿拉伯国家为重点，考察建设性新闻报道在过渡与转型时期发挥的作用，以及在特定的政治、经济背景下和媒体格局的变化中建设性新闻工作可能面临的挑战，并提出了实施模式。此次研究采访了 21 名埃及和突尼斯记者，在过渡时期，建设性新闻的主要作用包括：重新赢得观众的信任和参与，打击恐怖主义，为公众利益服务，重振媒体经济。实施建设性新闻的三个主要挑战分别是政治权力结构及其自我审查制度，私有制规则以及“建设性”一词可能包含的负面含义：受访者提出了一种基于“建设性互动”概念的媒体与社交媒体平台之间的整合策略，并称这是为媒体实体与受众之间的和解铺平道路的最佳模型。[2]

综上所述，国外建设性新闻实践的研究成果较为丰硕，所研究的对象主要是非洲、北欧与其他个别的发展中国家。以非洲与其他个别的发展中国家为对象的研究，大多从所在国的新闻实践入手，结合当地的政治、经济、文化环境对建设

---

[1] KOVACEVIC P，PERISIN T.The Potential of Constructive Journalism Ideas in a Croatian Context [J]. Journalism Practice，2018（12）：6.

[2] ALLAM R.Constructive Journalism in Arab Transitional Democracies：Perceptions，Attitudes and Performance [J].Journalism Practice，2019，13（10）.

性新闻实践进行了情境解读与阐释，并分析了所面临的问题与挑战，文本分析与深度访谈是主要采用的研究方法。研究发现，以上述区域的建设性新闻实践深受本国政治、经济、社会环境的影响，建设性新闻对于所在国而言，以积极作用为主，或促进国家内部团结、和解与重建，或促进公民参与，或促进当地经济发展与社会稳定，但是要想获得长足发展还须做到“具体历史的统一”，即与该国的具体历史、文化和政治因素联系起来，做到“因地制宜”与“因时制宜”。而以欧洲为对象的研究，除了采用上述方法与视角外，还采用了世界主义视角，从媒体设计角度出发思考建设性新闻的互动实践，有部分研究采用了行动研究方法。研究发现，该地区的建设性新闻实践研究强调公民参与，与公民新闻、公共新闻有千丝万缕的关系，这也与欧洲既有的新闻与学术传统有关。

5. 建设性新闻报道框架与内容分析

除了上述分析视角外，有较多研究成果是对特定媒体的建设性新闻文本展开框架分析、内容分析与具体的案例分析。2002 年丹麦学者博莱特·克里斯滕森（Bolette M. Christensen）也曾提出“建设性新闻”这一说法，并用此视角对反新自由主义全球化组织 ATTAC 进行个案分析。在《建构社会运动——以 ATTAC 为例：一个建设性新闻的案例》一文中，作者分析了丹麦的社会运动组织 ATTAC 三方面的内容：①网络社会关系、网络基础类型的治理与网络文化的政治实践；②全球力量和地方实践之间的关系，面临的阻力和选择；③媒体组织的力量，尤其关注“新”媒体的组合，基于交互式或半互动式技术信息和沟通。对丹麦报纸《信息》（*Information*）在以上三个层面所发挥的建设性作用与 ATTAC 社会实践的互动展开探讨。[1]

学者丹尼斯·利希滕斯坦（Dennis Lichtenstein）等从和平新闻、建设性新闻视角，采用恩特曼主题框架分析方法，探讨在俄罗斯和德国电视政治脱口秀节目中乌克兰危机的成因、叙述框架，以及在何种程度上使用了建设性和破坏性框架。通过对 20 期节目（俄语和德语节目各 10 期）的定性内容分析，以了解两国节目框架内容构成及其各自的建设性或破坏性特征。研究结果表明，俄罗斯与德国电视节目分别有 12 及 13 个不同的框架，围绕乌克兰国内局势的框架和俄罗斯

---

[1] CHRISTENSEN B M. Constructing a Social Movement：The Case of ATTAC：a Case of Constructive Journalism［M］. Modinet：Centre for Media and Democracy in the Network Society，2002.

与西方之间国际紧张局势的框架这两大部分展开。在两国的脱口秀节目中，破坏性框架占主导地位，使政治上的对抗性言论和行动合法化；遵循建设性新闻原则的框架在节目中也有分布，为已查明的问题提供解决方案，解决冲突的深层原因，而不是指责一方，为争取和平协议提供了基础。[1] 总之，这项建设性新闻框架研究为乌克兰危机背后的冲突与来由提供了清晰的画面，有利于增进对建设性新闻内容及其在冲突中所扮演角色的理解。

学者迪米特林卡·阿塔纳索娃（Dimitrinka Atanasova）同样以恩特曼的框架理论为基础，对建设性新闻媒体的可持续框架的实现路径展开研究。作者选择英国《积极新闻》两年内（2016 年初至 2017 年底）54 篇在线新闻文章为样本，对可持续性在建设性新闻中的展现方式与来源进行追溯与探讨。通过采用定性、系统的归纳框架分析程序得出三个框架：相信市场的力量，对科学力量的信念和友情的价值。该文的创新之处在于对建设性新闻如何能够帮助社会走向可持续的未来提供了四条建议：以解决方案为重点；以乐观的方式报道可持续性解决方案；让读者有机会听到更广泛来源的声音；提供可供选择的、社会需要的、能引起文化共鸣的故事。[2] 但是由于只聚焦于单一的媒体且样本规模较小、研究方法单一，在普适性方面还有待商榷。

中国学者赵欣等则通过对新华社英语新闻进行定性内容分析，分析其是否采取了建设性的做法。作者以新华社“中国焦点”专栏中 274 篇新闻文章为样本，考察了与汇率相关的国际经济互动新闻框架的合理性以及中国建设性新闻实践的兴起。文章以学者加东（Galtung）对和平新闻的定义为基础，对框架类型明确地界定为“冲突”“责任”和“解决”框架，增添了“道德判断”“人类利益”“稳定与可持续发展”和“中国经济增长”框架，对于新华社提升读者积极情绪以及相应的反应策略进行了探讨。对新闻报道的主题分析显示，有关中国经济发展的正面报道占主导地位。内容分析结果显示，新华社强调解决框架并放在首位，社会和经济的稳定、可持续性和繁荣发展框架位居第二，略高于“道德判断”框

[1] LICHTENSTEIN D，ESAU K，PAVLOVA L，etc. Framing the Ukraine Crisis：A Comparison Between Talk Show Debates in Russian and German television［J］. International Communication Gazette，2019，81（1）：66–88.

[2] ATANASOVA D. Moving Society to a Sustainable Future：The Framing of Sustainability in a Constructive Media Outlet［J］. Environmental Communication，2019（13）：5，700–711.

架，很少关注“冲突”和“责任”框架并很少使用“人类利益”框架，而倾向于关注一般群体。在框架内容方面，虽强调解决方案框架，但没有充分解释冲突和问题的起因、发展；对何谓合法与不负责任直接得出结论，而没有充分说明合法性和责任的实质。[1]总之，媒体包含了建设性新闻的元素，仍需要努力将其与积极新闻和党派新闻区分开来。

学者凯瑟·洛（Kyser Lough）与凯伦·麦金泰尔为方案新闻的内容研究增添了“视觉分析”的视角，探讨了图片在解决方案导向的新闻报道中的使用，特别是观察了新闻文本中同时发布的照片是否也反映了解决方案或者是否在信息表达上不一致。通过对解决方案新闻网络（SJN）“故事追踪者”国际文章数据库中 1241 篇新闻报道进行立意抽样与系统量化的内容分析，并对照片类型、主题、定位、潜在意义以及照片来源进行编码，结果发现大多数照片（63.5%）和标题（53.4%）反映了解决方案或成功因素；由内部来源（例如工作人员摄影师）拍摄的照片比外部来源（例如媒体后期添加上去的图片）更有可能描述解决方案；照片中的情感吸引力和积极情绪越高，照片反映解决方案的可能性就越高。矛盾的视觉呈现可能会使故事中的解决方案的信息复杂化。

概言之，学者洛与麦金泰尔的该项研究强调了视觉效果研究的重要性，为今后研究多模式和潜在不协调信息传递效果提供了经验基础[2]；此外，给新闻从业人员与研究者一定的启示。编辑除了关注书面故事外，还需要把注意力集中在视觉效果上，记者应该批判性地思考他们的方案新闻工具包（The Solutions Journalism Toolkit），并认识到视觉传达对受众的重要性。研究者应该多关注视觉内容的分析，进一步探索视觉和文本的相互作用，例如受众如何感知和解读新闻的多元形态，探讨词汇和图像之间复杂的关系，以及两者之间的冲突如何支持或否定解决文本的效果。[3]

---

[1] ZHAO X，XIANG Y.Does China's Outward Focused Journalism Engage a Constructive Approach? A Qualitative Content Analysis of Xinhua News Agency's English news［J］.Asian Journal of Communication，2019（29）：4，346-362.

[2] MAST J，COESEMANS R，TEMMERMAN M. Constructive Journalism：Concepts，Practices，and Discourses［J］. Journalism，2019，20（4）：492-503.

[3] LOUGH K，MCINTYRE K. Visualizing the Solution：An Analysis of the Images that Accompany Solutions-Oriented News Stories［J］. Journalism，2019，20（4）：583-599.

学者詹妮弗·米德伯里（Jennifer Midberry）与妮可·史密斯·达曼在研究对象、理论视角与研究方法上另辟蹊径，以“视觉方案新闻”（Visual Solutions Journalism）为对象，综合了方案新闻、视觉传播理论以及新闻摄影规范和伦理等理论，使用内容分析和社会符号学分析来阐释视觉方案新闻应该包括的内容，并对其新闻报道方式进行评估。[1]研究结果表明，视觉方案新闻应全面、准确、人性化。

总之，原有研究忽略了图像对解决新闻目标的潜在贡献，学者洛、麦金泰尔与米德伯里、达曼的视觉研究填补了此项空白，推动了视觉传达理论的发展，为摄影记者和照片编辑提供了将方案新闻原则应用于摄影的指南，将视觉内容包括在内的做法推进了方案新闻的理论界限。

学者布莱恩·皮罗利（Bryan Pirolli）则将旅游新闻与建设性新闻相关联，探索如何建设性地报道旅游业。研究以巴黎旅行记者为分析对象，通过定性访谈并对其工作内容分析，探讨了对这一细分媒体采取建设性方式的可能性。作者将旅游新闻置于一个建设性的环境中，探索其聚焦更积极或更有力量的主题的方式，包括在故事讲述中保持积极的态度，把读者放在首位，鼓励读者获得别样的收获。在此，旅游新闻在某种程度上可以被视为一种建设性的城市主义。[2]总之，该研究突破了建设性新闻一以贯之的研究路径（时事、民主、公民领域），向一种更具建设性的方式讨论生活方式新闻迈出了一步；更深层次的研究可将研究对象进一步细化并丰富来源，将城市、小城镇、度假岛屿等囊括进去，对所有相关者的真实故事进行更深入的内容分析，为小众媒体的研究和解释开辟新道路。

综上所述，建设性新闻报道框架与内容分析研究多以某一具体媒体节目或新闻文本为分析对象，多采用恩特曼的框架理论与定性框架分析方法，还有学者将视线投向“视觉”领域，运用符号学理论、符号学分析方法以及视觉分析方法对建设性新闻的图像效果展开研究，另有学者将建设性新闻应用到传统新闻业，例如以旅游新闻为代表的生活方式新闻之中，考察建设性新闻的内容呈现与作用。从以上研究的结论来看，建设性框架与视角的引入均增进了对相关议题的理解，

---

[1] MIDBERRY J，DAHMEN N S. Visual Solutions Journalism：A Theoretical Framework［J］. Journalism Practice，2020，14（10）：1159–1178.

[2] PIROLLI B. Travel Journalism：A Constructive Approach to Tourism Reporting.［EB/OL］.（2020–03–06）［2021–01–20］. https：//www.vub.be/sites/vub/files/proceedings_0.pdf#page=67Press

与建设性新闻效果研究交相辉映，推进了建设性新闻报道的实际应用。

（二）国内相关研究

从目前研究成果数量与内容来看，国内对建设性新闻的研究情况可归结为三个时期，分别是萌芽期（1991—2014）、发展期（2015—2018）、渐入高潮期（2019 至今），形成了以中国社会科学院新闻与传播研究所为代表的学术集群，出具了一系列研究成果。具体内容如下。

1. 萌芽期：实践层面的零星探索与公共传播视域下的早期研究

虽然“建设性新闻”这一称谓的正式提出近些年才在国内出现，但是与该术语相关的新闻理念如“建设性”早就被新闻业界践行着并纳入了研究范畴之中。例如，1991 年湖北红安人民广播站的张剑虹发表了《建设性——新闻批评的出发点》一文探讨了新闻批评与“坚持正面宣传为主”的关系，明确提出应把建设性作为社会主义新闻批评的出发点。具体而言包括三方面：促进问题获得圆满解决，并使当事人和旁观者举一反三；对批评的问题有选择性；围绕批评目的，具体情况具体分析，不拘于特定形式。[1] 此后，不时有新闻业界人士撰文强调提升报道与批评的“建设性”。

（1）建设性的内涵与界定

从研究内容与数量来看，实践层面的探索占主导。这一点从研究文章的标题便可见一斑，例如，《立足建设性 开拓新视野——市场经济新闻摄影研讨会发言摘登》《体味新闻报道“建设性”》《拿什么拯救你，文化新闻？——论文化新闻报道的建设性》等，分别就新闻摄影报道的建设性[2]、建设性的内涵、文化新闻报道如何体现建设性进行论述。尤其是后两篇文章，对于何谓“建设性”及其展现方式进行详细描述。

在《体味新闻报道“建设性”》一文中，作者黄勇就“建设性”内涵提出见解，认为“建设性”的核心在于提出问题、发现问题以及分析问题、解决问题。它包含两层含义：直接“有形”地作用于社会；通过新闻事件报道中包含的思想与论断，让更多人看到更真实与完整的社会现实，从而激发人们改革社会的愿望

---

[1] 张剑虹．建设性——新闻批评的出发点［J］．新闻爱好者，1991（5）：6-7.

[2] 立足建设性　开拓新视野——市场经济新闻摄影研讨会发言摘登［J］．新闻三昧，1999（1）：22-27.

与激情，即“务实”与“务虚”相结合。[1]作者进一步提出“建设性”不仅要落实到采写这一业务层面，还应促进新闻从业者思维方式与职业行为向此观念转变。具体而言，建设性应该贯穿事前预警、事中跟踪、事后总结中的每个阶段并保持全程关注；以批判的视角、不满足现状的精神、追求美好的愿望与锲而不舍的频率来提醒社会的共同关注，最终达到解决问题的目的。此外，除了调查报道等深度报道外，短平快的动态报道也要加入“建设性含量”，记者等新闻从业者也应该努力提升自己的“建设性品位”[2]，将专家话语体系转变为受众能接受的媒体话语，提升自身与专家对话的能力，提炼具有闪光点的言论并将其上升为建设性观念。

（2）建设性与新闻实践

作者花宇认为新闻要讲“建设性”，提出认知事实要全面，深入剖析问题，将意见转化为建议。[3]而作者王小平提出媒体与新闻工作者从建设性出发，传递正能量，坚守人民至上的理念，做勇于担当的建设者。[4]作者陈旭钦以浙江余姚特大水灾的报道为例，比较分析多家媒体设置的不同议题所体现出的建设性思维的差异化特征，提出新闻工作者要做凝聚社会共识的“建设者”。建设性思维在新闻报道中的路径表现为创新思维、制定预案、资源整合、培训保障。[5]作者盛雷将“建设性”作为评论栏目《新闻深呼吸》的理念之一，提出新闻评论要摈弃谩骂，提出合理意见与建议，给予人启发与思考。[6]2014年浙江省新闻宣传工作会议提出，新闻要有温度、故事和建设性[7]，认为这是提升正面宣传的重要方式。

作者鲁强则将“建设性”看作文化新闻报道抵制低俗不良文化的“利器”，

---

[1] 黄勇．体味新闻报道“建设性”［J］．青年记者，2002（11）：17-18.

[2] 同[1].

[3] 花宇．我们的新闻有建设性吗［J］．青年记者，2013（30）：15.

[4] 王小平．从建设性到建设者——新闻工作者履行职责的新姿态［J］．声屏世界，2013（7）：21-22.

[5] 陈旭钦．建设性思维在新闻报道中的运用与探索——以2013年浙江余姚特大水灾报道为例［J］．宁波大学学报（人文科学版），2014（5）：128-132.

[6] 盛雷．《新闻深呼吸》：善意、理性、建设性 创办近四年来，节目收视率稳步上升，受到观众和业界学界的普遍好评［J］．新闻实践，2012（10）：35-36.

[7] 新闻：有温度、有故事、建设性［J］．传媒评论，2014（4）：9.

主张用“建设性”打造“新文化新闻”。[1]随后，作者以《钱江晚报》的人文版块为例，对“建设性”服务于“新文化新闻”的方式进行讲述。具体而言包括将人文关怀作为核心理念，以感性与理性相结合的情感表达与中立、冷静的叙述方式，对社会文化现象进行深度思考。作者特别提到了对于不同文化如工人文化、中产文化的处理应遵循矛盾的统一，概括为“向上的痛”，以善意的视角，发掘内部矛盾，更好地建设基层文化，而非刻意粉饰。作者张艺馨强调社会新闻要有建设性，防止片面报道，以有利于促进问题解决为宗旨，维护国家核心利益与大多数人的利益，保护个人隐私与合法权益。[2]

（3）建设性新闻舆论监督

作者王英恺认为舆论监督需要秉持“建设性”的态度与立场[3]，通过深入的调查分析揭露问题，并通过后续报道与追踪报道来促进问题得到解决；作者王英、陈金华认为建设性应是新闻媒体提升舆论监督质量的必要的考量因素，立足于客观准确的事实，抓重点、抓典型，以舆论监督来匡正时弊，抵制错误倾向，促进问题解决。[4]学者刘九洲、陈曦则更深入地探讨了建设性新闻舆论监督的内涵、原因与实施建议，指出科学、有序、依法监督是内涵，即遵循新闻传播规律，在有领导的状态下，使监督有法可依，并依法而行。而中国新闻媒体性质、舆论监督的目的与中国发展需要是我国实行“建设性舆论监督”的原因。文末作者提出“协商式监督”“参与式监督”与“揭露式监督”[5]三种实施路径。

作者陈曦在2008年撰写了名为《论建设性新闻舆论监督与政治制度文明建设》的硕士论文，深入分析建设性新闻舆论监督与政治制度文明建设之间关系，具体而言前者作为后者的“保护带”，完善前者与促进后者“相辅相成”，总之，两者相互促进且密不可分。作者进一步提出将政治制度纳入监督的主要范围，由党和人民共同赋予其监督政治制度的权力，以发挥制衡权力的功能。[6]

---

[1] 鲁强．拿什么拯救你，文化新闻？——论文化新闻报道的建设性［J］．新闻实践，2004（5）：20-23.

[2] 张艺馨．社会新闻要有建设性［J］．军事记者，2012（11）：30.

[3] 王英恺．新闻舆论监督的建设性立场［J］．黑龙江教育学院学报，2004（2）：131-132.

[4] 王英，陈金华．有效性·建设性·正确性——新闻媒体如何切实提升舆论监督的质量［J］．新闻爱好者，2009（23）：61.

[5] 刘九洲，陈曦．论建设性新闻舆论监督［J］．新闻界，2007（5）：67-68.

[6] 陈曦．论建设性新闻舆论监督与政治制度文明建设［D］．武汉：华中师范大学，2008：12-17.

作者刘振认为需要严格区分负面新闻信息与负面新闻的不同内涵，以建设性的思想、方式报道负面新闻信息以实现建设性的效果。具体实施方式作者归结为四点：时机尽早，掌握舆论引导主动权；全面报道，以立体展现；重视评论，以辨明真义[1]；注重平衡，不偏袒任何一方。学者李彬、马学清认为中国新闻专业主义的核心理念是责任感与建设性，责任感包括政治责任与社会责任，建设性指媒体以自身的示范作用推动社会进步，开展舆论监督促成问题解决，保障民众知情权等各项权益，推动民主政治建设与社会整合。[2]

（4）中国社会科学院新闻与传播研究所对建设性新闻的早期探索

2013 年，全国科学技术名词审定委员会委托中国社会科学院新闻与传播研究所（后简称中国社科院新闻所）审定新闻传播学专业名词，同年 9 月 25 日“新闻学与传播学名词审定委员会”宣告成立。彼时“解困新闻”“方案新闻”“积极新闻”“和平新闻”等与建设性新闻相关的诸多术语进入专家研究视野。当年 8 月，习近平总书记在全国宣传思想工作会议上强调：“对世界形势发展变化，对世界上出现的新事物新情况，对各国出现的新思想新观点新知识，我们要加强宣传报道，以利于积极借鉴人类文明创造的有益成果。要精心做好对外宣传工作，创新对外宣传方式，着力打造融通中外的新概念新范畴新表述，讲好中国故事，传播好中国声音。”[3] 在此时代背景下，从 2014 年开始，中国社科院新闻所立项“公共传播时代的新闻实践研究与传播理论创新”课题，推进了一系列相关研究。聚焦“建设”这个核心概念探讨互联网治理与新闻传播，将建设性新闻作为研究新闻业务发展、研究互联网治理的一个重要环节，探寻传统媒体在公共传播时代的立足点，发掘社会发展中的媒体角色，追问智能互联时代媒体的初心与使命。[4] 具体而言包括对全球媒体、新媒体前沿议题的持续追踪与解析；对新闻传播经典理念的爬梳与反思；对建设性新闻与社会发展的比较研究；对中国

[1] 刘振．浅议负面新闻信息的建设性报道［J］．今传媒，2010（9）：67，72.

[2] 李彬，马学清．中国新闻专业主义的核心理念：责任感和建设性［J］．湖南科技学院学报，2011（3）：187-188.

[3] 习近平．意识形态工作是党的一项极端重要的工作［N/OL］．（2013-08-20）［2020-04-16］．http：//www.xinhuanet.com//politics/2013-08/20/c_117021464_2.htm.

[4] 唐绪军，殷乐．建设性新闻实践：欧美案例［M］．北京：社会科学文献出版社，2019：3.

媒体融合和民生新闻发展的调研与探讨[1]；梳理了西方媒体的“好新闻”发展脉络；对解困新闻、方案新闻等开展了相关研究。

大概于同一时期，2014 年左右，国内学者纷纷注意到了“解困新闻学”这一概念，该理念与建设性新闻有诸多相似之处。学者王君超认为可将美国记者大卫·伯恩斯坦的“解困新闻学”的理念用于“马航航班失联”事件的报道，并将解困新闻学解释为不停留在现象表层，深入挖掘事件背后真相，直面社会问题并寻求解决之道[2]；该作者还认为解困新闻学作为一种新闻理念，可解报道之“困”。[3]学者牛光夏撰写《“解困新闻”的精神实质》一文对“解困新闻”在美国出现的历史背景、创始人伯恩斯坦、美国新闻实践传统进行了简介，对解困新闻与公共新闻、民生新闻的关系进行溯源，提出应将解困新闻与正能量传播[4]结合起来服务于社会实践。

概言之，在萌芽期阶段，“建设性新闻”的提法还未正式出现，但是已引起学者的注意。以中国社科院新闻所为代表的学术界同仁于 2014 年对此公开立项并予以探索。同时，伴随实践层面的零星探索，“建设性”作为核心词汇与“新闻报道”“新闻舆论监督”搭配使用，被用作补语、状语或定语，作为一种报道理念与方式服务于新闻主体论述，研究者多为业界人士，以思辨方法为主，内容分为三个层面：①讨论建设性本身内涵与特点；②建设性作为一种理念与方法被运用到新闻实践中去，表现为整体层面的应用，如改变新闻报道与职业文化在具体新闻实践的应用，如文化新闻与社会新闻；③“建设性舆论监督”与建设性新闻批评。此外，与建设性新闻有较大关联的“解困新闻学”或方案新闻学进入学界视野，学者对该理念进行了描述并提出以其指导国内新闻报道实践。

2. 发展期：建设性新闻术语的正式出现与系统探索

2015 年左右，国内学术界开始关注国外建设性新闻的研究，并对其进行阐释与分析。中国社科院新闻所的研究员唐绪军、殷乐对西方媒体近些年来的“好新闻”的实践、理论进行了概括性的梳理，提出两条脉络：英国的积极新闻实践

---

[1] 唐绪军，殷乐．建设性新闻实践：欧美案例［M］．北京：社会科学文献出版社，2019：3.

[2] 王君超．“马航事件”报道与“解困新闻学”［N/OL］．(2014-03-22)［2020-03-07］．http：//epaper.gmw.cn/gmrb/html/2014/03/22/nw.D110000gmrb_20140322_2-07.htm？div=-1.

[3] 王君超．新闻报道的“解困”之道［J］．中国报业，2014（19）：88-89.

[4] 牛光夏．“解困新闻”的精神实质［J］．青年记者，2014（4）：79-81.

和建设性新闻理论与美国对于“好新闻”的媒体实践和方案新闻，建议将欧美“好新闻”报道的实践运用至我国新闻实践中，切实落实正面报道为主方针。[1]

2016年，习近平总书记在哲学社会科学工作座谈会上发表讲话，提出加快构建中国特色哲学社会科学，在指导思想、学科体系、学术体系、话语体系等方面充分体现中国特色、中国风格、中国气派[2]的总体要求。彼时“建设性新闻”的相关研究在西方盛行，作为一个伞式术语，将“方案新闻”“积极新闻”“和平新闻”等概念囊括在内，成为国际学界的学术增长点。中国社科院新闻所在国内外时代契机下，以习总书记对中国特色哲学社会科学在继承性、民族性、原创性、时代性、系统性、专业性[3]方面的具体要求为出发点，设立了“互联网治理与建设性新闻研究”专项创新工程项目[4]，在放眼全球的基础上“西为中用”，积极与西方对话，同时，结合中国特色社会主义新闻学，打造建设性新闻研究的中国范式。自项目组成立后，笔者作为项目组成员，协助负责人筹措了多项工作，进行了较为系统的探索，为2019年研究高潮的到来打响了前站。

此外，国内学者对建设性新闻研究的近似概念“解困新闻”进行了探讨。学者史安斌、盛阳较早关注到了解困型新闻，认为该类新闻是对西方一贯的负面新闻报道理念的颠覆，将日渐式微的“公共新闻”传统继续发扬光大，“互联网思维”的加入将“正能量叙事”提升到了一个新的层次。[5]

学者杨建宇以《西雅图时报》的方案新闻项目“教育实验室”为个案，对该

---

❶ 唐绪军，殷乐．西方媒体“好新闻”的实践、理论及借鉴［J］．对外传播，2015（11）：26-27.

❷ 习近平．在哲学社会科学工作座谈会上的讲话（全文）［N/OL］．（2016-05-18）［2020-04-16］. http：//www.xinhuanet.com//politics/2016-05/18/c_1118891128_3.htm.

❸ 同❷.

❹ 新闻与传播学术前沿．《深柳读书 | 建设性新闻与新闻的建设性》编者按［EB/OL］．［2020-04-05］. https：//mp.weixin.qq.com/s? __biz=MjM5NzE5MDQ4OQ==&mid=2654564050&idx=1&sn=dcc4495bc50ed5ca37192d6364872e74&chksm=bd1000e48a6789f2cb219e6356631e358c629b66994d4d6cf3a79adaef221df6fd810d2ffa7b&scene=126&sessionid=1587360466&key=c934fce6a68262ed8403b66adf95390d1e71962dddee53b2167d6ce4a67d18f94bc35ec84ff9971bcfc39f7d2919d18961a6e7af08ec0da4fcd25ce72cdca0ce354a4cd5f118b9865999a68d660d9a8e&ascene=1&uin=MTU2MjYwOTMwMA%3D%3D&devicetype=Windows+10&version=62080079&lang=zh_CN&exportkey=AWP4tL23u6jjwrIg66FutaA%3D&pass_ticket=5X33o2Qfg0BM8uBWGgDTRJg48QkBER6sosh1t5%2FvSO0lAISbloKBi0eb%2FITc4Twu.

❺ 史安斌，盛阳．社交媒体时代的“正能量叙事”——“解困”型新闻分析［J］．青年记者，2015（28）：80-81.

项目创办的社会背景、方案新闻报道结构[1]及与受众的关系展开具体分析。随后，杨建宇撰写了《基于方案的新闻：一种建设性实践》一文，对建设性新闻、方案新闻等在西方兴起的社会背景、代表人物、内涵、原因等进行了引介，并结合《纽约时报》、路透社等媒体的实践案例展开分析，作者认为方案新闻或建设性新闻是重塑媒体合法性的新契机。[2]此外，杨建宇将视角聚焦于"积极新闻"与"方案新闻"实践，例如对英国《积极新闻》的创新性实验[3]探索进行介绍与分析；结合解决方案网络（SJN）专家建议与美国媒体实践经验，对制作高质量方案新闻的关键步骤进行拆解[4]；对美国《德述理新闻报》的方案新闻实践与编辑部文化的转型[5]提出思考。

学者于泓洋认为解困新闻学对新闻专业主义进行了诠释与平衡，通过对美国解决方案网络（SJN）69 篇报道的内容分析，阐明解困新闻的表现特征。[6]学者王巍对《西雅图时报》解困新闻的创新实践[7]进行了详细的描述。学者庄鹏则从媒介生态学的角度肯定了方案新闻的存在价值与意义：对专业记者而言，是适应媒介进化的选择；对于受众而言，缓和了受众生态紊乱。[8]学者许玲等将后真相时代与情境化新闻勾连起来，将方案新闻、建设性新闻、恢复性叙事置于"情境化新闻"[9]的细分类别之中，并进行详尽梳理。另外，在 2017 年出现了一些以"解困新闻学"为视角的硕士学位论文，以环境新闻报道[10]、医患报道[11]及新闻节

---

[1] 杨建宇．方案新闻及其在《西雅图时报》的实践［J］．当代传播，2015（3）：66–67.

[2] 杨建宇．基于方案的新闻：一种建设性实践［J］．编辑之友，2015（7）：67–70.

[3] 杨建宇．英国《积极新闻》的创新性实验［J］．新闻界，2017（9）：98–102.

[4] 杨建宇．制作方案新闻的关键步骤——美国媒体实践观察［J］．青年记者，2018（3）：95–96.

[5] 杨建宇．从问题聚焦到方案导向——美国《德述理新闻报》编辑部文化的转型［J］．青年记者，2018（24）：90–91.

[6] 于泓洋．让媒体解困的"解困新闻学"——基于美国"解困新闻学网络"报道内容的分析［J］．新闻记者，2016（1）：50–55.

[7] 王巍．《西雅图时报》基于解困新闻学的创新实践［J］．传媒，2016（15）：59–60.

[8] 庄鹏．方案新闻的存在价值及其媒介生态学意义［J］．传媒，2017（10）：82–84.

[9] 许玲，马丹，凤黄宁．"情境化新闻"：后真相时代西方品质新闻理念略探［J］．华中传播研究，2018（2）：43–48.

[10] 胡晓哲．解困新闻学视域下的环境新闻报道研究——以《人民日报》雾霾新闻报道为例［D］．重庆：西南政法大学，2017.

[11] 吴岳臻．解困新闻学视角下中国医患冲突报道研究［D］．广州：广东外语外贸大学，2017.

目[1]为例，考察了解困新闻应用于实践的可能及媒体实际扮演的解困角色。

另外，纵观我国港台地区相关研究发现，港台的业界人士较早开始了相关的实践探索。香港资深传媒人黄永等撰写了一本名为《解困新闻学：后真相时代的答案》[2]的论著，以社企媒体“言论自由行”及时事节目《人民大道中》为例，结合香港实践情境对解困新闻学的原理、过程、未来发展、推广和实践进行探讨。何日生则早在2004年便提出了“建构式新闻”概念，认为其核心价值及实践之道在于将新闻视作一个时代心声的表达与社会沟通的场域、公众理性讨论的平台，并借此平台为社会及个人找到真正的幸福与出路。新闻不应该中立、冷漠、批判，而应该公正并有同理心，敢于并善于建言。新闻不该解构社会，而要协助建构一个更真善美的社会。[3]

2017年暨南大学的学者晏青对“建设性新闻”的提出者凯伦·麦金泰尔进行学术访谈，辨析了建设性新闻与诸多相似概念如方案新闻、快乐新闻、恢复性叙事等的区别，对积极心理学策略使用、建设性新闻的起源、新闻学范式与学科的影响进行剖析，并对建设性新闻的研究现状、未来与新闻教育做了展望。[4]

概言之，在发展期阶段，建设性新闻这一术语开始在学术刊物上正式出现。中国社会科院新闻所成立了建设性新闻的专项项目并将此作为该所的重大创新工程予以推进。从国内研究内容上看，概念引介类、案例分析类的文章占多数；建设性新闻的“外围”如方案新闻或解困新闻、积极新闻、恢复性叙事的研究成果较多，明确对建设性新闻进行研究的论文较少。但无论如何，围绕建设性新闻的相关研究开始被国内学术界所关注、认可，并逐渐成长为国内的一个学术增长点。而且，从港台地区的相关研究来看，虽然概念名称各有不同，香港媒体人称之为“解困新闻学”，台湾媒体人称之为“建构式新闻”，但两者殊途同归，皆或多或少遵循建设性新闻的核心理念：积极的情绪引导与方案导向，试图积极解答问题，为走出“只见问题，不见出路”的困境做出了本土化的尝试与探索。

---

[1] 张文慧.《新闻调查》节目的“解困新闻学”分析［D］. 锦州：渤海大学，2018.

[2] 黄永，林礼贤，孔慧思，等. 解困新闻学：后真相时代的答案［M］. 香港：商务印书馆（香港）有限公司，2017.

[3] 何日生. 建构式新闻［M］. 台北：五南图书出版股份有限公司，2017.

[4] 晏青，凯伦·麦金泰尔. 建设性新闻：一种正在崛起的新闻形式——对凯伦·麦金泰尔的学术访谈［J］. 编辑之友，2017（8）：5-8.

3. 高潮期：从概念辨析到中西语境下的对话与本土实践探索

2019 年开始，国内对于建设性新闻的研究成果呈“井喷”式增长，有 3 位学者将“建设性新闻”纳入“2019 年中国新闻传播学十大热点[1]或新鲜话题[2]”之中或作为 2019 年中国新闻学研究[3]的代表成果；各大学术刊物纷纷开辟“建设性新闻”专栏，加大对相关成果的引介力度。

伴随着中国社科院新闻所建设性新闻研究项目的推进，尤其是由该所 2019 年 11 月 9 日承办的“建设性新闻：理念与实践”国际学术论坛的召开，掀起了国内建设性新闻研究的高潮。该所主要从基础性研究与实践性探索两个层面对建设性新闻展开探讨，形成了集论文、著作、学术会议、新闻实践试点与影视创作于一体的多元研究成果。在上述学术会议召开之后，与会者的发言与研究成果被收录、汇编，以《新闻与传播研究》2019 年增刊的形式出版。此外，除了出具大量相关论文外，“建设性新闻”研究丛书的第一部《建设性新闻实践——欧美案例》编辑出版，对建设性新闻实践的代表性欧美国家如英国、法国、丹麦、瑞典、美国的相关媒体实践的特点、趋势等予以详细解析。

此外，中国社科院新闻所建设性新闻项目组积极组织开展媒体实践，与苏州广播电视总台、苏州大学传媒学院一并共建的“建设性新闻研究中心”于 2019 年 11 月 27 日正式揭牌成立，这是国内首家专门研究“建设性新闻”的机构[4]；与苏州广播电视总台合作，开展媒体实操试点，为该台传统媒体与新兴媒体融合的新栏目《共筑美好生活——苏城议事厅》以及新媒体栏目《这事我来管》（又名《有事问城管》）提供具体指导；同时，该项目组聚焦中国医疗，以医生为切入点，与乐正传媒、健康报社、迈瑞医疗、爱奇艺等机构合作，执导拍摄了九集系列纪录片《中国医生》，理性、客观展现了医生这一职业的不同面，增进了民众对医患双方关系的理解，形成良好的社会效应。概言之，中国社科院新闻所开创了学术研究与实践相结合的产学研一体化之路，提高了建设性新闻研究的知名

---

[1] 张晓锋，周海娟 .2019 年新闻传播学研究十大热点［J］. 新闻与写作，2020（1）：27–33.

[2] 陈力丹，孙曌闻 .2019 年中国新闻传播学研究的十个新鲜话题［J］. 当代传播，2020（1）：8–12，57.

[3] 束开荣，孙彤昕，段世昌，等 .2019 年中国的新闻学研究［J］. 国际新闻界，2020（1）：6–22.

[4] “建设性新闻研究中心”落户苏州大学［N/OL］.（2019–11–28）［2020–03–08］.http：//www.js.xinhuanet.com/2019–11/28/c_1125284209.htm.

度，引起了媒体的注意，促成了相关研究与新闻实践的开展。

总体而言，国内该时期的研究内容如下。

（1）建设性新闻概念、理念的溯源、辨析与深化

2020年期刊《新闻与写作》第2期开设了“建设性新闻”专题栏目，中国社会科学院新闻与传播研究所的研究员唐绪军撰写了刊首语“建设性新闻：社会治理的媒体担当”，对互联网时代的社会治理与媒体的应对提出方案：通过积极向上的情绪引导与记者介入问题解决之中的建设性新闻实践，为社会治理贡献力量。[1]研究员殷乐等对建设性新闻进行了溯源、阐释与展望，从公共服务、参与、平衡是三个维度考察建设性新闻及其相关理念的内涵及变迁，对建设性新闻在中国的发展，从宏观社会治理、中观协同生产、微观解决方案三个层面提出思考。[2]

有学者将建设性新闻置于“后真相时代”及媒体信任危机的语境下对其进行考量。例如，漆亚林、谯金苗认为，建设性新闻的崛起与后真相时代的媒体信任危机相关，西方媒体通过“建设性新闻”这种新闻内容层面的品质提升以及呈现方式创新来实现“信任重构”[3]。学者刘瑞生认为，建构式新闻是西方媒体功能救赎的“药方”，是积极框架下新闻传统的回归，是对社会焦虑的回应与自我反省[4]；学者贺岭、李敏与刘瑞生观点类似，认为建构式新闻是对西方媒体危机的回应，有利于履行重塑新闻把关人[5]的角色，其发展需要教育、人才、资金等各方面的支持。

学者徐敬宏等采用文献计量学方法对建设性新闻的既有文献（截至2019年1月27日）进行分析，以了解建设性新闻研究的发展方向，得出结论：学术界对建设性新闻研究分为理论性探讨与实证研究两个层面，前者集中于概念界定、理论来源、特征和历史实践等，后者专注于其对不同年龄段受众态度的影响；作者认为建设性新闻的价值在于为受众带来更积极的情绪，推动受众更有动力采取

[1] 唐绪军．建设性新闻：社会治理的媒体担当［J］．新闻与写作，2020（2）：1.

[2] 殷乐，高慧敏．建设性新闻：溯源、阐释与展望［J］．新闻与写作，2020（2）：13-20.

[3] 漆亚林，谯金苗．后真相时代西方媒体的“信任重构”——兼谈2018年西方媒体的发展路向［J］．新闻与写作，2019（1）：31-37.

[4] 刘瑞生．建构式新闻：西方新闻业的“升级”还是“救赎”？［J］．出版参考，2019（5）：35-38，26.

[5] 贺岭，李敏．建构式新闻如何引导西方新闻业的价值重寻与功能救赎［J］．出版广角，2019（22）：71-73.

行动，受观众与资本市场青睐，同时也指出建设性新闻的缺陷：概念本身的模糊性与具体操作层面规范的欠缺使得建设性新闻在实践过程中积极因素可能被过分夸大，权力机构对于金钱与权力的追求等使得新闻的建设性被消解。对此作者提出三点建议：借鉴积极心理学技巧提出有效解决方案；避免夸大积极性与做成广告软文；培养建设性新闻写作记者。[1]

学者史安斌、王沛楠对建设性新闻的历史溯源、理念演进及其在世界各国的实践案例进行了细致梳理，认为建设性新闻面临两方面的争议：与客观性原则的“背离”及概念界定模糊；但无论如何重塑了媒体的角色与价值取向，突破了“冲突”“负面”“监督者”等既定的角色划定，有利于推动全球人类命运共同体[2]的构建。

学者蔡雯等则从“公共新闻”与“建设性新闻”的关系入手，对比了这两场改革运动的实施主体、参与者、新闻理念、生产业务、运行策略、效果、特性，并将两者与“公民新闻”的性质作了明确划分。特别指出“公共新闻”与“建设性新闻”两者作为一场改革运动是对西方新闻界既定“客观性”传统的颠覆，但是对公共利益的追寻与推进社会进步与民主[3]两者是一致的。作者认为无论是建设性新闻、方案新闻抑或是公共新闻，都表明西方新闻职业观念的转变，是新闻界的反省与纠偏，是努力重构新闻业价值的一种积极探索。[4]

学者胡百精认为对于建设性新闻概念不能不假思索地简单“挪用”，否则会在观念与理论上有局限性与风险，须重返其原初的生成语境，以做出妥帖的批判和借鉴。作者还认为需要将建设性新闻置于公共协商与社会整合的宏观社会历史语境下充实概念内涵，厚植理论根基，拓展向上生长空间。[5]

---

[1] 徐敬宏，郭婧玉，游鑫洋，等．建设性新闻：概念界定、主要特征与价值启示［J］．国际新闻界，2019（8）：135–153.

[2] 史安斌，王沛楠．建设性新闻：历史溯源、理念演进与全球实践［J］．新闻记者，2019（9）：32–39，82.

[3] 蔡雯，郭浩田．以反传统的实践追求新闻业的传统价值——试析西方新闻界从“公共新闻”到“建设性新闻”的改革运动［J］．湖南师范大学社会科学学报，2019（5）：124–130.

[4] 蔡雯．从当代西方新闻改革运动看职业观念转变——“建设性新闻”“方案新闻”“公共新闻”评析［J］．新闻与传播研究，2019（S01）：60–70.

[5] 胡百精．概念与语境：建设性新闻与公共协商的可能性［J］．新闻与传播研究，2019（S01）：46–52.

学者金苗则认为“建设性新闻”虽然是一个缺少共识的概念，但是却能将不同概念统摄到其开放的“伞式话语”体系之下：在理论建设上虽然力量分散，但是对于建设范畴形成了积极情感的公众建设、问题解决的世界建设与新闻改革的媒体建设，包含公众、方案、未来、行动导向的“伞状”辐射思维。建设性新闻作为“伞式”新闻理论在“历时”“共时”“内在”方面具有建设价值。[1]

学者李鲤、罗欢认为建设性新闻在话语上重构了新闻与公众的关系，表现为自下而上的参与式建构的实践范式，将记者、公民、社区、全球社会以及未来行动关联在一起，为多元行动者重建新闻文化。[2]学者丁继南、韩鸿认为建设性新闻思想通过强化与政府的共生协作机制；聚焦社会建设，引导社会情绪；设置建设性议题，建构社会公共领域；以媒介社会动员获取公众情感认同这四个方式实现了媒介的社会治理并推进了治理体系与治理能力现代化。[3]

学者漆亚林等对建设性新闻的理论渊源、理念、报道形式、实践与辞屏进行梳理，认为其生成逻辑是传承社会责任理论，履行正向的媒体功能；文本结构、叙事方式、时间指向、传播效果的祛序与构序成为建设性新闻学术研究和新闻实践的基本逻辑。此外，作者总结出建设性新闻发展面临的困境：新闻质的规定性与引导性表达的伦理冲突引发质疑；媒介环境核心力量的扁平化影响建设性新闻的成长性；专业记者的离散消减了建设性新闻的主体性张力；工具理性与价值理性的失衡对建设性新闻建构带来巨大挑战。[4]

学者李喜根从媒体效果理论视角审视建设性新闻，对相关的效果理论，如使用与满足、选择性接触、涵化理论、社会认知理论，深入探索新闻传播过程、受众接触感知建设性新闻的方式以及新闻如何产生影响，如此方能检验建设性新闻包含的解决方案是否与媒体与受众期待相符，是否产生正向效果。[5]

学者兰继军等将视角聚焦于创伤性事件新闻报道，对其可能会给公众带来的

---

[1] 金苗．建设性新闻：一个“伞式”理论的建设行动、哲学和价值［J］．南京社会科学，2019（10）：110–119.

[2] 李鲤，罗欢．建设性新闻：话语、实践与认知争议［J］．当代传播，2019（6）：75–78.

[3] 丁继南，韩鸿．基于建设性新闻思想的媒介社会治理功能［J］．青年记者，2019（12）：25–26.

[4] 漆亚林，刘静静．建设性新闻的生成逻辑与现实困境［J］．新闻与传播研究，2019（S01）：106–113.

[5] 李喜根．用媒体效果理论审视建设性新闻［J］．新闻与传播研究，2019（S01）：120–128.

消极影响以及框架效应进行描述分析后建议媒体采用建设性新闻传播方式，积极寻求解决措施，以减轻公众的心理创伤，提高自我控制感，从而营造健康、向上的新闻环境与报道氛围。[1]学者杨建宇以美国非营利组织希望镜像（IVOH）为个例，对修复性叙事这种新型新闻概念出现的背景、实践原则与风险[2]进行引介与分析。

（2）哲学、伦理学、科学视角下的建设性新闻研究的逻辑与进路

学者陈薇另辟蹊径，从美德伦理学理论视角考察建设性新闻的“新闻之善”，认为建设性作为“公共善”，呼应了现代性转型与风险社会中对价值理性与人本理性的需求，即德性、至善与幸福的向往；同时，从积极心理学出发，探讨滋养这种“建设性”的情感动因、核心价值及其实践策略，即构建“世界幸福模式”，以追求大多数人的最大幸福为最高理想；推崇“至善”，将德性与幸福相统一[3]，有节制、有为且有策略，将舆论监督与民众参与整合起来。

学者吴飞等从布洛赫的希望哲学角度对建设性新闻实践的哲学起源进行探析，提出建构希望新闻学，强调新闻报道的建设性和积极面向，同时保持批判性，不放弃对阴暗面的揭露，从而解构西方传统新闻价值观[4]，并通过对社会问题的深入阐释与全貌展现，提供可推广的有效解决方案。

英国学者安·阮（An Nguyen）从知识型新闻视角探讨如何提升建设性新闻的科学性，作者选取发达国家、发展中国家的系列新闻案例，论述以解决问题为导向的新闻的改进方案，包括遵循新闻的本质和准则；谨慎处理科学论文；反思解决方案；注意受众认知的主观性；留意与社会问题相关的非科学性信息，从而使建设性新闻通过科学报道发挥更大的社会效用。[5]

---

[1] 兰继军，李苗，李莉．创伤性事件新闻报道中公众心理创伤的产生及防范［J］．心理技术与应用，2019（4）：249-256.

[2] 杨建宇．修复性叙事：创伤讲述新模式——美国希望镜像的主张与探索［J］．编辑之友，2019（5）：108-112.

[3] 陈薇．建设性新闻的“至善”与“公共善”［J］．南京社会科学，2019（10）：120-126，135.

[4] 吴飞，李佳敏．从希望哲学的视角透视新闻观念的变革——建设性新闻实践的哲学之源［J］．新闻与传播研究，2019（S01）：97-105.

[5] 安·阮．携手科学：作为知识型新闻的建设性新闻［J］．曾昕，译．新闻与传播研究，2019（S01）：114-119.

（3）建设性新闻的中西对话与本土实践

2019年3月《中国社会科学报》发表了《探路建设性新闻理论与实践》一文，对建设性新闻相关研究者进行访谈，提出建设性新闻是中国特色社会主义新闻学的重要组成部分，在聚焦解决社会问题，营造良性舆论生态，促成积极的公共讨论[1]方面扮演重要角色。

《新闻与传播研究》在2019年专门开辟了增刊，对2019年11月9日举办的“建设性新闻：理念与实践”国际学术论坛的交流成果进行集结出版。在该刊刊首语上，中国社会科学院学部主席团社会政法学部副主任李林提出建设性新闻与中国语境相关联，正能量、文化自信与开放包容分别是建设性新闻的学理、命脉、活力所在。[2]中国社会科学院新闻与传播研究所的研究员唐绪军对“建设性新闻与新闻的建设性”关系进行探讨，认为秉持新闻的建设性理念，有助于推进新旧媒体融合、引导舆论，推进国家治理体系与治理能力的现代化并发展具有中国特色的社会主义新闻学。[3]

学者殷乐则放眼世界，将建设性新闻的全球实践与中国实践做比对，以探析全球建设性新闻的发展态势、驱动力、走向与中国相关探索所处的状况与定位。具体而言，全球发展态势表现为：实践范围覆盖广泛且持续增长；传统媒体与新媒体作为实践主体，社交属性鲜明；概念始于并发展于业界，释于学界。“正能量”的信息传播取向和多元探索可看作中国建设性新闻探索之道；从民众认知与评价来看，民众乐于看到解决问题为导向的报道，且倾向于通过社交媒体分享；正面新闻目前仍有上升空间。[4]

学者史安斌等对中西方语境、制度与新闻规范下的建设性新闻理念与实践从价值共识与多元语境两个角度进行了对比考察，随后发现建设性新闻作为一种在共识价值驱动下的多元化本土实践，具有“去西方化”的特征，为重塑什么是当

---

[1] 段丹洁．探路建设性新闻理论与实践［EB/OL］．（2019-03-13）［2020-03-08］．http：//ex.cssn.cn/zx/bwyc/201903/t20190313_4846816.shtm.

[2] 李林．不忘本来　吸收外来　推进新闻传播理论的创新与发展——在“建设性新闻：理念与实践”社科论坛上的致辞［J］．新闻与传播研究，2019（S01）：6-8.

[3] 唐绪军．建设性新闻与新闻的建设性［J］．新闻与传播研究，2019（S01）：9-14.

[4] 殷乐．并行与共振：建设性新闻的全球实践与中国探索［J］．新闻与传播研究，2019（S01）：33-41.

前新闻业的核心价值提供了一种新的想象空间。[1]

学者周然毅从哲学、文化及新闻理论与实践层面，探讨“建设性新闻”中国化从可能到现实的可行性及其实现路径。作者认为建设性新闻须与本土实践相结合；从哲学层面来看建设性新闻与中国注重和谐的文化价值观相匹配，与中国特色新闻理论与实践的建设性观点相符。中国化实现路径表现为“产学研”[2]三位一体，将理论研究、专业教学和继续教育培训统合起来，通过新闻报道展现出来。

新华社新闻研究所的学者李仁虎与文建将中西两种语境下对“建设性”的理解进行了比对，认为西方语境中的建设性新闻与中方强调的新闻的建设性在新闻属性和功能的语境上，两个词语可以通用；正面宣传与新闻的建设性两者并不等同，后者包含前者，指以正面宣传为主的基本方针，同时强调加强和改进舆论监督报道；新闻建设性的理论基础源于事物的运动性、发展性、对立统一性与实践；新闻建设性的最高价值追求是人性、向上向善向美与人类的共同价值；新闻建设性的时代要求是坚持正面宣传为主的基本方针，同时加强和改进舆论监督报道。[3]

学者郭毅同样从建设性新闻与新闻的建设性两者关系入手探讨，认为两者有联系也存在本质上的不同，背后反映着两种价值体系，需要审慎地将建设性新闻纳入社会主义新闻话语体系之中。通过对北美新闻史的梳理，他认为建设性新闻此概念并非是全新。同时，他指出建设性新闻与公共新闻、服务新闻、解困新闻一样也存在问题；建设性新闻不等于“建设性舆论监督”“正面宣传为主”与“暖新闻”；中国的“民生新闻”更符合西方语境的建设性新闻，是建设性新闻与中国特色主义新闻学理论相衔接的切入点。[4]

学者蔡雯等在对“建设性新闻”的主要实践特征及社会影响做阐释、分析的基础上，对中国新闻的建设性理念与建设性新闻进行比对，认为两者在立场、宗旨和新闻管理规则上有差异。中西方媒体“建设性”所追求的目标并不可能跨越国家和地区的鸿沟及超越本国的立场和利益追求，不可能摆脱本土的文化传统和

---

❶ 史安斌，王沛楠．多元语境中的价值共识：东西比较视野下的建设性新闻［J］．新闻与传播研究，2019（S01）：53–59.

❷ 周然毅．“建设性新闻”的中国化思考［J］．新闻与传播研究，2019（S01）：71–75.

❸ 李仁虎，文建．论新闻建设性的理论基础及价值追求［J］．中国记者，2020（1）：24–28.

❹ 郭毅．建设性新闻：概念溯源、学理反思与中西对话［J］．现代传播，2020（1）：72–77.

媒体规制；但是两者都代表积极作为的理念，对于重塑媒体的公信力和影响力以及人类社会的健康发展具有重要意义。[1]

除了以上“学院派”的探讨外，中国新闻业界从实践层面进行了探索与思考。中国青年报社编委吴湘韩认为建设性是党管媒体必须遵守的新闻理念[2]，建设性新闻与马克思主义新闻观相通，其实践是坚持马克思主义新闻观的必然要求。作者对党管媒体建设性新闻实践的历程进行了回顾，为今后实践路径指明方向：坚持以人民为中心的工作导向，推进媒体深度融合，助力国家治理体系和治理能力现代化建设。[3]苏州广播电视总台台长陆玉方将建设性新闻理念视作绿色舆论生态的理论“武器”，以苏州广播电视总台的实践探索为例，将建设性报道框架总结为意见开放、共同面对、协商解决。[4]对媒体建设性如何实现价值回归和理念跨越进行探讨，对中国建设性新闻的未来实践[5]提出展望与建议。凤凰网总编辑邹明对凤凰网的建设性新闻探索进行回顾与介绍，将该媒体建设性新闻实践经验总结为栏目化、视频化、聚焦大议题、把握大事件。[6]

荷兰学者尼科·德罗（Nico Drok）与利斯贝斯·赫曼斯（Liesbeth Hermans）对西方视角下的建设性新闻进行了详细阐释，将建设性新闻的基本原理通过新闻的四个核心概念来加以概括，即现实、时间、力量、受众。在现实层面倾向于建构主义观点；强调语境方法，专注于弄清楚正在发生的事件前因后果的“慢新闻”；对机构和官员主张独立和批判性的态度，避免过于关注冲突和强烈对比，总体持中间立场，关注重点在于帮助人们提高对公共和私人生活的掌控感，指出可能的解决方案；视受众为公民而非信息的消费者，不仅告知问题，而且帮助人们和社区采取行动解决问题。以此新闻“机理”指导新闻实践，即关注情境、面向未来、重在解决方案、面向公众。建设性新闻的宗旨在于呈现事实全貌与包含

---

[1] 蔡雯，凌昱．“建设性新闻”的主要实践特征及社会影响［J］．新闻与写作，2020（2）：5-12.

[2] 吴湘韩．建设性是党管媒体必须遵循的新闻理念——中国青年报的探索实践［J］．新闻与传播研究，2019（S01）：81-86.

[3] 吴湘韩．建设性新闻实践：党管媒体发展的必由之路［J］．新闻与写作，2020（2）：21-27.

[4] 陆玉方．建设性新闻的苏州实践与探索［J］．新闻与传播研究，2019（S01）：15-21.

[5] 陆玉方．用建设性新闻理念构建绿色舆论生态——苏州广电的实践与探索［J］．新闻与写作，2020（2）：28-32.

[6] 邹明．从暖新闻到善传播——凤凰网的建设性新闻实践［J］．新闻与传播研究，2019（S01）：76-80.

多重解决方案。作者认为西方对于建设性新闻的研究目前以短期实证研究为主，将来需要扩大和深化研究以进一步了解建设性新闻的长远影响。[1]

美国学者凯伦·麦金泰尔同样从西方视角探讨建设性新闻，对与社会责任有关报道的各种术语的关联进行细致描述，对解决方案新闻学的五项研究结果进行综述后得出结论：方案导向的新闻报道比强调冲突的报道更能带给受众积极感受，但在行为影响方面相关结果不一致，未来应将重点放在检验解决方案新闻的长期影响上，同时继续探讨解决方案和建设性新闻在不同传媒体系国家中的概念化问题，以便更好地了解各国如何定义和实施这种做法。[2]

日本学者河崎吉纪（Kawasaki Yoshinori）以日本报业史观照建设性新闻的日本实践，研究发现政论报纸的功能包含方案导向，与建设性新闻理念十分接近。随着报业的商业化进展，报道事实而非政论成为报纸主要社会功能。从历史的角度考察，建设性新闻可以被看作是从传达新闻向引导舆论逆行的尝试，其兴起可以被看成是企图再次使"媒介政治化"的行动。[3]

学者张艳秋分析了建设性新闻与对外传播的勾连，认为建设性新闻（或称为建构性新闻）对于中国对外传播与建构国际话语学术地位具有重要意义，有利于扭转西方国际传播对中国及非洲以冲突与负面新闻形象报道所形成的刻板印象，同时，将中国对外新闻传播实践带入一个目标明确、积极可行的新闻叙事范式；有助于中国媒体摘去一直被冠以的"宣传"或"积极报道"的简单化标签，有利于重新审视和发现中国新闻实践的价值。[4]

与张艳秋研究旨趣相似，作者徐婉钰、韩鸿则以《印度时报》和《中国日报》为例，分析对比两者在"洞朗事件"中的新闻框架，发现两方均缺乏"建设性框架"，进而为中方媒体"出谋划策"，建议中方媒体以建设性新闻作为切入

---

❶ 尼科·德罗，利斯贝斯·赫曼斯．西方视角下的建设性新闻［J］．林晓平，译．新闻与传播研究，2019（S01）：22-32.

❷ 凯伦·麦金泰尔．建设性新闻：概念的界定与实验［J］．林晓平，译．新闻与传播研究，2019（S01）：42-45.

❸ 河崎吉纪．日本报业史：基于建设性新闻的类比视角［J］．彭永成，译．新闻与传播研究，2019（S01）：91-96.

❹ 张艳秋．中国对非传播的建构性新闻学术话语建构：内涵与价值［J］．新闻与传播研究，2019（S01）：87-90.

点，化解国际冲突与矛盾，提升对外传播的能力。[1]

2020 年《编辑之友》第 3 期也开辟了“建设性新闻的中国实践与话语体系”专栏，对建设性新闻的中国范式[2]的研究展开探讨。学者漆亚林主张从中国建设性新闻历时性和共时性的发展脉络与实现路径来建构建设性新闻的中国范式，即以中国传统文化为滋养、以马克思主义新闻观为核心、以社会责任与功能导向为目标的协同主义范式，是一种开放式的理论与实践模式，具有跨越学科性、时间性与空间性特征。建设性新闻的中国样本表现为民生新闻、公共新闻、参与式新闻和暖新闻[3]并选取典型个案予以解析。

学者郑亮认为建设性新闻理念为讲好中国故事，开展对外传播提供叙事框架。作者具体从叙事学理论出发，以解决问题导向、公民赋权、多元叙事视角、提供语境、积极叙事和世界叙事这六大视角为切入点进行分析并提出叙事策略。[4]学者陈薇认为需要以建设性思维重构智媒时代的新闻生态，消融新闻报道的“窄化与禁锢”，规约新闻报道的“权力外移与偏见”，重构社会问题的“智慧方案”；具体实践策略包括共情传播、开放式新闻协作及履行新闻的“公共善”。[5]

综上所述，国内对建设性新闻研究历经萌芽、发展、高潮三个时期，与国外建设性新闻研究是并行与共振[6]的关系。从研究主体来看，始于业界对建设性的自发性探索，初期规模较小，未成体系。随着 2014 年以中国社科院新闻所为代表的学术同仁关注到这一概念及对象，对其进行引介、阐释与深化研究，形成了一系列研究成果，发展起来相关理念再“反哺”到业界，进一步推动了业界与学界的互动。例如中国社科院新闻所与苏州广播电视总台合作的试点栏目《共筑美好生活——苏城议事厅》及在“建设性新闻：理念与实践”的国际学术论坛上媒体代表与学界之间的对话。

---

[1] 徐婉钰，韩鸿.《印度时报》和《中国日报》网站框架建构异同——以“洞朗事件”发生时期的报道为例［J］. 南亚东南亚研究，2019（4）：106–119，154–155.

[2] 建设性新闻的中国实践与话语体系［J］. 编辑之友，2020（3）：11.

[3] 漆亚林. 建设性新闻的中国范式——基于中国媒体实践路向的考察［J］. 编辑之友，2020（3）：6–15.

[4] 郑亮. 建设性新闻视角下“中国故事”的叙事策略研究［J］. 编辑之友，2020（3）：16–20.

[5] 陈薇. 智媒时代下建设性新闻的价值理性与实践路径［J］. 编辑之友，2020（3）：21–28.

[6] 殷乐. 并行与共振：建设性新闻的全球实践与中国探索［J］. 新闻与传播研究，2019（S01）：33–41.

从研究内容看，自新闻的建设性研究肇始，对中国语境下的建设性内涵展开探讨，并将建设性作为理念与报道方法运用到新闻实践中，“建设性舆论监督”的相关研究成果较多。随后，解困新闻学、建设性新闻、恢复性叙事等被国内学术界所关注，大量引介、溯源、概念辨析的文章开始涌现；中国社会科学院新闻与传播研究所的研究员唐绪军、殷乐较为清晰地厘清了西方“好新闻”的脉络，对从事解困新闻、好新闻、建设性新闻实践的媒体进行了梳理与总结。

进入 2019 年，伴随中国社科院新闻所承办的建设性新闻国际学术会议于当年 11 月 9 日召开，学术界对建设性新闻的研究进一步深化，涌现出一批高质量的研究成果。这些研究或置于后真相、后机构、后现代主义语境中去探讨建设性新闻出现的时代背景、历史溯源与理论来源，或辨析其与公共传播的关系，或从积极心理学、创伤叙事角度探讨其传播方式，或结合媒介社会治理探讨其意义，或从媒介效果、哲学、伦理学视角审视其对受众认知与“公共善”的关系。最为重要的是通过此次学术会议，学者渐渐从引介走向本土化探索，结合中国政治经济社会文化语境对建设性新闻与新闻的建设性的关系、建设性新闻的适用性等做出诠释，从这个角度来说，2019 年是中国建设性新闻的开局之年，中国社科院新闻所作为该研究领域的开创者，开启了国内学界对建设性新闻“中国化”的理论与实践探索之路。

二、媒介社会学视角下新闻呈现、生产与角色的相关研究

严格地说，“媒体社会学”一词的历史大多与新闻媒体研究相关。早在 20 世纪 20 年代美国芝加哥学派便开始对大众传媒展开研究，例如帕克（Park）、罗伯特（Robert）对社区报纸和移民融入的研究，1922 年出版了《移民报刊及其控制》[1]；并在 1923 年、1938 年、1940 年与 1941 年分别出版了《报纸的自然历史》[2]

---

[1] PARK R E. The Immigrant Press and Its Control［M］. New York：Harper and Bros，1922.

[2] PARK R E. The Natural History of the Newspaper［J］.The American Journal of Sociology，1923，29（3）：273-89.

《对传播和文化的反思》[1]《新闻作为一种知识形式：知识社会学的一章》[2]与《新闻与报纸的力量》[3]，对新闻对社会影响与互动展开深入研究。随后，朗（Lang）、库尔特（Kurt）和格拉迪斯·恩格尔·朗则（Gladys Engel Lang）在1953年的论文《电视的独特视角及其影响：定点研究》[4]以及路易斯·沃斯的《共识和大众传播》[5]将芝加哥学派大众传媒的研究进一步推进。20世纪50年代怀特的把关人“盖茨先生”与控制分析开启了对新闻生产的正式研究。

接着20世纪70年代，聚焦于媒介组织与新闻生产的新闻编辑室民族志开始在美国兴起并产生巨大影响力。代表著作有阿尔塞德（Altheide）的《创造现实：电视新闻如何扭曲事件》[6]，施莱辛格（Schlesinger）的《BBC新闻：把“现实”放在一起》[7]，塔奇曼（Tuchman）的《制造新闻：现实建构的研究》[8]，甘斯（Gans）的《决定什么是新闻》[9]及费什曼（Fishman）的《制造新闻》[10]，对于新闻与社会现实建构关系展开探讨研究，采用构造主义理论视角，认为社会化存在是一个由人类不断创新和重建的“动态现实”，而媒介则为社会建构提供了必要的材料同时也赋予事物意义[11]，揭开了新闻专业主义的神秘面纱，对于客观性从历史层面进行

---

[1] PARK R E. Reflections on Communication and Culture［J］. The American Journal of Sociology. 1938，44（2）：187-205.

[2] PARK R E. News as a form of Knowledge：a Chapter in the Sociology of Knowledge［J］.The American Journal of Sociology，1940，45（5）：669-86.

[3] PARK R E. News and the Power of the Press［J］. The American Journal of Sociology，1941，47（1）：1-11.

[4] LANG K，LANG G E. The Unique Perspective of Television and its Effect：a Pilot Study［J］. American Sociological Review，1953，18（1）：3-12.

[5] LOUIS W. Consensus and Mass Communication［J］. American Sociological Review，1948，13（1）：1-15.

[6] ALTHEIDE D L. Creating Reality：How Television News Distorts Events［J］. Beverly Hills，1976.

[7] SCHLESINGER P. Putting'reality'together：BBC News［M］. London：Constable，1978.

[8] GAYE T. Making News：A Study in the Construction of Reality［M］. New York：Free Press，1978.

[9] GANS H J. Deciding What's News：A Study of CBS Evening News，NBC Nightly News，Newsweek，and Time［M］. Evanston：Northwestern University Press，1979.

[10] FISHMAN M. Manufacturing the News［M］. Austin：University of Texas Press，1980.

[11] MCQUAIL D. McQuail's Mass Communication Theory［M］. London：Thousand Oaks，CA：Sage，2010. 转引自黄成炬. 媒介社会学向传播社会学的转变［M］// 洪浚浩. 传播学趋势（上）. 北京：清华大学出版社，2014：331-354.

溯源，探讨了其作为职业意识形态存在的合法性。

另一项研究进路则是对媒体机构的政治经济学分析，代表如赫尔曼（Herman）和乔姆斯基（Chomsky）的《制造同意：大众传媒的政治经济学》[1]，皮埃尔·布迪厄（Pierre Bourdieu）1998年发表的关于法国电视私有化的文章以及哈林（Hallin）等的宏观媒体理论。[2]此外，还有以斯图亚特·霍尔（Stuart Hall）为代表的英国文化研究视野下的媒介社会学传统，尤其是霍尔从符号学传统出发提出的“意义结构”概念，采用结构主义、语言学、马克思主义意识形态批判理论与文本分析、话语分析、社会形态分析方法，以揭示和干预为目的，以话语批判为核心，揭示媒体如何作为主导意义秩序的一环成为当下历史情势的关键要素。[3]

随着新媒体技术的发展与受众地位的崛起，以互联网为研究对象的新传媒社会学与传民社会学，尤其是新传媒、公民新闻学与政治民主[4]开始成为新的研究热点。互联网兴起使得新闻生产转向多样化，传统新闻机构内部也发生剧变，学界兴起了“第二波新闻编辑室民族志”[5]，开始关注新闻行业的技术创新和融合以及更广泛的新媒体，并受到科学和技术研究、新的制度主义和文化社会学等理论或视角影响[6]；《信息，传播与社会》杂志于2018年第5期专门设立专栏“传播、信息技术与媒介社会学”[7]（CITAMS），采用跨学科的视角，将青

---

[1] HERMAN E S，CHOMSKY N. Manufacturing Consent：The Political Economy of the Mass Media［M］. Random House，2010.

[2] HALLIN D C，MANCINI P. Comparing Media Systems Beyond the Western World［M］. Cambridge：Cambridge University Press，2012.

[3] 黄典林. 媒介社会学的文化研究路径：以斯图亚特·霍尔为例［J］. 国际新闻界，2018（6）：68-87.

[4] 黄成炬. 媒介社会学向传播社会学的转变［M］// 洪浚浩. 传播学趋势（上）. 北京：清华大学出版社，2014：331-354.

[5] COTTLE S. New（s）Times：Towards a “Second Wave” of News Ethnography［J］. Communications：The European Journal of Communication Research，2000，25（1）：19-42.

[6] BRIENZA C，REVERS M. The Field of American Media Sociology：Origins，Resurrection，and Consolidation［J］. Sociology Compass，2016，10（7）：539-552.

[7] Communication，Information Technologies，and Media Sociology（CITAMS）Special Issue［EB/OL］.（2020-03-10）［2021-01-21］. https：//www.tandfonline.com/toc/rics20/21/5 Constructive Institute. 2019.Constructive Journalism.

少年、老年等群体与媒体和技术环境相关联，对数字不平等、信息鸿沟等问题展开探讨。另外，非专业的新闻组织对传统新闻生产模式的挑战也是新闻生产社会学研究的重要参照点，学者将其称为“变革语境”与“职业语境”的对峙与交织。[1]

由此可见，国外媒介社会学视角下的新闻生产研究思路与逻辑分为宏观与微观两个层面，前者将新闻生产置于广泛的社会文化环境之中，从政治经济学的视角考察权力与媒体之间关系；后者则聚焦于新闻编辑室内部，媒体机构及新闻工作者的职业活动是其研究对象与核心，将新闻组织、内容生产、话语、消费等相关联，以考察新闻生产对社会现实的建构，民族志、深度访谈、参与式观察或实地考察、内容分析等是常用的研究方法。此外，还有学者从文化研究路径角度切入，对媒介文本、意识形态与宏观政治经济环境相统合进行分析。

国内对媒介社会学视角下的新闻生产研究主要集中于传统媒体，随着数字时代的兴起，社交媒体等数字媒体的新闻生产研究逐渐进入学界视野。相关领域的代表学者如中山大学的张志安，在 2006 年写就的博士学位论文即以《南方都市报》为例，运用实地观察和深度访谈等人类学研究方法，以媒介组织新闻生产社会学为研究取向，从编辑部场域的视角出发研究其新闻生产和社会控制因素之间的互动关系。[2] 随后，在 2010 年，张志安仍以《南方都市报》作为个案，对其进行历时性分析，并运用法国社会学家皮埃尔・布尔迪厄的场域理论，对新闻场域的历史建构及其生产惯习[3]展开深入研究。与张志安博士论文的研究旨趣相似，马庆以武汉《楚天金报》为个案，从媒介社会学的角度对该报编辑室内权力边界划定与再生产，以及权力作用下的管理机制的形成进行分析，同时对不同权力再生产方式下的个人命运与文化仪式[4]进行展现。朱佩则从新闻生产社会学路径，在对美联社北京分社长达十年的参与式观察的基础上，对美联社涉华新闻生产的

[1] 张志安，束开荣．新媒体与新闻生产研究：语境、范式与问题［J］．新闻记者，2015（12）：29-36.

[2] 张志安．编辑部场域中的新闻生产——《南方都市报》个案研究（1995—2005）［D］．上海：复旦大学，2006.

[3] 张志安．新闻场域的历史建构及其生产惯习——以《南方都市报》为个案的研究［J］．新闻大学，2010（4）：48-55.

[4] 马庆．“编辑部的故事”：《楚天金报》的权力再生产及其管理机制的形成［D］．武汉：武汉大学，2015.

影响因素、新闻形态与呈现[1]进行分析。

从媒介社会学视角的媒介呈现研究来看，研究内容主要分为两个方面，其一是对既定群体的媒介呈现分析，其二是对媒体特定栏目、节目的内容分析。例如，学者李艳红于2004年对城市社会的新生社群“农民工”群体与中国新闻传媒之间的关系展开探讨，考察与农民工相关的媒体呈现与公共论述，进而探究媒体的报道、描述、再现和论述是为农民工这个弱势社群开辟了公共表达的机会[2]抑或是抑制了其表达的可能。类似的还有万小广对转型期“农民工”群体媒介再现的社会史研究，通过对农民工的媒介呈现与历史变迁进行分析，进而呈现该群体在转型期间的自我建构与媒介参与[3]的实践。胡坤宁则将重点放在农民工污名化机制研究，将污名文本放置于社会政治、历史、文化情境中，对媒介象征形式与权力结构的结合与背后机制进行“去魅”。[4]此外，还有研究将媒介呈现与新闻生产相结合进行分析。例如，李东晓对中国贪腐丑闻的媒介呈现与新闻生产的研究，对贪腐丑闻内容框架、角色构成、类型分布与来源进行分析展现，考察了政治、经济、法律、技术等多种场域对丑闻生产的影响。[5]郭咏萱则对比了广州的《南方日报》与台湾地区的《中国时报》在科学新闻报道框架与新闻生产方面的异同[6]并提出了针对性建议。徐帆则将角色研究置于媒介社会学的视野之中，选取凤凰卫视进行个案分析，以该媒介组织的新闻生产、历史为纵轴，以媒介生产情境、生产主体和活动共同构成的动态“过程—事件”为横轴，将媒介组织的演进与媒介体制变迁置于转型的中国社会语境中探析媒体角色的演进轨迹。[7]

综上所述，从研究文献数量与内容来看，以媒介社会学视角为观照的新闻呈现、生产、角色的相关研究成果较为丰富，最为常见的是媒介社会学视角下的新

---

[1] 朱佩．美联社涉华新项生产（2006—2015）研究［D］．武汉：武汉大学，2016.

[2] 李艳红．弱势社群的公共表达：当代中国市场化条件下的城市报业与“农民工”［D］．香港：香港中文大学，2004.

[3] 万小广．转型期“农民工”群体媒介再现的社会史研究［D］．北京：中国社会科学院，2013.

[4] 胡坤宁．媒介社会学视角下的农民工污名化机制研究［D］．上海：上海师范大学，2016.

[5] 李东晓．中国贪腐丑闻的媒介呈现与新闻生产研究——媒介社会学的视角［D］. 杭州：浙江大学，2010.

[6] 郭咏萱．两岸报纸科学新闻报道框架与新闻生产研究［D］．上海：上海交通大学，2011.

[7] 徐帆．制造角色：凤凰卫视的生产机制研（1996—2011）［D］．上海：复旦大学，2011.

闻生产研究，以媒介组织为核心的“媒介化”研究为中心话语，重点研究组织结构、惯例和规范对新闻生产的制约与影响，“去媒介化”的多元研究的呼声日益高涨；有少数研究者对新闻呈现与生产进行联合考察或对媒介生产与角色相结合进行研究，媒介呈现聚焦于某个群体或具体媒体内容，以媒介社会学为视角的角色研究则跳出了“媒介功能研究”的窠臼，将媒介角色置于更广泛政治、经济、文化语境之中，为媒介角色与社会情境建立了“勾连”。而将三者统合起来的研究成果则较为罕见。

第三章　中国媒体建设性新闻生产概述

本章首先对中国媒体新闻的生产环境与媒体景观进行分析，在此基础上，分析国内建设性新闻生产实践探索的概况、价值与局限，最后描述选取苏州广播电视总台作为案例分析的原因与价值。

一、中国媒体的新闻生产环境与媒体景观

本书从内外部环境及宏观微观环境两个层面对中国媒体新闻生产环境进行分析。从外部环境来看，全球新闻业面临严峻挑战。路透社 2020 年初发表的《新闻、媒体与技术趋势预测》报告表示，新闻业将在一个支离破碎、充满不确定性的世界中寻求重新获得关联和信心。在经济和政治压力的双重打击下，46% 的全球媒体高级管理层（来自 32 个国家，233 个数字领袖）对整个新闻业，尤其是涉及公共利益新闻业缺乏信心，且人们普遍对当地新闻的衰落感到不安。[1]后真相时代、虚假信息、信息轰炸也在销毁与消磨着受众对媒体信息的信任与耐心。虚假信息与事实核查的拉锯战仍在持续，社交媒体平台未完全履行对信息核实的职责。 2019 年 10 月到 11 月，皮尤调查中心（Pew Research Center）对 12000 多名美国成年人进行了一项调查，结果显示约有三分之二（66%）的美国人对所获

---

[1] NEWMAN N，FLETCHER R，KUENG L，etc. Journalism，Media，and Technology Trends and Predictions［R/OL］.（2020-03-11）［2021-01-05］.https：//reutersinstitute.politics.ox.ac.uk/sites/default/files/202001/Newman_Journalism_and_Media_Predictions_2020_Final.pdf.

得的新闻数量感到厌倦[1]，同时，美国大选期间媒体存在着严重的党派分歧，形成两极分化局势。[2]

与此同时，一向被“看好”的人工智能也面临着信念危机。据路透社调查报告显示，全球媒体高管们对人工智能在新闻编辑室中的作用产生怀疑，只有53%的人认为人工智能提供了有效的建议并具有商业用途，例如使用人工智能来定位潜在用户和优化付费墙（47%），提高了编辑部效率（39%）。利用AI来辅助字幕或改进标签的一致性是AI在新闻编辑室最重要的功能，只有少数出版商认为机器人新闻（12%）或新闻采集（16%）是值得探索的重要领域[3]。

从国内环境来看，新闻业的境况虽然未必如美国等全球媒体那般严峻，但是也面临各种困难与挑战。从宏观环境来看，包括受众结构、产业结构和管制结构[4]等不同维度的新闻结构发生了变化。从受众结构来看，网络新闻的用户规模保持持续增长，进一步蚕食传统媒体的受众群。据中国互联网络信息中心第44次（CNNIC）报告显示，据中国互联网络信息中心第49次（CNNIC）报告显示，截至2021年12月，我国网络新闻用户规模达7.71亿，较2020年12月增长2835万，占网民整体的74.7%。[5]据艾媒网2019年第一季度对《中国手机新闻客户端市场监测报告》显示，预计2019年中国手机新闻客户端用户规模将达6.93亿；下沉市场开始觉醒[6]，三线与四线城市用户成为新闻行业竞相抢夺的对象。由此可见，随着信息技术发展，以互联网尤其是移动端口上网获取资讯逐渐成为主

❶ GOTTFRIED J. Americans' News Fatigue isn't Going Away – About Two–Thirds Still Feel Worn Out. [EB/OL].(2020–02–26)[2021–01–08]. https://www.pewresearch.org/fact–tank/2020/02/26/almost–seven–in–ten–americans–have–news–fatigue–more–among–republicans/.

❷ JURKOWITZ M，MITCHELL A，SHEARER E，etc. Media Polarization and the 2020 Election：A Nation Divided [EB/OL].(2020–01–24)[2021–01–08]. https://www.journalism.org/2020/01/24/u–s–media–polarization–and–the–2020–election–a–nation–divided/.

❸ 同❷.

❹ 张志安，吴涛.互联网与中国新闻业的重构——以结构、生产、公共性为维度的研究[J].现代传播，2016(1)：44–50.

❺ 中国互联网络信息中心.第49次《中国互联网络发展状况统计报告》(CNNIC)[R/OL].(2022–02–25)[2022–03–23]. http://www.cnnic.net.cn/hlwfzyj/hlwxzbg/hlwtjbg/202202/P020220407403488048001.pdf.

❻ 2019Q1中国手机新闻客户端市场监测报告[R/OL].(2019–05–10)[2020–03–11]. https://www.iimedia.cn/c400/64308.html.

要趋势，而用户规模的增长反映的是受众结构已经发生转变。

从产业结构来看，据2019年8月23日《传媒蓝皮书：中国传媒产业发展报告（2019）》显示，2018年中国传媒产业总规模达20959.5亿元，首次突破2万亿元大关；与全球传媒产业2万亿美元相比，占到世界传媒产业的1/7。[1]但是从产业细分领域来看，报刊行业自2013年开始经营持续断崖下跌，报业距峰值已下跌超八成（84.3%）；期刊的广告和发行收入距巅峰下跌33.3%；从整体来看，受到宏观经济调整期与国家传媒政策改革和内容规制调整的影响，传媒业发展速度稳中放缓。[2]再加上移动互联网与社交媒体的双重技术"打压"，分散了受众的注意力，新闻业尤其是报刊行业以广告为基础的商业盈利模式被破坏，无形中削弱了传统媒体作为新闻"守门员"的角色。可见，不同类型媒体收入结构的变化最终导致整个媒体产业结构发生调整，进而降低新闻媒体的角色影响与地位。

从管制结构来看，新闻管理机构诸如主导意识形态与舆论导向的中共中央宣传部，在中宣部挂牌的新闻出版总署，管理广电工作的国家广播电视总局，负责互联网信息传播方针政策与法规制定、网络信息内容管理等工作的国家互联网信息办公室各自分管相应的板块。总体来看，媒体管理呈现出集中化与明细化特征，各部门各司其职，协同参与到治理过程中。从具体的新闻管理规定来看，自2018年开始，相关机构加强对传媒业尤其是影视业和互联网公司的监管。与新闻有关的是视频监管强化[3]，原国家新闻出版广电总局将2017年确定为"内容品质提高年"，发布了《关于进一步加强网络视听节目创作播出管理的通知》《网络视听节目内容审核通则》《关于把电视上星综合频道办成讲导向、有文化的传播平台的通知》，责令有关网站对违规视听节目深入整改，着力营造健康积极向上的行业氛围[4]；为净化网络环境，国家不断加强网络监管，重点打击涉嫌政治敏

---

[1] 中国新闻出版广电报.《传媒蓝皮书：中国传媒产业发展报告（2019）》显示——我国传媒产业总规模首破2万亿元[EB/OL].（2019-08-27）[2020-03-11].http：//www.cac.gov.cn/2019-08/27/c_1124927834.htm.

[2] 周逵，杭敏，丁迈，等.传媒蓝皮书——中国传媒产业发展报告（2019）[M].北京：社科文献出版社，2019.

[3] 郭全中.2018年中国传媒企业资本运作发展报告[M]//周逵，杭敏，丁迈，等.传媒蓝皮书——中国传媒产业发展报告（2019）.北京：社科文献出版社，2019.

[4] 中国新闻事业发展报告（2017年）[R/OL].（2018-06-19）[2020-03-11].http：//www.zgjx.cn/2018-06/19/c_137959217_2.htm.

感、“三俗”内容的网络平台，另外也通过新闻资质加强内容源头管控，这使得网络公司平台的新闻制作内容审核和风控成本提高。[1]

从审查机制来看，网络新闻业管理机制逐步健全。目前媒体管理的主要法规有《广播电视管理条例》（修订过3次，最新一版是2020年11月29日）；规定转载、授权注意事项的《信息网络传播权保护条例》（2006年7月1日起施行，2013年1月30日修订）；发布境外出版物需要著作权合法授权以及规定隐私保护与具体文字使用注意事项的《网络出版服务管理规定》（2016年3月10日起施行）；规定标题和网络用语使用注意事项以及完善内容审核与把关机制的《国家新闻出版广电总局关于规范报刊单位及其所办新媒体采编管理的通知》（2017年8月发布），具体内容包括：对未经核实的新闻报道、网络信息做出明确规定，建立健全社会自由来稿审核制度，对涉及重大选题备案的要依法依规履行报备程序以及严格执行“三审三校”、新闻采编与经营两分开等制度。[2] 最新的一项法规是由国家互联网信息办公室发布的《网络信息内容生态治理规定》（2020年3月1日起施行）[3]，对网络内容的“红线”、禁止的事项进行明确规定，不良信息具体涵盖的内容也做了明确的规定。

从微观环境具体的新闻生产流程来看，在新媒体环境下，传统新闻业的既有秩序正在面临颠覆性重构，信息传播的主体、具体的新闻实践、所生产的内容及受众也随之发生变化。

第一，信息传播的主体构成从原先的专业的新闻从者，职业记者与编辑的专业化、组织化新闻生产，到如今专业化生产与社会化生产同时并行的新闻生产格局。借助新媒体的技术赋权及移动互联网的发展，使得人人都有可能成为记者，用户使用手机即可完成“爆料”“现场信息发布”与“组织动员”等工作。与此同时，随着大数据、物联网、人工智能等技术发展，原本属于后勤保障的媒体技术团队逐渐从新闻后台转到前台，与专业记者、编辑等新闻一线员工一道从事新

---

[1] 2019Q1中国手机新闻客户端市场监测报告［R/OL］.（2019-05-10）［2020-03-11］. https：//www.iimedia.cn/c400/64308.html.

[2] 国家新闻出版广电总局关于规范报刊单位及其所办新媒体采编管理的通知［EB/OL］.（2017-08-30）［2020-03-11］. http：//www.xinhuanet.com/zgjx/2017-08/30/c_136567623.htm.

[3] 网络信息内容生态治理规定［EB/OL］.（2019-12-20）［2020-03-11］. http：//www.cac.gov.cn/2019-12/20/c_1578375159509309.htm.

闻生产。例如，财新网数据新闻的可视化报道团队有三类人员：记者与编辑、视觉设计师、程序员，其中记者与编辑是新闻文本的制作者，与传统意义上的新闻工作者无异；视觉设计师负责可视化部分设计与整体排版；程序员则负责与用户建立连接并提供技术支持。此外，随着智能化媒体技术的发展，智能技术逐渐融入新闻生产之中。例如，《人民日报》联合多家企业运用数据采集、大数据分析、自然语言处理等技术，推出“《人民日报》创作大脑”平台，在内容纠错、数据分析、信息整理等方面支持新闻创作者；新华社联合搜狗公司推出的 AI 合成主播具备与真人同样的播报能力，截至 2019 年 2 月已发稿 3400 余条，累计时长达一万多分钟。[1] 人人皆可传播的事实，使得信息泛滥与过剩的局面出现，而传播技术手段的辅助与加持，更是使得传统的新闻从业者面临职业危机。在此情景下，专业新闻媒体要想突出重围并生存下去，必然需要提供高质量的信息产品与服务来保持其中心地位与公信力。

第二，从新闻生产实践来看，新闻信息的把关者原先主要由传统媒体的新闻从业人员来担当，到如今“新旧媒体”齐上阵，共同开创当下信息传播生态格局。根据国家互联网信息办公室颁布的《互联网新闻信息服务管理规定》《互联网新闻信息服务许可管理实施细则》与《互联网新闻信息服务单位内容管理从业人员管理办法》等相关规定，申请互联网新闻信息采编发布服务许可的，应当是新闻单位（含其控股的单位）或新闻宣传部门主管的单位。[2] 商业网站如腾讯网、网易网等无原创新闻采访权，但这些非新闻机构网站有编辑转载的权利，对新闻机构稿件进行二次加工，以扩大稿件点击率与转发率，从而提升媒体的影响力。学者张志安等将互联网时代下的新闻生产流程变革概括为从传统新闻报道中记者主导的在场线下观察与高成本原创转向编辑主导的离场在线观察与“复制 / 改编 + 聚合（草根新闻）+ 少数原创”。[3] 学者王月将此次生产实践变革概括为从

---

[1] 中国互联网络信息中心．第 44 次《中国互联网络发展状况统计报告》（CNNIC）［R/OL］．（2019-08-30）［2020-03-08］.http：//www.cnnic.net.cn/hlwfzyj/hlwxzbg/hlwtjbg/201908/t20190830_70800.htm.

[2] 互联网新闻信息服务管理规定［EB/OL］．（2017-05-02）［2020-03-12］.http：//www.cac.gov.cn/2017-05/02/c_1120902760.htm.

[3] 张志安，吴涛．互联网与中国新闻业的重构——以结构、生产、公共性为维度的研究［J］．现代传播，2016（1）：44-50.

把关到人工“策展”再到算法与编辑人机协作“策展”与“用户 + 内容”策展[1]的过程。

此外，随着视听行业与短视频应用的发展，海量视频信息大大增加了内容审核的工作量与难度。对此，中国网络视听节目服务协会从制度层面拿出解决方案，于 2020 年 2 月 21 日针对视听节目网站制定了《网络综艺节目内容审核标准细则》，对访谈脱口秀、选秀偶像养成、情感交友、少儿亲子、生活体验、专业竞技、游戏比赛、游戏改编、角色扮演这九个类别的节目，从主创及出镜人员选用、言行举止、舞台“服化道”布设、文字语言使用、节目制作包装[2]等方面提出了 94 项有针对性与实际操作性的标准与要求，各视频与新闻网站纷纷扩充内容审核员队伍。内容风控业务有可能成为未来互联网主业收入[3]，例如人民网的第三方内容审核业务带来的收入同比增长约 166%。[4]

对于大多数新闻网站来说，“人工审核 + 技术识别”是其审核的主要方式。人工智能首先进行预判，然后进入人工一审以及复审。值得注意的是尽管人工智能为信息把关做了大量的辅助工作，但是考量到算法本身的准确率与内容的高语境、多义性与形式的多样性，在内容审核方面，仍要以人工审核为主，AI 起辅助作用。目前，业内两种比较常见的“人机协同”审核方式分别是利用人工智能将相对确定的视频进行分类，然后对部分用户做出推荐，观察用户反应，其中高热视频会人工率先审核并将视频标记为“好”（Good）或“坏”（Bad），审核师遇到标注有“坏”的视频时再细致地审核。[5]从传播渠道层面来看，自 2014 年《关于传统媒体和新兴媒体融合发展的指导意见》出台，国内许多传统媒体在网页端、移动端应用程序、微信公众号、微博、抖音等各个端口完成了覆盖。2019 年

---

[1] 王月．新传播形态下新闻生产实践的变革［M］// 焦雨虹，强荧．上海蓝皮书 - 上海传媒发展报告（2019）．北京：中国社科文献出版社，2019.

[2] 中国网络视听节目服务协会．网络综艺节目内容审核标准细则［EB/OL］．（2020-02-21）［2020-03-12］．http：//www.cnsa.cn/index.php/infomation/dynamic_details/id/100/type/2.html.

[3] 未来互联网主业收入有可能变成为内容风控业务　人民网首当其冲［EB/OL］．（2019-02-22）［2020-03-12］．http：//xz.people.com.cn/n2/2019/0222/c138901-32673106.html.

[4] 梅双．第三方内容审核业务发力 人民网 2018 年净利润预增上亿元［N/OL］．（2019-02-02）［2020-03-12］.http：//company.stcn.com/2019/0202/14849506.shtml.

[5] “黄暴”视频看出心理阴影，内容审核师能被 AI 拯救吗？［EB/OL］．（2020-01-12）［2020-03-12］．https：//www.huxiu.com/article/335656.html.

人民网研究院对全国377家党报的融合传播情况进行考察，数据显示全部党报的网站开通率最高，为93.4%；其次为聚合新闻客户端和微信平台，入驻率均超过80%；76.1%的党报建设了自有新闻客户端；73.5%入驻微博平台；半数党报开通了抖音号[1]，形成了全方位的融媒体传播矩阵。广播云采编系统再造了中央人民广播电台和全国61家广播电台、2300多名编辑记者行业协作的新闻采编流程和共享机制，实现了资源共享共用、共采共编。[2]省级和市县级媒体的融媒体形式各具特色，成效显著。在“智慧广电”和“宽带广电”策略下，部分省市广电系统实现了多领域布局。

总之，新闻实践的新变化使得原先由传统新闻媒体垄断的信息传播秩序被彻底打破，加强了媒体改革的紧迫感。在人工审核仍居主导地位的媒体环境下，新闻业者的职业焦虑感可能有所缓解，但是在媒介融合与传播技术环境变化的大趋势下，媒体如何适应当下环境、如何成功转型仍面临诸多困惑。这也促使媒体管理者重新思考媒体的本职与角色并从内容建设方面实现突破。

第三，从信息传播内容来看，传播方式多元化与产品化趋势渐显。以智能技术为表现手段的新闻呈现逐渐成为常态，例如2019年2月，中央广播电视总台新闻客户端正式推出了“VR频道”，聚焦央视新闻的全景图片新闻、360度视频新闻和VR视频新闻报道[3]，给读者以身临其境的体验。2019年全国“两会”期间，《人民日报》微博推出“《人民日报》新媒体记者两会Vlog”以及“#我的上会Vlog#”话题，用全景VR直播与短视频展现其记者每一天的所见所闻[4]，这种生活气息浓厚的个性化表达吸引了受众的注意力。综合性严肃媒体开始探索新闻付费阅读模式，新闻呈现产品化趋势。2017年11月起，财新传媒正式试水财经

---

❶ 人民网副总裁唐维红发布《2019全国党报融合传播指数报告》[EB/OL].（2019-07-30）[2020-03-12]. http：//media.people.com.cn/n1/2019/0730/c120837-31263678.html.

❷ 中国新闻事业发展报告（2017年）[R/OL].（2018-06-19）[2020-03-11]. http：//www.zgjx.cn/2018-06/19/c_137959217_2.htm.

❸ CCTV央视新闻客户端正式推出“VR频道”[EB/OL].（2019-02-20）[2020-03-12]. https：//new.qq.com/omn/20190220/20190220A07842.html? pc.

❹ 两会Vlog火了！这些媒体相当酷[EB/OL].（2019-03-19）[2020-03-12].http：//dy.163.com/v2/article/detail/EAL4LU4F05148SKI.html.

新闻全面收费阅读模式；2018 年 8 月 23 日，南方周末首次实施付费会员制度❶，原创内容作为一种稀缺资源与产品被“售卖”。由此可见，生产原创的新闻内容及打造 IP 产品为专业新闻媒体抢占制高点的重要法宝。

第四，从受众角度看，受众角色呈现多元化特征，不仅是个性化新闻阅读的“拥护者”，信息的生产者，还是广泛、深度阅读的“涉猎者”与“思考者”。社交媒体的发展、算法分发与推荐技术的演进，使得媒体具有捕捉个体信息需求的能力，例如，今日头条、即刻等新闻聚合网站根据每个用户的性别、年龄、位置等特征对其进行“画像”，同时，对用户阅读时长、点击文章的频率等阅读行为进行分析，在此基础上对用户进行个性化的新闻推荐。根据 2019 年 6 月《今日头条用户画像报告》显示，今日头条用户月活与日活分别达 2.6 亿与 1.2 亿，形成较稳定的活跃人群，同时，今日头条日活位居综合资讯行业榜首，分别是腾讯新闻与新浪新闻的 1.2 倍与 3.2 倍❷；用户对于特定话题，如房产、母婴、衣食住行、游戏、娱乐等具有较高的关注度与专注度。可见，个性化的信息推荐对于用户具有一定的吸引力。随着信息技术的赋权与信息平台资金扶持力度的加大，一部分用户“转身”成为内容创作者，据今日头条 2019 年数据显示，头条创作者全年共发布内容 4.5 亿条，累计获赞 90 亿次，其中有 1825 万人首次发布信息，创作者总收入达到 46 亿元。❸腾讯 ConTech 合作伙伴体系于 2020 年 2 月 17 日也正式推出知识官计划、繁星计划和 TOP 计划，支持和激励内容创作者持续生产好内容。❹此外，受众还有广泛与深度阅读的需求。对此，各大互联网公司纷纷做出应对，网易新闻建设了如《槽值》《人间》等近百档原创栏目品类，通过网易号、短视频、互动 H5 策划、VR 资讯、智能交互新闻❺等多品类产品进行内容

---

❶ 人民网舆论与公共政策研究中心．人民网发布研究报告：付费阅读助力内容原创［EB/OL］．（2018-09-28）［2020-03-12］.http：//www.infzm.com/contents/139983.

❷ 2019 年 6 月今日头条用户画像［EB/OL］．（2019-09-18）［2020-03-12］.https：//www.sohu.com/a/341755545_665157.

❸ 今日头条发布 2019 年度数据报告［EB/OL］．（2020-01-07）［2020-03-12］.http：//finance.ifeng.com/c/7t3BOJnsSLO.

❹ 腾讯新闻上线三大扶持计划，与优质内容创作者共同“战疫”［EB/OL］．（2020-01-13）［2020-03-12］.https：//tech.qq.com/a/20200213/003887.htm.

❺ “另类”的网易，能够拯救个性化推荐时代的阅读之殇吗？［EB/OL］．（2017-05-17）［2020-03-12］.https：//www.sohu.com/a/141302579_613239.

升级；新浪新闻客户端推出《创事记》《地球日报》等原生栏目“二楼”窗口满足用户深度阅读需求[1]，并邀请刘涛等明星充当“硬核导师”，向用户推荐时政领域的 IP 内容。[2]可见，为了满足受众多样化及高品质的信息需求，提升新闻供给的质量迫在眉睫。

二、中国媒体建设性新闻的实践探索、价值与局限

在内外部环境压力与技术环境改变的境况下，无论是传统媒体抑或是新型媒体皆处于转型的十字路口。在转型过程中，面临“内容 +”与“互联网 +”这两种选择，一部分媒体趋向于选择前者，在内容方面寻求突破，通过改变报道方式并对内容进行精耕细作，来赢得受众的青睐。伴随着近几年全球建设性新闻实践的热潮与国内外学者对西方媒体“建设性新闻”理念与实践的引介，这一以解决问题为导向的新闻逐渐引发了国内媒体的关注与兴趣，部分媒体对建设性新闻开始试水与探索。从这个角度而言，中国建设性新闻探索可看作西方新闻理念“中国化”的产物，但是如果追根溯源，该术语的核心理念“建设性”其实一早就被国内新闻业界践行着，新闻报道要讲“建设性”在 20 世纪 90 年代就已成为业界与学界的共识，部分业界代表还提出了新闻媒体履行社会责任需要“建设性新闻批评”与“建设性舆论监督”。与此同时，在以正面报道为主的报道方针指引下，民生新闻、问政新闻、帮忙新闻、暖新闻等本土特色的新闻实践由来已久。这些新闻实践或多或少地包含了建设性新闻的元素，例如民生新闻、帮忙新闻着眼于反映民众日常生活并解决民众面临的实际问题。

暖新闻着眼于“温暖”“善意”，是一种正能量叙事方式，社会中的普通人与典型代表是其聚焦的对象，通过报道一些有人情味及鼓舞人心的人物故事，带给人们温暖与力量。如果单从新闻的内涵来看，暖新闻算是建设性新闻的“近亲”。建设性新闻的提出者凯伦·麦金泰尔将建设性新闻描绘成一棵大树，树上四条树枝分为是方案新闻、前瞻性新闻、和平新闻和恢复性叙事，而这棵大树旁还有一

---

[1] 新浪新闻客户端推出“二楼”探索用户深度阅读需求［EB/OL］.（2018-01-04）［2020-03-12］. http：//science.china.com.cn/2018-01/04/content_40132139.htm.

[2] 新浪新闻 App 推品质月读　以硬核内容让价值重回 C 位［EB/OL］.（2019-04-02）［2020-03-12］.http：//news.tom.com/201904/4221718736.html.

棵小树：积极新闻，诚如其名，带给人们积极情绪的新闻报道，例如小善行、小猫小狗等让人愉悦的事物，欧美等国“好新闻”实践的新闻理念也源于此。从理念上来看，中国的暖新闻实践与建设性新闻较为相似。从新闻所包含的核心要素来看，民生类新闻（如民生新闻、帮忙新闻）、问政类新闻等虽然与建设性新闻有较大不同，但是几类新闻都具有方案导向，可看作是中国媒体建设性新闻的“雏形”。因此，本书将中国媒体的建设性新闻实践（不包括中国澳门地区与台湾地区）分为以下三个层面：暖新闻；准方案新闻，主要指民生类新闻与问政类新闻等具有方案元素的新闻；建设性新闻。

（一）中国媒体对“暖新闻”的探索、价值与局限

在西方媒体“好新闻”实践的启示与中国社会主义正能量叙事的文化背景下，国内媒体开始对暖新闻展开探索。若从暖新闻包含的“善意”“温度”“人性”等人文关怀意指的角度来看，国内新闻业界早在20世纪90年代就有了相关的新闻理念并开始探索，中央电视台经济部的张激于1997年提出媒体要践行科学而人性的新闻观，在新闻业中彰显人文关怀[1]；《辽沈晚报》副总编辑彭宁在2004年强调善意应是社会新闻传播策划的出发点[2]；在汶川地震发生之后，新闻媒体的报道风向发生了变化，“人性”与“人文关怀”逐渐成为媒体在灾难报道中的共识。同时，对于普通个体生命、尊严价值的尊重意识也得到了强化，凸显无私、智慧等人性光辉，重视受众的内心体验，避免新闻二次伤害，意在抚平受众的心理创伤。从新闻理念与实践源头来看，暖新闻与提倡正面报道的正能量新闻同源并具有较为相似的内涵。自2012年纪念雷锋牺牲50周年，“正能量”一词开始成为网络热词，风靡全网。为弘扬这一时代精神，国内媒体纷纷就正能量新闻报道的发展路径与展现方式进行探索。2014年8月5日《人民日报》“点赞中国”专栏成立，对社会主义核心价值观的践行者进行歌颂与弘扬。正如文章标题《点赞中国·爱国、敬业、诚信、友善：有“家”的感觉真好》[3]所示，该栏目

---

[1] 张激．科学而人性的新闻观——论新闻业中的人文关怀［J］．现代传播－北京广播学院学报，1997（5）：31－35.

[2] 彭宁．善意应是社会新闻传播策划的出发点［J］．记者摇篮，2004（12）：7.

[3] 点赞中国·爱国、敬业、诚信、友善：有“家”的感觉真好［EB/OL］．（2014-08-11）［2020-03-13］.http：//theory.people.com.cn/n/2014/0811/c375814-25439994.html.

将社会主义核心价值观贯通于整体新闻写作之中，以平视的视角还原普通人物典型事迹，弘扬社会真善美。除了图文表达外，“点赞中国”还积极开拓表达形式，自2015年11月30日起人民网会同多家媒体开启了“五个一百”网络正能量精品评选活动，迄今已经举办四届活动，对中国社会的重大活动、主题、事件、传递正能量的榜样、文字作品、图片、动漫音视频作品、专题活动❶进行展现。

笔者认为如果将“暖新闻”进行定位的话，可归作正面新闻或正能量新闻中的一员，以普通民众为主要报道对象，强调新闻的“温情”“善意”“人性”等人文价值。只要符合此特征的新闻实践都可归为暖新闻。2012年《金华晚报》的金妍提出用“暖”新闻提升幸福感，该报2011年12月开设“追寻文化精神的力量”专栏，从社会新闻入手，改变报道色调、情绪❷，强调新闻的温度，将幸福感作为该报发展的方向。但是如果从该名称被正式提出及以使用“暖新闻”作为栏目名称的相关实践来看，则是近几年方才开始相关探索。本书选取国内两个代表性的“暖新闻”实践，凤凰网与《中国青年报》的《暖闻周刊》为例做一简要展示。

1. 凤凰网的“暖新闻”实践

2015年4月，凤凰网率先推出“暖新闻”专栏页面，将其置于网站首页的显要位置，掀起了国内暖新闻实践的热潮。对于该栏目页面创办的初衷，凤凰网CEO刘爽表露是内外在原因共同促使的结果，内因是凤凰网人文关怀与社会责任的价值追求，外因是受《纽约时报》正能量温情新闻触动。❸该栏目以“为生命倾注力量，给心灵点盏明灯”为宗旨，秉持真实、专注、开放的编辑准则，每天坚持报道1 ~ 3篇温暖人心的故事。

对于该栏目的新闻理念，凤凰网总编辑邹明将其划归到“善传播”的体系建构之中。邹明出席2019年7月29日的中国网络媒体论坛并发表主题演讲《从暖新闻到善传播：重构新媒体时代的传播价值》，对凤凰网的暖新闻实践经验进行

---

❶ 《点赞中国——2016—2017“五个一百”网络正能量精品展播特别节目》成功播出［EB/OL］.（2017-09-24）［2020-03-13］.http：//news.youth.cn/gn/201709/t20170924_10772949.htm.

❷ 金妍．“暖”新闻提升幸福感［J］．新闻实践，2012（5）：64-65.

❸ 勾晅．为生命倾注力量，给心灵点盏明灯——凤凰网暖新闻栏目的创想和实践［J］．青年记者，2016（22）：11.

总结：暖新闻并不是心灵鸡汤，而是真实感人的新闻故事[1]；不分国别，强调取材广泛多元；高格调与真实可信；暖新闻不是“好人好事”“苦新闻”“虚构故事”；选取暖新闻避免同质化；挖掘背后的故事；给人向上、向善的力量。[2]

2015年6月30日，凤凰网与新华社新媒体中心召开《暖新闻》联合共建发布会，宣布新华社新媒体中心成为其栏目重要合作伙伴，双方将在供稿及信息分享等方面进行深度合作，在暖新闻线索上互通有无，新华社通过驻各省、自治区、直辖市的分社搜集采写温暖新闻，向凤凰网《暖新闻》栏目供稿；双方将在年底举办“中国暖新闻盛典”，寻找温暖中国的力量。除了新华社外，凤凰网还与全国多家媒体成立“暖新闻联盟”，与《新民晚报》《华西都市报》《华商报》《钱江晚报》《南方都市报》等展开相关合作。[3] 从稿源来看，以2020年2月的栏目文章为例，共刊发了27篇稿件，其中，来源于《人民日报》《现代快报》《羊城晚报》《楚天都市报》《新京报》《长江日报》《南方都市报》《军报记者》这8份报纸的有8篇，来源于环球网、中国军网、央视网、中国日报网、中新经纬、海外网、新华网、澎湃新闻网、国资小新、红星新闻、健康浙江这11个网站的文章共16篇，以及来自央视新闻客户端、中央广播电视总台中国之声的客户端与广播电视稿件共3篇。由此可见，源源不断的稿件供应是凤凰网《暖新闻》得以维持新闻生产的重要支撑。凤凰网员工将其称为“借力聚力”。

从凤凰网《暖新闻》的社会反响来看，取得较好的社会效益与经济效益。该栏目自2015年4月推出两个月后，访问量突破1亿人次。从创办栏目以来，近五年内筛选了2000多篇暖新闻文章，2018年有12亿人浏览过《暖新闻》的栏目。[4] 一位资深媒体人对此评价为“好看又好吃”，好看的是栏目拥有良好的社会效益，提高了凤凰网的传播力、引导力、影响力、公信力，好吃的是《暖新

---

[1] 暖新闻如何“好看又好吃”？凤凰网月均过亿点击的秘诀［EB/OL］.（2019-05-06）［2020-03-14］.http：//news.ifeng.com/c/7mRzJkblQHh.

[2] 邹明．从暖新闻到善传播，重构新媒体时代的传播价值［EB/OL］.（2019-08-01）［2020-03-14］.http：//news.ifeng.com/c/7okuufzOz8i.

[3] 凤凰网与新华社新媒体中心联合共建暖新闻栏目［EB/OL］.（2015-06-30）［2020-03-14］.http：//news.china.com.cn/txt/2015-06/30/content_35945151.htm.

[4] 邹明．从暖新闻到善传播，重构新媒体时代的传播价值［EB/OL］.（2019-08-01）［2020-03-14］.http：//news.ifeng.com/c/7okuufzOz8i.

闻》栏目良好的经济效益可以为办好凤凰网赋能。[1] 据总编辑邹明反映，栏目没有盈利的考核指标，由于社会反响良好，拥有较高流量同时，获得了网民和新闻界认可，之后便有客户来咨询合作事宜，目前栏目的收入来源是客户的广告冠名赞助。

2.《中国青年报》的"暖新闻"实践与短视频创新

《中国青年报》的"暖新闻"实践表现为两个拳头产品：《暖闻周刊》与"青蜂侠"短视频资讯账号。《暖闻周刊》于2016年1月15日创办，作为该报的一个周刊，每周五出版，是该报历史上首个全媒体专栏[2]，包含封面故事、中青在线故事、圈里圈外、青年之声四个组成部分，封面故事设立全媒体专栏"暖心"与"暖评"，前者每期刊发一个温暖人心的故事，并关联视频和H5专题作品；后者由评论员曹林主笔。专栏"暖城"，则聚焦城市中温暖人心的故事。[3] 中青在线故事以视频方式展现当下时事热点、人物。专栏"圈里圈外"与"青年之声"，前者是一个基于"朋友圈"的版面，从社会学角度研究朋友圈话题，在后来的操作实践中，关注范围逐步拓展为互联网人际。后者做青年关心的话题，服务青年成长，维护青年权益，利用媒体的优势给青年实际的帮助。[4]

《暖闻周刊》的"诞生"与全媒体融合转型的时代背景相关。正如中国青年报社编委、全媒体协调中心主任、高级编辑吴湘韩所言，"不断适应青年新需求，顺应青年接触媒介的新变化，在融合创新中以正确舆论有效引导青年，更好地凝聚青年、服务青年成长成才"[5]。《暖闻周刊》主要受众是青少年，通过主打向上向善好活法，做有温度的新闻，做正能量传播，这是该刊创办初衷。正如该刊创刊语所言，"无论你是谁，无论你身处何方，只要你身上有一种向上向善的品质，

---

[1] 暖新闻如何"好看又好吃"？凤凰网月均过亿点击的秘诀［EB/OL］.（2019-05-06）［2020-03-14］.http：//news.ifeng.com/c/7mRzJkblQHh.

[2] 中国青年报社社会责任报告（2016年度）［EB/OL］.（2017-05-25）［2020-03-14］.http：//www.xinhuanet.com//zgjx/2017-05/25/c_136311077_8.htm.

[3] 郭韶明.关于暖新闻的探索与思考——以中国青年报《暖闻周刊》为例［J］.青年记者，2016（22）：9-10.

[4] 暖新闻是一种什么气质的新闻？［EB/OL］.凤凰网，（2017-12-17）［2020-03-12］. http：//www.sohu.com/a/211049439_651095.

[5] 吴湘韩.在融合创新中有效引导青年［EB/OL］.（2016-11-30）［2020-03-14］.http：//www.xinhuanet.com/zgjx/2016-11/30/c_135869108.htm.

你就是我们的报道对象，你就是中国青年报的读者和用户”[1]。

从稿源与运作机制来看，《暖闻周刊》实行栏目牵头多部门协同合作机制，涉及采访写作、技术配合、视频制作；其中“暖心”栏目供稿的记者来自该报各个部门以及被派驻各地的驻站记者。[2]不同于凤凰网、腾讯网等网络媒体，该刊所有内容由本报供稿，全部为原创新闻，每篇文章在3000多字左右，以图文、短视频、H5专题、二维码等方式展现，由中青报融媒工作室牵头，在PC端、移动客户端、“中青在线”、“中青视频”等各个渠道分发。

“青蜂侠”是《中国青年报》的短视频资讯账号，2017年6月宣告成立，成功策划了“十九大代表采访”“‘两会’代表采访”“建国70周年·青春中国”等重大选题，成功传达了社会正能量，发挥了媒体舆论引导功能；对于一些重大突发事件如“无锡高架桥坍塌事件”“ 重庆公交车坠江事故”“李文星事件”“ 河南上蔡县学生营养餐“变味”无资质供应商年获利千万事件”“量子波动速读骗局事件”等进行报道，发挥了舆论监督功能并维护了青年权益。与此同时，对于“传播凡人义举”进行了温情报道，例如“志愿者大哭”“致敬2017”“最美大学生”等获得良好反响，成为网上正能量短视频的重要策源地。诚如口号“每天温暖百万人”所言，“青蜂侠”用正能量的作品来鼓舞人，截至2019年11月，已经生产了15 000多条产品。

据“青蜂侠”负责人王海介绍，该栏目以网民生产内容为产品核心，团队所做的是核实与加工，通过集群式的生产，对事件从全方位、各角度进行报道。王海将栏目运作经验总结为“视频化、移动化、去中心”。所谓“去中心”是指以事件、用户、平台、网民为中心，围绕热点、网民信息需求、手机端口及核心现场展开新闻生产。王海将其形象比喻为“比兔子快，30分钟上线；比老鹰准，抓最核心现场；比狮子稳，注意导向前提与专家核实；比豺狼贪，进行饱和式生产”。据了解“青蜂侠”创办之初是只有5名正式员工的小团队，由之前社里的夜班编辑与社会新闻记者组成，前者有互联网基因，对于流量把控能力较强，后者有突破意识，两者新闻专业意识较强。截至2019年11月，团队大概有十几个

[1] 吴湘韩．发刊词：我心目中的你［J］．中国青年报（2016-01-15）［2020-03-14］.http：//zqb.cyol.com/html/2016-01/15/nw.D110000zgqnb_20160115_1-09.htm.

[2] 蒋韡薇．以“暖闻·暖心”探索融合——中国青年报的全媒体案例分享［J］．传媒评论，2017(6)：59-60.

成员。据王海介绍，目前整个团队的稳定性较高，人才流失数字为0，一方面是有效的激励机制，另一方面是个人价值得以实现，例如视频能影响几百万甚至几千万人[1]，成员的使命感较强。

从栏目反响来看，"青蜂侠"实现了经济效益与社会效益两丰收。在创办3个月内，平均每天发布视频3.9条，播放量已超过8000万。[2]据王海所言，创办当初每天希望能够有100万人看到，但是现在已经远远超出了最初定下来的小目标，实现了每天5000万人。2017年下半年共有13万元的收益，大概有1.5个全劳力坚持生产；2018年6月份，实现了单月的收入10万元，有3个全劳力；2019年8月份，实现了单月破100万元，共有14个全劳力，能够实现人力成本的覆盖，并且还能够给单位带来盈利。2019年上半年收入是9000多万元，利润是1400多万元。[3]从社会效益来看，该栏目内容获得了新闻联播、《人民日报》、新华社的认可并转载，栏目团队在由中国网络视听节目服务协会主办的"2018网络视听年度代表人物推选活动"中，被推选为"年度重大主题宣传团队"。[4]

此外，2017年7月澎湃新闻PC端与客户端也在时事版块设置了"暖闻"专栏。据《澎湃新闻社会责任报告（2018年度）》介绍，"暖闻"是澎湃新闻重要品牌栏目之一，在主题和内容选择上着力展示人间真善美，传递社会正能量。2018年10月，南部战区陆军战士杜富国在边境扫雷行动中英勇负伤，"暖闻"采编团队推出扫雷英雄系列报道，展现其为国为民的热血忠诚和无私大爱。从报道效果看，"暖闻"既有关注度又突出社会主义核心价值观，取得新闻价值和社会价值双赢。[5]从该栏目的稿件来源来看，本报记者自采稿件较多，也有转

---

[1] 摘自中国青年网副总编辑、短视频新闻资讯中心主任、视频专题中心主任王海的讲稿，2019年11月11日。

[2] 传统媒体转型短视频，零成本小团队不用高大全/狠砸钱也能出精品［EB/OL］.（2017-10-12）［2020-03-14］.https：//m.sohu.com/a/197602079_465296.

[3] 摘自中国青年网副总编辑、短视频新闻资讯中心主任、视频专题中心主任王海的讲稿，2019年11月11日。

[4] 宋继祥.中国青年网短视频栏目"青蜂侠"团队荣获"年度重大主题宣传团队"称号［EB/OL］.（2018-11-29）［2020-03-14］.http：//news.eastday.com/eastday/13news/auto/news/china/20181129/u7ai8228400.html.

[5] 澎湃新闻社会责任报告（2018年度）［EB/OL］.（2019-05-28）［2020-03-14］.http：//www.xinhuanet.com//zgjx/2019-05/28/c_138096729_11.htm.

载其他媒体报道。报道数量不固定，例如，2019年9月至12月稿件分为7篇、4篇、11篇、19篇。图文相结合是其主要展现方式。每篇文章篇幅较短，为1000～2000字。

新华网下属频道“新华地方”网站开辟了“暖心闻”专栏，该专栏最早一篇文章发布于2020年2月12日，截至2020年3月13日共更新了30篇文章，主要就疫情防控期间的暖心之事进行报道，图文结合是主要表现形式，稿源多元，主要来自新华网、新华社、《人民日报》、《科技日报》等媒体，篇幅1000字左右，短消息为主。新华网地方频道不定时也有暖新闻更新，稿件来自各地方频道与《中国青年报》等媒体。据笔者在“新华网”搜索显示，该网站收录的最早的一篇暖新闻是2018年4月17日，文章名为《外卖送餐员脱衣为婴儿挡雨》，来源于新华广播。

《人民日报》与《新京报》则开辟了暖新闻评论专栏，前者的评论版于2017年6月开设“暖闻热评”专栏，后者也于同年开设了“暖评”，并在其各自微信公众号“人民日报评论”和“新京报评论”上同时开设相关专栏并更新。从内容呈现形态来看，《人民日报》的“暖闻热评”文章以国内典型/先进人物事迹介绍+点评的形式展现，总体篇幅1000字左右，短评为主；《新京报》的“暖评”文章话题多元，包含国内外新闻事件与人物，评论对象主要是普通人物，篇幅1000～2000字。

除了以上媒体外，一些地方性媒体机构也开辟专栏进行暖新闻实践，例如《扬子晚报》的《平凡人不平凡事》专栏、武汉广播电视台的《好人在身边》栏目、湖北《三峡商报》的“宜昌暖新闻”报道平台、四川《自贡日报》与《现代快报》等暖新闻实践。搜狐网、腾讯新闻等网络媒体也相继推出“暖新闻”网页专题及“一周正能量”主题。

概言之，自2015年国内媒体开始“暖新闻”实践探索，从媒体的类型与内容呈现形态来看，实践大军包含从中央媒体到地市级媒体、从传统媒体到新媒体等各界“代表”，形成暖新闻消息、深度报道、评论等多种传播样态。从媒介功能与价值来看，有利于凝聚人心，缓和社会矛盾，激发人们向上、向善的力量，有利于媒体完成内容转型，在取得社会效益的同时获得一定的经济效益。总之，暖新闻以客观真实的新闻事件与人物为依据，以温情话语为表达形式，体现了媒体的人文关怀与社会责任感，提升了媒体的公信力，作为一种正能量叙事，对于负面新闻造成的偏见与刻板印象是一种“全景式”的弥合与修正。同时，部分暖新闻还包含着问题的解决方案，具有解困的作用，有利于社会问题的解决。

此外，笔者发现一个现象：暖新闻作为一种温情的新闻报道话语，从引发国内媒体的关注到媒体积极投身其中进行实践，历时较短且实践媒体众多，这从侧面说明媒体对其认可接受度高。从“暖新闻”流行的原因来看，它一方面是受西方媒体相关新闻实践的启发，另一方面也与我国正能量叙事惯例与社会主义核心价值观话语相契合[1]，与政府凝聚人心的诉求相吻合，满足受众追求幸福生活的需求，增加媒体在同行竞争中的筹码。而“从众者甚多”的原因，笔者认为这与“暖新闻”的本身特点有关，从话语表达来看，温情、善意的表述方式与我国媒体一贯的报道方式相差不大，归属于社会新闻，媒体大多具有较丰富的报道经验。从媒体规制与管控来看，暖新闻与主流话语体系相契合，意识形态符合社会主义核心价值观，基本无政治风险，有较高的社会效益，容易获得政府相关部门与媒体管理者的支持。对于一些商业媒体而言，还是增强与政府联系的良好契机。从经营成本与收益来看，暖新闻的对象主要是普通人，媒体转换的成本较低，栏目容易取得的良好社会效益，吸引企业的赞助与冠名，可谓“中看又中用”。从受众角度看，暖新闻平衡了负面报道带给人们的冲击，抚慰了受伤的心灵，民生的视角、朴素的话语表达与积极向上的精神，与人们对美好生活的向往与追求幸福的诉求相匹配，较易获得受众青睐。

但是暖新闻实践仍有一定的局限性。首先，从所涉及的话题来看，以普通人的日常生活为主，对社会重大问题较少关注，话题较为“细小”与“琐碎”，“格局”略小；其次，从媒介功能角度看，暖新闻可能在提振受众情绪方面是有效的，但是缺乏对于社会核心问题的回应，可能部分报道包含解决方案，但是并未形成主导，对于问题的解决作用不大；最后，从内容差异性与客观性方面来看，据笔者观察几个媒体报道内容大同小异，无论是话题还是报道方式有雷同化、同质化倾向，有些典型报道“宣传腔”较为浓厚，个别报道甚至出现“神化”“鸡汤化”“卖惨”的倾向，一定程度上“减损”了报道的客观性与可信度。这些都是需要我们引起注意与加以改进之处。但无论如何，暖新闻凭借其温情、善意的话语表达，为社会添了一丝“暖意”，引人向善，有利于和谐社会的构建，从这

---

[1] 陈卓琼．暖新闻走红的背景与社会功能［J］．视听，2017（7）：131-132.

个角度来看，算是一种“建设性”的新闻表达。

（二）民生类新闻、问政类新闻等“准方案新闻”的探索、价值与局限

以民生新闻、帮忙新闻为代表的民生类新闻，以及以问政节目、政风行风热线类节目为代表的问政类新闻都具有方案导向，可以看作中国的“准方案新闻”。在此对这两类新闻实践与发展进行简要的脉络梳理，并对其在问题解决方面的价值与局限进行分析。

1. 民生类新闻：关注人民生计问题的解决

2002 年，随着江苏广播电视总台都市频道《南京零距离》的热播，引发社会的关注，掀起各级电视台进行民生新闻实践的热潮。由城市台、都市报主导的，由以人民日常生活与生计为素材，反映市民生活的新闻形态所引发的电视话语形态的变革，被学者定义为“第三次电视革命”。若严格考据，这场革命早在 20 世纪 90 年代就初现端倪，中央电视台 1993 年开播的《东方时空·生活空间》以“讲述老百姓自己的故事”将“民生国计”的新闻价值予以凸显，从这个角度来看，央视《生活空间》栏目可被看作“电视民生新闻节目的雏形”[1]。1995 年，北京电视台财经频道《北京特快》栏目显现出民生新闻特质。同时，这场革命也不是电视媒体独家完成，报纸在 2002 年以前就已开始做民生新闻、都市报与新式晚报。[2] 如果说 2002 年 1 月 1 日《南京零距离》的开播引燃了电视领域的新闻变革，那么 2001 年 8 月 1 日创刊的深圳报业集团的子报《晶报》[3] 则引领了报纸领域民生新闻转向。从民生新闻呈现样态来看，市民新闻的特征明显，以市民的日常生活如衣食住行、生老病死、喜怒哀乐等为重心，较少围绕政府部门展开；对政府活动如会议报道等较少涉及，如果报道，则从与市民相关的角度切入；以本地新闻为主，讲求贴近性。

笔者认为民生新闻发展经历三个阶段：第一个阶段是 2002—2009 年，民生新闻受到业界关注，随着《南京零距离》的“蹿红”，引得各级媒体竞相模仿，

---

[1] 赖浩锋．解析电视民生新闻三内核［J］．山东视听（山东省广播电视学校学报），2005（1）：1，4–6.

[2] 李幸．《南京零距离》与中国电视的三次革命［J］．中国广告，2004（3）：73–74.

[3] 董天策．民生新闻：中国特色的新闻传播范式［Z］．新闻学论集，北京：中国人民大学新闻与社会发展研究中心专题资料汇编：150–165.

各地兴起了本地的民生节目或栏目。媒介的功能主要体现为“关注民生”“反映民情”与“表达民意”。第二个阶段是2009—2014年，各媒体对其民生新闻栏目进行了“改版”与“升级”，以民生新闻“标杆”《南京零距离》为例，2009年5月1日进行了改版，更名为《零距离》，业内人士将其称为“民生新闻3.0”，对节目从报道理念到报道模式进行了变革将组合报道、新闻故事、个性化主持与新闻评论、场外互动、舆论监督与新闻人物等元素融入其中。媒介的功能也从浅层次反映社情民意深化了一步，在社会矛盾冲突解决中发挥建设性作用，充当利益的协调者与社会舆论的引导者。[1]第三个阶段是2014年至今，在媒体融合的时代诉求下，传统媒体进行了融媒体变革，对报道理念与方式进行了进一步的调整与改造升级。例如，广东广播电视台的节目《DV现场》实现了从节目到平台的转变，将线上的新闻报道迁移至线下活动，利用自身优势从做节目走向了做产品和做服务，构建起协同电视节目播出、互联网传播和线下活动的O2O平台。[2]媒介功能发生了新的“突破”，拓展了民生新闻的外延，除了充当新闻报道者、舆论引导者、利益的协调者与民生问题的解决者以外，添加了产品的提供者与信息服务者这些新型媒介角色。

如果说民生新闻是偏新闻类节目，那么帮忙新闻则是偏服务类节目。从新闻呈现样态来看，以民众反映问题为帮忙的源头，强调记者的介入与参与，利用媒体的力量寻求对问题的解决。学者时统宇将帮忙节目看作是民生新闻的更新换代产品。[3]学者谭天则将帮忙节目看作是民生新闻发展十字路口的一个转向。具体而言，该如何帮，则需从暴露现象到揭示问题、论述实质，从注意力提升到影响力，从帮小忙到帮大忙。[4]

方芳将帮忙类节目的发展历程分为四个阶段：第一个阶段是1979—1992年，以知识教育为定位的生活帮忙；第二个阶段是1993—2002年，以维权与监督为定位的行动帮忙；第三个阶段是2002—2007年，以弱势群体为核心的民生帮忙；

---

[1] 胡智锋，李刚．变革、困境与开拓——由《零距离》升级改版看中国民生新闻的新突破［J］．中国广播电视学刊，2009（6）：71-72.

[2] 谭天，王颖．民生新闻的突破：从节目到平台——兼议广东广播电视台《DV现场》的实验［J］．电视研究，2015（1）：47-49.

[3] 时统宇．帮忙：民生新闻的更新换代产品［J］．青年记者，2009（25）：85.

[4] 谭天．帮忙节目帮啥忙［J］．媒体时代，2011（8）：13-14.

第四个阶段是2008年至今，形式多样的公益帮忙。分别对应着电视节目服务浪潮兴起，经济浪潮推动，民生新闻发展与社会力量聚焦[1]这四个历史阶段。笔者认为帮忙新闻属于民生类新闻的一种表现形态，从题材选择、报道立场、价值导向、报道视角与方式来看，与民生新闻同属一宗，归属于民生新闻大类。因此，从发展历程来看，两者的发展阶段相互交织，在呈现特点上具有一定的共通性。

2. 问政类新闻：关注涉及民生的公共事务问题的解决

问政类新闻可以看作是一种政治传播活动，通过媒体的介入将民众与政府相连接，既是民众问题反映与诉求的"牵线人"，又是政府回应社情民意、释疑解惑、与民众沟通以及进行政务信息公开的重要载体，是新闻业贯彻党的群众路线的重要方式，目前主要有电视问政、广播（或电视）政风行风热线这两种节目表现形式。

有学者将2002年郑州电视台创办的时政谈话录播节目《周末面对面》视作我国最早出现的电视问政节目[2]。具体而言，电视问政节目包含三个发展阶段：第一个阶段是初创期，开始于2005年，在党政机关领导人的推动下兴起，以2005年6月兰州的录播栏目《"一把手"上电视》为代表，大多数学者将该节目作为电视问政节目的开端，认为其确立了电视问政节目的基本要素，即推动政府与民众沟通、对话，但彼时官民问答机制尚未形成。

第二个阶段是发展期，2006—2010年，2010年各地的电视问政节目蓬勃发展起来，形成了节目"问政热"，较为著名的是杭州的《我们圆桌会》，形成平等、和谐、理性的探讨氛围[3]。发展阶段的电视问政节目主要表现为访谈形式，民众较少参与其中，较少与政府相关人员展开对话，"问政"还未"名副其实"。

第三个阶段是昌盛期，2010年至今。此时期的典型节目是2011年武汉的《电视问政》节目，民众通过现场质询政府相关人员关于社会民生、安全等问题，政府相关方对亟待解决的、涉及民众核心利益的社会问题予以回应。"武汉现象"引发热议后，全国雨后春笋般地"诞生"了一大批问政类节目，例如浙江丽水的《问政进行时》(2013年开播)、张家界市广播电视台的《电视问政面对

---

[1] 方芳. 改革开放以来电视帮忙类节目发展变迁研究［D］. 南京：南京师范大学，2014.

[2] 聂书江. 论电视问政的内在逻辑及其发展路径［J］. 现代传播，2015（1）：159-160.

[3] 杨诗哲，田惠风，程文浩. 电视问政：现状、问题与未来深化［J］. 长江论坛，2014（6）：63-69.

面》（2014年4月开播）、西安广播电视台的《问政时刻》（2016年4月）、北京卫视的《向前一步》（2018年6月开播）、山东广播电视台的《问政山东》（2019年3月开播）、河南广播电视台的《百姓问政》（2019年5月开播）等节目，民众以对话、问询、评议等形式开展官民对话，大多数节目也由录播改为直播与常态化，邀请政府相关人员、嘉宾、市民代表等组成"合议团"，就涉及百姓的公共事务展开探讨，其中"成就—问题—回应—展望"是主要的节目表现形式。

此外，广播（或电视）政风行风热线节目在20世纪90年代末兴起，发起于广播，后期也有电视台模仿其制作形式开展定期节目，通过将政府职能部门的相关人员到直播间，与主持人交流、配合，向受众传达、宣传政府方针政策并进行权威阐释，同时接听受众的热线电话，回答其问题，实现双方的沟通互动，实际解决百姓生活中的问题。河北省邢台市是第一个在地级市级媒体开设政风行风热线节目城市，1997年9月，邢台人民广播电台就在早间新闻直播板块"黄金60分"中开办了《行风热线》栏目。[1]比较有代表性的节目还有河北电台的《阳光热线》、陕西电台的《秦风热线》等。政风行风热线节目发展的时间阶段与电视问政节目大体上同步。

如果说电视问政节目与广播（或电视）的政风行风热线节目以传统媒体为主要依托，那么网络问政则是新媒体时代下，"问政"与新媒介形态相结合的产物，伴随着互联网的发展与新媒体应用的普及，网络问政的方式发生阶段性变化，出现了从政府网站到论坛、贴吧再到微博等新媒体形态。网络问政与以上两种表达形态在内容上差别不大，不同在于网民有可能直接与政府相关人员进行沟通，参与感与互动性更强，例如网民在微博等网络平台的问政行为，但专业性的媒体不一定参与到网络问政之中，因此，本书将其作为现时代下电视、广播问政节目的补充，不单独列为一种节目形态。

综上所述，民生类新闻与问政类新闻在一定程度上反映了社会问题，某种程度上促成了对问题的解决。脱胎于我国新闻文化语境的民生新闻，围绕普通民众的衣食住行、日常生计进行报道，反映了媒体新闻价值的变化，从重要性到"日常性"，即不仅国家大事是新闻，百姓的日常生活也是报道的对象；实现了视角

---

[1] 许海涛．政风行风热线类节目发展研究——以《阳光热线》为例［J］．保定：河北大学，2014.

的转移，突破了以“联播体”为代表的时政新闻话语体系[1]，从精英视角转向平民视角。从新闻类型学来看，民生新闻算是本土新闻文化的创新。[2]从媒介功能来看，民生新闻反映社情民意，关心民生疾苦，介入百姓的日常生活之中为百姓答疑解惑，进行适时的舆论监督，体现了媒体亲民的一面，符合“全心全意为人民服务”的宗旨。从问题解决角度来看，大多数媒体的民生新闻栏目对涉及百姓日常生活及生计的问题予以关注、报道，反映了社会问题，回应了社会热点与百姓关切，迈出了问题解决的第一步。个别民生栏目不仅报道问题，而且立足于解决问题。例如，帮忙类栏目中，通过记者对事件的介入、对违规现象的曝光，实现舆论监督，引发社会广泛关注，促成问题解决；通过维权类、投诉类报道，直接回应民众诉求，协调社会纠纷，介入问题解决之中；其他弱势群体帮忙类、情感帮忙类节目针对特定群体与人群的心理需求，提供适时的帮助，直接促成问题得到解决。

但是民生类新闻仍有一定的局限性，从报道题材来看，大多数媒体报道内容琐碎，“流连”于“鸡毛蒜皮”的琐事之中，视域与格局略显狭窄，以市民为主要报道对象，缺少对核心社会问题与农民、农村的关注；从报道类型与深入程度来看，消息类的报道较多，深度报道较少，单纯报道某一事件，对问题的原因、背景、回应等较少阐释，较缺乏深入剖析。受商业主义、唯收视率论的影响，个别民生栏目迎合受众低层次趣味与猎奇心理，有媚俗、庸俗化倾向。此外，对记者介入与新闻客观呈现的“度”把握不当，使新闻报道有失客观。面对民生新闻存在的种种问题，相关媒体人从内容与形式上进行了改革，借鉴了公共新闻的理念，提出“后民生新闻时代”的说法，加强对公共事务的关注，受众定位从“市民”转向“公民”，从民生视角切入报道公共事务，加入理性探讨、协商的新闻元素，构建公共领域；进行融媒体改革，寻求内容生产、制作、呈现形态上的创新。但是即便如此，若从解决方案涉及程度来看，大多数的民生新闻栏目并未将促成问题的解决或提供解决方案作为呈现的必备要素且未形成自觉，理性与建设性的“品格”仍显不足。

[1] 朱天，姚婷．中国电视新闻传播实践中“两种话语”现象辨析［J］．西南民族大学学报：人文社会科学版，2015（11）：156-160.

[2] 董天策．民生新闻：中国特色的新闻传播范式［Z］．新闻学论集，北京：中国人民大学新闻与社会发展研究中心专题资料汇编：150-165.

而问政类新闻则与政府机构职能转型有关，作为服务型政府的改革窗口与前沿阵地，无论是电视问政节目、广播（或电视）政风行风热线，皆在政府与民众之间嫁接起沟通的桥梁，有利于发挥媒体舆论监督作用，督促政府转变管理理念；促使政府及时发现问题，了解民情；动员社会各方参与社会治理，建言献策，协同共治，从而完善治理体系，推进社会治理创新。从节目所涉及的公共事务与调动民众的政治参与性来看，问政类节目某种程度上可看作中国特色的公共新闻实践，是政治媒体化逻辑、传播新闻专业化逻辑以及公众参与、监督逻辑三者合力的结果。[1]

但是目前问政类节目仍有一定局限性。从各省市创办节目的背景来看，政府作为节目的主要推手，把握着话语权，媒体起“酵母”作用，这使得节目制作与播出可能面临一定的行政压力，稳定性不足；从民众参与来看，缺乏保障民众参与的机制，主持人代表的媒体方仍是问政的主体，民众的代表性与声音表达仍有所欠缺；从问政内容看，聚焦于城市治理的具体细节性问题，对于一些核心问题如改革等较少涉及；从节目表现形态来看，个别问政节目出现“政治消费主义”倾向，趋于娱乐化、形式化[2]，消解了问政节目本该有的严肃性与理性。从问题解决效果来看，由于问政类节目缺乏对问题解决的规范、长效机制，因此未能保证所问政的内容落到实处，问题也无法得到妥善解决。

（三）中国媒体对建设性新闻报道的探索、价值与局限

在全球建设性新闻实践浪潮下，2016 年前后国内出现了以建设性新闻、解决之道新闻为名目的多元实践。[3] 通过参加建设性新闻的学术会议、网站检索与资料查阅，笔者发现，国内（媒体市场主要在内地媒体，不包含面向港澳台市场的媒体）的建设性新闻实践媒体总体数量较少，大多数还处于观望状态。具有代表性的主要有苏州广播电视总台、《杭州日报》、凤凰网。各媒体的相关的实践探索如下。

---

[1] 聂书江．论电视问政的内在逻辑及其发展路径［J］．现代传播，2015（1）：159-160.

[2] 葛明驷，何志武．电视问政十年：文化效应与反思［J］．中州学刊，2015（3）：168-171.

[3] 殷乐．并行与共振：建设性新闻的全球实践与中国探索［J］．新闻与传播研究，2019（S01）：33-41.

1. 苏州广播电视总台的相关探索

苏州广播电视总台的建设性新闻实践可分为两个阶段：第一个阶段是建设性新闻的“萌芽”时期，从 2011 年开始至 2016 年，以建设性质询节目《对话苏州》为代表；第二个阶段是初步探索期，在中国社科院新闻所的指导下并作为该所建设性新闻的试点，出品了建设性新闻节目《共筑美好生活——苏城议事厅》《一槌工作室》与“有事问”系列节目，对《政风行风热线》这个老牌节目运用建设性新闻理念进行了“再造”。2019 年 11 月末，由中国社科院新闻所、苏州广播电视总台、苏州大学传媒学院共建的“建设性新闻研究中心”27 日正式揭牌成立，这是国内首家专门研究此类新闻的机构。中国社科院新闻所所长唐绪军表示，将借“建设性新闻”的理念推进媒体融合，并为苏州广播电视总台和苏州大学传媒学院共建提供抓手。[1]

《对话苏州》创建于 2011 年 4 月，作为一个时政访谈节目，在新闻理念、内容与形式上与之前所谈及的问政节目有较大的不同。2011 年根据时任江苏省委常委、苏州市委书记蒋宏坤的批示，栏目每个月根据百姓需求推出一到两期节目，围绕市民关注的热点、难点，请市领导和相关职能部门领导现场对话，解决各类民生问题。[2] 蒋宏坤对节目的定位要求为“交流沟通的平台，解决问题的平台，创新管理的平台”，对此时任苏州广播电视总台新闻综合频道总监的王晓雄做如下解读，“我们希望将《对话苏州》打造成一档‘建设性质询’的栏目，让嘉宾被问得‘哑口无言’并不是我们的追求，而是力争在市委、市政府的大力支持下，更好地推动官民互动，为苏州市民解决有代表性的实际问题，促进社会管理创新”[3]。

从该栏目所涉及的议题来看，均是与民众生活密切相关的公共议题，直面社会“尖锐”“敏感”的热点与难点，围绕拆迁、物价、生态文明、百姓幸福、教育医疗等议题进行官民对话；从问政主体来看，利益群体多元，学生、工人、农民皆有参与对话的机会；从问政流程来看，通过民众对政府职能部门的评议、打

---

[1] “建设性新闻研究中心”落户苏州大学［N/OL］.（2019-11-28）［2020-03-08］.http：//www.js.xinhuanet.com/2019-11/28/c_1125284209.htm.

[2] 陆玉方.《对话苏州》：架设官民对话的平台［J］.视听界，2012（6）：56-58.

[3]《对话苏州》：一档“建设性质询”栏目的生长［N/OL］.（2013-06-11）［2020-03-17］.http：//news.ifeng.com/shendu/21sjjjbd/detail_2013_06/11/26309985_0.shtml.

分，考察其工作态度与成果；从栏目的话语表达来看，城市管理者“零距离”与民众沟通交流，并听取其意见与建议；从栏目互动来看，将民众的反馈纳入节目制作之中，并积极寻求问题的解决；从栏目播放渠道来看，实现了全媒体联动，将纸质、广播、网络媒体相统合，实现聚集效应。

另外，《对话苏州》与以往问政栏目最大的不同之处还在于突破了既有的制作惯例，参与的领导与嘉宾除了知晓大致录制流程、话题外，对现场播放的具体案例并不知晓，这确保了领导的回应更为真实，而非“摆拍”；从现场播放内容来看，新闻案例播放保持完整，未对有“争议”的内容进行删减，保持了新闻内容的“原生态”；从栏目负责人与策划者来看，由具有丰富时政采访经验与采编播工作经历的人员担任，架起官民互动的桥梁，而不至于“各说各话”。

其中最难能可贵的是该栏目对问题的解决形成长效机制——舆情报送机制，使得民情反映与民意表达更加便利、通畅，设置了“马上办”的子栏目，对相关问题进行跟踪落实与及时报道，同时，栏目组与相关部门的对接，使得栏目中反映的问题能直接传达到位，切切实实解决问题。例如，自 2011 年 4 月 15 日开播后的 6 期节目，群众共提出涉及切身利益的各类民生问题 42 个，到 2011 年年底，已经解决或正在推动解决的有 37 个，并促成相关文件的出台。从市场反应来看，收视平均 5.36、最高 7.64，高达 17.27% 的收视份额。[1] 概言之，虽然《对话苏州》在栏目创办之时并未将栏目定位为“建设性新闻”，但是从栏目重大议题选择取向与促成问题解决的决心与实践来看，都或多或少暗含建设性新闻的基本要素，因此，本书将该栏目视作苏州广播电视总台建设性新闻实践探索的“萌芽”，为今后该台建设性新闻栏目的制作做了“铺垫”。

近年来，在中国社科院新闻所的指导下，苏州广播电视总台借鉴建设性新闻的理念和方法[2]，开始了较为系统的探索。探索过程可以概括为“三步走”，第一步是建设性新闻理念接触，形成相关认知；第二步是个案“试水”切入；第三步创办品牌栏目，在广播、电视与移动客户端展开探索，以融媒体形式将其相融合。首先，在制作理念上，该台台长陆玉方指出要全力加强绿色舆论生态建设[3]，

---

[1] 陆玉方 .《对话苏州》：架设官民对话的平台［J］. 视听界，2012（6）：56–58.

[2] 陆玉方 . 建设性新闻的苏州实践与探索［J］. 新闻与传播研究，2019（S01）：15–21.

[3] 陆玉方 . 用建设性新闻理念构建绿色舆论生态——苏州广电的实践与探索［J］. 新闻与写作，2020（2）：28–32.

提倡以“建设性”为切入口，改进报道方式。其次，媒体以个案为切入口，运用建设性的新闻报道理念，积极介入其中，帮助问题得到解决。具体案例有如融媒体栏目《一槌工作室》报道的“苏州大学生状告轨道交通公司案”“刘智超诉同房知网（北京）技术有限公司买卖合同纠纷案”“上海迪士尼翻包事件”，通过媒体记者的报道与介入，引发社会广泛关注，形成舆论“威力”，在媒体与相关者的多方斡旋之下，最终促成问题得到解决。最后，该台切实动手建设性新闻栏目搭建，全媒体编辑中心、全媒体采集中心、融媒体中心等三大中心根据各自的定位，在广播、电视、移动端设置了建设性新闻相关栏目。

广播端口的栏目名为《政风行风热线》，该栏目存在已久，是一档舆论监督、投诉维权类栏目，2019 年总台将建设性新闻理念“注入”节目的生产、制作之中。目前每天 10 点、16 点直播，每周五（法定节假日除外）上午，各部门负责人及相关负责人进入直播间，参与节目直播，上线解答百姓的问题，解决百姓的痛点。2019 年 3 月 1 日起，苏州市行政审批局（市政务办）接替市纪委监委负责日常节目直播管理工作。该栏目通过全媒体互动、直播和评议，综合运用多媒体手段，基本实现舆论监督多层次覆盖，市民的合理诉求大多数在 5 个工作日内完成答复，具有较高的问题解决率。与此同时，开通“群众满意度”调查窗口，政府各部门主要领导的问题办结率及群众满意度等方面被纳入年度政府部门绩效考核。每期节目后，栏目组根据节目运行情况、疑点难点、各部门要求回避的问题、未能完成整改的问题、群众满意度等数据进行统计汇总，以书面形式上报市纪委、监委及政府办，以督促问题得到解决。

电视端口的栏目名为《共筑美好生活——苏城议事厅》，是在中国社科院新闻所的专家指导下，由苏州广播电视总台 2019 年 4 月重点打造的建设性新闻试点栏目，在中国社科院新闻所专家建议下，栏目宣传语定为“共筑美好生活”，表达人们对美好生活的向往，媒体作为社会治理重要一员，担负着重大的责任[1]。节目每期 40 分钟。通过时政访谈以现场直播加问题追踪的方式，集中关注某个话题、事件，最终的目标是为社会问题提供解决方案，除了电视节目外，还有融媒体形式，可在总台自建平台“看苏州”App 上完成观看，专题页面由“看节目”—“议题正解决”—“已解决“—“待解决”—“议事 · 征集令”—“智囊

[1] 陆玉方．建设性新闻的苏州实践与探索［J］．新闻与传播研究，2019（S01）：15–21.

团”—“快问快答”这七个板块构成，以“问题”为聚点，通过持续追踪报道，促成问题得到解决。

移动端口的栏目由融媒体中心探索和打造，2018年形成了栏目《一槌工作室》与“有事问”系列。《一槌工作室》是一档法制栏目，通过法律的手段去追踪涉及民生的大案要案，以协商民主的方式，推动问题解决，创新社会治理。该栏目是由一些“个案”（上文的“苏州大学生状告轨道交通公司案”等）切入，开始建设性新闻实践的，形成了“媒体+法治”的报道模式。该栏目所有内容均能在“看苏州”App上完成观看，由《一槌·拍案》《一槌·问法》《一槌·直播》《一槌·视频》《一槌·法评》五个板块组成专题页面。以《一槌工作室》为依托，还衍生出“有事问”系列栏目，扩大了社会治理的外延。“有事问”这个品牌系列包含《有事问律师》《这事我来管》（又名《有事问城管》）、《周四查查吃·有事问食药监》《有事问校长》《有事问局长》等专题页面，分别就法律咨询、城市管理、食品安全、教育入学、政务管理等诸多问题开展线上咨询、专案采访、网络问政，架起了民众与相关部门沟通的桥梁，使问题能及时得到反映和解决。

2.《杭州日报》的相关探索

2018年10月12日，《杭州日报》时政新闻栏目“政在解读”报道部发表了《时政新闻如何创新？杭州日报“政在参与”探路建设性新闻》一文，开始了新闻建设性的探索之路。时政新闻栏目“政在参与”是2014年《杭州日报》的全媒体品牌栏目“政在解读”的延伸，是该报围绕杭州市“六大行动，比学赶超”活动宣传进行得时政新闻创新。2018年9月20日，“政在参与”栏目正式在《杭州日报》要闻版推出，开栏语写道：“政事，大事，也是民生事。围绕时政热点、社会焦点、重大决策和重要事项，面向社会各界借智借力，问计问策。你关心的，就是我们关注的。”[1]

2018年7月，杭州市委十二届四次全会围绕拥江发展、“三化”融合、文化兴盛、改革攻坚、民生福祉和强基固本行动这六项行动做出了全面战略部署。“政在参与”专栏的第一篇文章名为《畅通拥江发展“大动脉”》，围绕“拥江发展”的主题，邀请市民、专家代表参与并提出意见、建议，对这两类群体分别设

[1] 杭州日报“政在解读”报道部.时政新闻如何创新？杭州日报“政在参与”探路建设性新闻［EB/OL］.（2018-10-12）［2020-03-17］.https：//www.sohu.com/a/259211714_782597.

置了“民间议事厅”与“专家智囊团”两个版块[1]，通过两方人员“同台竞技”，从而“撞击”出思想的火花，多维度地构建起较为全面的意见建议，既反映了社情民意，又为市委、市政府决策提供了具有可供参考借鉴的内容。在专栏旁边还有“二维码”，供受众扫描，从文章篇幅来看，1000字左右，占3/4或1/2版，不定期进行更新。总之，栏目“政在参与”是在时政新闻解读方面的拓展与深化，引入了多方视角，提供对问题的解决方案，提升了时政新闻的“建设性”。

3. 凤凰网的相关探索

在2019年11月9日“建设性新闻：理念与实践”国际学术论坛上，凤凰网总编辑邹明将该网的建设性新闻实践概括为“从暖新闻到善传播[2]”，在“温暖”与“善意”的理念指引下，分别就“积极新闻”“对策新闻”与“恢复性叙事”展开探索，形成相应的品牌栏目。其中，《暖新闻》专栏对应“积极新闻”，这在之前已做了详述。此外，凤凰网还会在一些关键、重要时刻推出特别项目，例如，2019年推出了庆祝新中国成立70周年项目《隐秘而伟大》，反映科学家等杰出人士的奉献史与奋斗史，弘扬主旋律，传播正能量。

“对策新闻”即“方案新闻”，凤凰网对此形成了两个栏目：《政能亮》（2016年创办）与《政对面》（2017年创办），前者是新闻评论节目，后者是政务访谈节目，皆围绕重大、宏观时事议题进行建设性解读与评论，正面回应民众疑惑，与政策发布相呼应，提供专业的解决方案。本书将其定性为建设性评论节目。除了以上两个栏目外，凤凰网还有一些零星的方案导向的新闻探索，例如，2019年“大鱼漫画”对于女童模被踹，法律如何解决原生家庭的问题进行了科普解读。该网的公益栏目《美丽童行》则常年不定期对特殊儿童、留守儿童等进行报道并在文中暗含解决方案。图文栏目《地球青年图鉴》则挖掘并讲述世界各地青年的故事，以发现年轻人的另一种可能，为其他年轻人做参考，其中“深圳流水线女工到纽约高薪程序员”的故事获得了热烈反响。

新闻纪录片栏目《正面FACE》则对应“恢复性叙事”，以当下的新闻热点事件、争议性事件为触发点，以共情、同理心的视角与当事人接触与采访，为当事

[1] 杭州日报“政在解读”报道部：时政新闻如何创新？杭州日报“政在参与”探路建设性新闻［EB/OL］.（2018-10-12）［2020-03-17］.https：//www.sohu.com/a/259211714_782597.

[2] 邹明.从暖新闻到善传播——凤凰网的建设性新闻实践［J］.新闻与传播研究，2019（S01）：76-80.

人和受众增添一丝“温情”与“暖色”，使得受众从“看客”转为“同情者”。

概言之，凤凰网较早开始了建设性新闻实践，但是正如“积极新闻”不能算作“建设性新闻”，从严格意义上讲，不一定包含新闻核心功能的暖新闻与建设性新闻也不全然等同。鉴于本书研究对象是建设性新闻，因此“暖新闻”不在研究之列，聊作参考；而邹明口中的“恢复性叙事”栏目《正面 FACE》，据笔者观察与分析，除了个别几期节目有“恢复性叙事”的元素外，大多数节目并未包含该元素。因此，笔者认为在以上介绍的凤凰网栏目中，最符合建设性新闻内涵的是《政能亮》与《政对面》这两个栏目。

三、选取苏州广播电视总台作为案例的原因与意义

本书旨在对中国媒体建设性新闻的媒介呈现、新闻生产与角色进行探究。对于“中国媒体”这个“整体性”研究对象，希冀通过选取有代表性的个案予以切入，以“管窥”全貌。其中，这涉及个案研究的“代表性”问题与“超越性”问题，即如何从部分推论整体，从而获得较大范围的一般性的知识。

有学者将社会学或人类学的研究脉络中个案研究的三种研究取向归结为个别到类型、对个案进行概况的“深描说”，以及从特殊到一般、从微观到宏观的“扩展个案法”。[1] 从研究取向来看，本书偏向第一种与第三种，挑选“苏州广播电视总台”这个个案代表“党管媒体”的建设性新闻实践路径，在原有理论基础之上（新闻框架理论、影响层次模型理论）对个案进行考察，旨在是为了从“特殊”抽取“一般”性的规律、从“微观”中考察“宏观”；与此同时，加入“关系”的视角，将“情境”纳入实践考察之中。因此，为了得出有说服力的结论，个案的选择显得格外重要。

本书选中“苏州广播电视总台”出于两点考虑，即代表性与典型性。

首先是代表性，从上文提及的四个媒体来看，苏州广播电视总台最为符合研究要求并具有一定代表性与影响力。随着互联网的发展，国内媒体已实质形成体

---

[1] 王富伟．个案研究的意义和限度——基于知识的增长［J］．社会学研究，2012（5）：161-183.

制内媒体、市场化媒体、网络自媒体的三元结构[1]，也有形容为党报党刊–都市类媒体–网络媒体三分者，市场化媒体曾一度极具影响力，但近年来因为网络的兴起、广告收入下降而陷入困境，受到市场追捧的网络自媒体和直接获取政府补贴的体制内媒体的影响力则上升。[2]苏州广播电视总台代表地方性国有媒体，即“党管媒体派”的代表，从属于特定的“类型”，可以通过此“类型”代表，从个别逐步接近整体。[3]

在影响力方面，苏州广播电视总台虽然是地方广电集团，但较有影响力。在2019“TV地标”中国电视媒体暨“时代之声”全国广播业综合实力大型调研成果发布会上，苏州广播电视总台广播中心获得“年度品牌影响力市级广播电台”称号；苏州广播电视总台被评为年度综合实力城市台；该台建设性新闻栏目《共筑美好生活——苏城议事厅》被评为城市台年度优秀节目；“看苏州”新闻客户端被评为年度广电优秀新媒体客户端。[4]

其次是典型性，亦可以称为引领性。在为数不多的国内媒体建设性新闻实践中，苏州广播电视总台比较典型。该媒体在正式开始建设性新闻探索之前，便已开始了与建设性新闻相关的尝试，引领行业风向。例如，2011年苏州广播电视总台的建设性质询栏目《对话苏州》。2016—2017年，该媒体便正式开始了建设性新闻的早期探索且形成了系列栏目，有一定新闻制作与运作经验，是国内较早开始建设性新闻实践的媒体。而《杭州日报》2018年方才开始探索，无论是体系化方面、内容制作持续性与栏目稳定性方面还是影响力方面均不如苏州广播电视总台。

然而，不可否认，仅选取苏州广播电视总台作为案例分析存在一定的局限性。苏州广播电视总台作为地方性媒体，地域性较强，而全国各个地域有不同的地域文化、媒体文化及环境，对于该台建设性新闻实践的研究结果能否推论至全

---

[1] 田进，朱利平．互联网环境下网络公共事件触发政策议题的形成机理研究［J］．电子政务，2015，(8)．

[2] 中国市场化媒体的“崩盘”［EB/OL］．(2014-01-05)［2019-05-18］．https：//www.zaobao.com.sg/wencui/social/story20140105-296119.

[3] 王富伟．个案研究的意义和限度——基于知识的增长［J］．社会学研究，2012(5)：161-183.

[4] 2019广电实力比拼！“TV地标”暨“时代之声”大型调研榜单出炉［EB/OL］．(2019-12-05)［2020-03-18］.https：//www.sohu.com/a/358632421_613537.

国，尚有待观察与阐释。但是，根据目前的资料收集与查询来看，中国从事建设性新闻实践的媒体相对较少，可供选择的媒体更是寥寥，因此，选取有代表性的典型个案进行研究，也不失为当下较为适宜的选择。

接下来本书将对苏州广播电视总台的建设性新闻实践之媒介呈现、新闻生产与角色展开具体研究，分别以栏目《共筑美好生活——苏城议事厅》《一槌工作室》为例，展开探讨。

第四章　中国媒体建设性新闻的媒介呈现

本章旨在探究中国媒体建设性新闻的媒介呈现方式，选取了苏州广播电视总台进行案例分析。通过对该媒体的两个建设性新闻栏目的所有文稿进行通读笔者发现，所分析栏目符合本书对建设性新闻报道的定义。因此，本书选取这两个栏目整体作为分析单位，采用主题分析与框架分析方法展开探究。首先，对该媒体建设性新闻报道的全样本采用主题分析，以概览该媒体相关报道的整体图景与总况，然后以主题集群分析的方式描绘该媒体在建设性新闻报道中的议题分布并提炼关键词，旨在探究何种新闻议题被彰显，与民众切身利益相关的议题是否被媒体所报道，是否获得一定的显著性。同时，笔者在通读所有文本的基础上，结合主题分析得出的关键词，进行了大致的文献编码并确定了分析框架，随后，根据臧国仁高中低三个分析维度，最终构建建设性新闻框架。接着对该媒体抽取一定数量的新闻文本进行内容分析与文本解读，进一步辨识媒介框架。

一、新闻主题分析：各项社会议题的显著性

本书拟对苏州广播电视总台的建设性新闻栏目的报道总量、主题词（关键词）词频与语义网络、主题分布进行描述，分析该媒体相关栏目的关注焦点及同一主题域下不同议题的展现，探究媒体的建设性新闻的实践是否为提振民众情绪及解决问题等方面增加新助力，同时为构建建设性新闻框架提供参考。

（一）报道总量分析

在展开各类目的具体分析之前，本书描述媒体的报道总量，包括视频时长、

图文报道篇数等。表 4–1 列出的是苏州广播电视总台旗下两个栏目《共筑美好生活——苏城议事厅》(以下简称《苏城议事厅》)和《一槌工作室》[1] 自上线以来至 2019 年 11 月 15 日所更新的栏目篇数及视频时长。

表 4–1 苏州广播电视总台旗下各栏目篇数总量和总时长[2]

栏目名称	图文报道总篇数 / 篇	平均每天图文报道篇数 / 篇	视频总时长 / 份	平均每天时长 / 分
苏城议事厅	148*	0.22	880.17	1.32
一槌工作室	155**	0.27	2963	5.07

注：*"看苏州" App 上栏目《苏城议事厅》最早的一篇文章是 2017 年 2 月 14 日，但彼时该节目尚未成型，将近一年未更新过一条资讯。自 2018 年 1 月 18 日起，该栏目开始常规化，更新频率较为频繁，因此本研究将该节目的上线时间算作 2018 年 1 月 18 日，截至 2019 年 11 月 15 日，共 667 天；视频时长统计的样本天数相同。

** 栏目《一槌工作室》最早一篇文章是 2018 年 4 月 11 日，"看苏州" App 上该节目最后一条更新文章是 2019 年 2 月 27 日。从 2018 年 4 月 11 日算起，截至 2019 年 11 月 15 日，共计 584 天；视频时长统计的样本天数相同。

从表 4–1 可知，苏州广播电视总台各栏目在样本天数内发布的视频时长情况如下：栏目《苏城议事厅》在样本天数内（667 天）累计时长为 880.17 分钟，平均每天发布 1.32 分钟；栏目《一槌工作室》在样本天数内（584 天）累计时长为 2963 分钟，平均每天发布 5.07 分钟。若将上述视频时长折合成一年来看，则栏目《苏城议事厅》《一槌工作室》发布的时长分别为 481.8 分钟、1850.55 分钟。

从报道的篇数来看，各栏目在样本天数内发表报道数量如下：栏目《苏城议事厅》在样本天数内（667 天）发表 148 篇图文报道；栏目《一槌工作室》在样本天数内（584 天）发表 155 篇图文报道。若将上述报道篇数折合成一年来看，则栏目《一槌工作室》《苏城议事厅》发表的报道篇数分别为 80.3 篇、98.9 篇。

综上所述，苏州广播电视总台各栏目发布了为数不少的视频报道且以视频报道作为主要展现形式，这与该媒体机构广播电视属性相符。图文报道为辅助补

[1] 该表格对栏目《一槌工作室》图文报道篇数及视频总时长的统计是基于该栏目在"看苏州" App 上的"专题"；除了专题外，该栏目还有一些零散的报道分布于"看苏州" App 内；此外还有名为"一槌"的微信公众号。

[2] 笔者对表格内各栏目的篇数 / 时长统计，来源于"看苏州" App 及苏州市政府门户网站、苏州广电总台新闻综合频率现场直播，于 2019 年 11 月 19 日统计整理。

充，与视频直播一道共同构筑了该台的建设性新闻实践图景。

（二）媒体栏目的主题词词频分析及语义网络图

上文对媒体各栏目建设性新闻实践开展情况从量的这个角度进行了概述，下面将开始第二个层面即对它们各自的新闻主题展开分析。重点关注各个类别的社会议题在媒体栏目上的分布情况及显著度。该部分主要分为两个步骤，第一个步骤是借助内容分析软件 ROSTTCM6 对所分析的全部节目予以词频分析与社会网络分析；第二个步骤对节目进行主题聚类并绘制主题地图。

1. 栏目主题词词频分析

表 4–2、表 4–3 是对苏州广播电视总台旗下每期节目主题词的分析结果。分析结果取词频次数出现 2 次以上（包含 2 次）的词汇，同时，根据语义手工剔除一些没有实质意义的词汇，合并同类项。

表 4–2　苏州广播电视总台栏目《苏城议事厅》主题词词频分析结果

栏目名称	主题词	词频次数
苏城议事厅	议事	38
	苏州	37
	美好生活	20
	业委会	18
	分时预约	16
	律师	14
	难产	13
	律师事务所	12
	专家	10
	聚焦 / 苏大（苏州大学）	9
	江苏 / 审判	8
	行动计划 / 旅游 / 状告 / 检察	7
	行动 / 游客 / 女生 / 人民检察院 / 刑事 / 业务	6
	提升 / 计划 / 创新 / 散乱 / 大调查 / 垃圾	5

（续表）

栏目名称	主题词	词频次数
苏城议事厅	整治 / 城区 / 服务 / 湖岸名家小区 / 规划建设 / 企业 / 检察官	4
	园林 / 均衡 / 城市 / 治理 / 推进 / 实现 / 产品电梯 / 景点 / 作坊 / 拍案 / 开审 / 法院 / 副主任 / 中级法院 / 旅游	3
	专项 / 深度 / 优质 / 交通 / 功能 / 社会 / 卫生 / 产业升级 / 集团化 / 筹备组 / 违规 / 吴中区 / 民意调查 / 面对 / 街道 / 成立 / 优化 / 通畅 / 欢畅 / 新村 / 打造 / 完成 / 出台 / 搭建 / 苏州人 / 机场 / 拥堵 / 管理 / 攻坚 / 精准 / 全面 / 全民 / 医疗 / 设施 / 给予 / 整改 / 未来 / 太仓 / 吴江 / 新进展 / 舒适 / 体验 / 职能部门 / 知网 / 法评 / 规则 / 正式 / 老师 / 直播 / 被罚 / 入选 / 执行 / 新闻 / 征集 / 检察院 / 委员 / 资源 / 相城 / 副庭长 / 锦天城 / 虎丘 / 民二庭 / 庭长 / 学校 / 技术 / 名师 / 融合 / 合作	2

表 4-3　苏州广播电视总台栏目《一槌工作室》主题词词频分析结果

栏目名称	主题词	词频次数
一槌工作室	拍案	102
	直播	40
	法院	39
	苏州	37
	法官	16
	昆山	12
	律师	11
	法评	10
	老赖 / 姑苏 / 视频	9
	法律 / 被判	8
	重磅 / 案件 / 苏大（苏州大学）/ 快讯	7
	吴江 / 行动 / 吴中 / 状告 / 开审 / 致死案 / 偷鸡贼	6
	执行 / 审判 / 天网 / 中院 / 检察院 / 宣判 / 虎丘 / 出击	5
	全市 / 春雷 / 团伙 / 垃圾 / 诉讼 / 女生 / 太仓 / 被骗 / 原因 / 罪案 / 考试 / 纠纷 / 强制 / 清场	4
	重拳出击 / 依法 / 诈骗 / 骗局 / 批捕 / 受贿 / 世界 / 学生 / 长江口倾倒 / 规则 / 常熟 / 帮忙 / 正当防卫 / 车主 / 小伙 / 套路 / 霸占 / 冒充 / 网上 / 暴力 / 考试作弊 / 派驻 / 市场 / 监管部门 / 巡回 / 偷车贼 / 法院强制执行 /Young/ 雷霆	3

（续表）

栏目名称	主题词	词频次数
一槌工作室	女孩 / 工作会议 / 政法 / 温度 / 犯罪嫌疑人 / 院长 / 检察长 / 办案 / 法院审理 / 知网 / 劳动者 / 工资 / 最后一公里 / 提醒 / 主审 / 虚假 / 较真 / 票务 / 第十三条 / 修订 / 司机 / 手机 / 美女 / 保安 / 专访 / 权威 / 伤人 / 介入 / 抢劫 / 专家 / 巨款 / 房屋 / 嫌疑人 / 对话 / 出事 / 违法 / 证件 / 买卖 / 破烂 / 终结 / 土地 / 锅炉房 / 警察 / 公安部 / 揭示 / 严惩 / 女婿 / 威胁 / 代购 / 消费者 / 警惕 / 义气 / 打手 / 理由 / 屡教不改 / 商标 / 侵权案 / 被告人 / 赌场 / 女子 / 法律问题 / 解答 / 搜查 / 青年 / 开展 / 直击 / 专治 / 狡猾 / 宪法 / 法学 / 黑社会	2

从表4–2、表4–3的主题词词频分析结果可知苏州广播电视总台的两个栏目的主题词分布。其中，“苏州”是它们共同的关键词，这与该台地域性特性相符。栏目《苏城议事厅》的主题词有两个类别，一类是对策性导向的词汇，如议事、美好生活、专家、行动计划等；另一类是指向性较强的词汇，如业委会、分时预约、律师等。前者构成了该栏目的“基调”，而后者则是栏目聚焦的议题，如“业委会难产之谜”“分时预约苏州景点”等。栏目《一槌工作室》的高频词也有两个类别，一类是拍案、法院、法官、律师等与法律相关的词汇，另一类是与苏州市重点办理的案件如“长江口垃圾倾倒案”“苏州大学生状告轨道交通公司案”等相关的词汇。

2. 栏目的语义网络分析

语义网络分析最早见于认知心理学的文献，这一领域的学者认为词汇分层级、分类别地储存于人类记忆中，因而我们的大脑中存在结构化的意义系统[1]，呈现词语间关系的空间模型代表了深层思维表意的意图。[2]因此，可以依据词语的词频、共现频率以及间隔距离来探索文本中的意义。[3]有学者认为与直接编码回答研究问题的主题内容分析不同，语义网络分析首先展示消息内容中对象关系的网络图，然后根据网络，提出问题并回答问题。提问可以从消息中提取出来的具

[1] 谷羽．语义网络分析方法在传播学中的应用及批判［J］．现代传播，2019（4）：161–165.

[2] 同[1].

[3] 同[1].

体对象出发，也可以从具体对象、主题累加的概念出发。[1] 概言之，语义网络分析是对内容之间对象关系的分析方法，通过机器较为客观的文本语言处理一定程度上弥补了研究人员人工编码的主观性。

借助语义网络分析图可以形象展现各个高频词之间的关系。图 4–1、图 4–2 分别是栏目《苏城议事厅》《一槌工作室》的语义网络图。从图 4–1 可以看出，栏目《苏城议事厅》的议题分布较为分散，立足于“苏州”本地这个基础点，以此出发点辐射各个领域，关注某些重点议题，如“湖岸名家业委会难产”“分时预约”问题、法院判决等事项；同时，议事、行动、美好生活等字眼内嵌在各议题报道之中并与其相互交织；从图 4–2 可看出栏目《一槌工作室》的主题分布较为集中，各案件“簇拥”在各法律类的关键词之下，如图所示，“拍案”“一槌”“法院”作为主线，各案件作为支线，延展出各类议题，如“春雷行动”“天网行动”“团伙作案”“偷鸡贼”等。

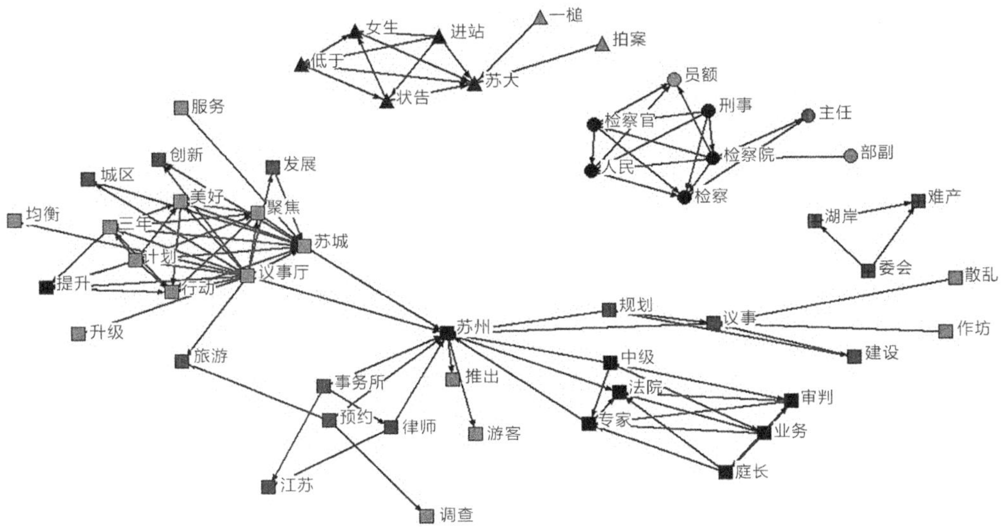

图 4–1　苏州广播电视总台栏目《苏城议事厅》语义网络图

---

[1] 纪娇娇，申帆，黄晟鹏，等 . 基于语义网络分析的微信公众平台转基因议题研究［J］. 科普研究，2015（2）：23–31.

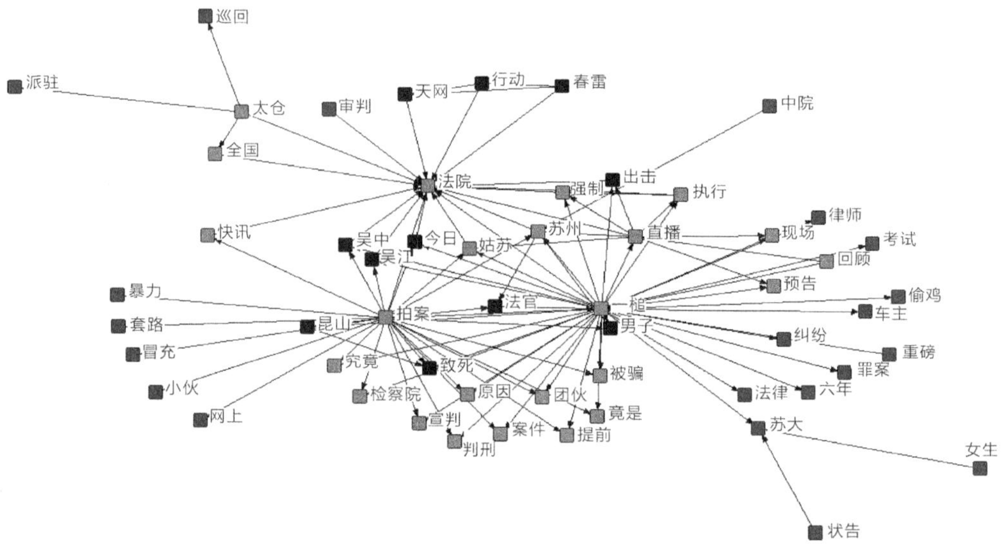

图 4–2　苏州广播电视总台栏目《一槌工作室》语义网络图

（三）新闻议题的总体分布：主题集群分析

通过以上主题词词频分析与语义网络图可以略览各栏目的主题分布。而要想深入了解各新闻主题在各媒体栏目中的彰显与分支议题，需要进行主题集群（Topic Cluster）分析。主题集群从主题开始，也被称为“支柱”，每个支柱下有若干个彼此相关的分支，共同构成内容主体。此处的主题分析将以上分散的几个议题归类为较为宏观的大主题集群下进行类别分析，以探寻各栏目报道的主题类别分布概况。

1.《苏城议事厅》主题集群分析

《苏城议事厅》是苏州广播电视总台旗下的一档时政访谈类栏目，全名为《共筑美好生活——苏城议事厅》，旨在帮助民众了解公共政策出台的过程，增强决策的透明度。该栏目主要采用电视节目与融媒体展现两种表现形式。电视节目一期 40 分钟，2019 年 4 月 13 日起推出第 1 期节目，直至 6 月 24 日播出第 11 期节目之后，自 7 月 30 日起开始固定时间，每周二 19：30 在苏州新闻综合频道（电视一套）播出。截至 2019 年 11 月 15 日共播放了 19 期。融媒体节目则主要放置于“看苏州”App 上，除了以上 19 期节目视频外，还有若干篇图文报道及短视频。因此，此处对于该节目的主题集群分析主要从电视节目与融媒体节目两个层面入手。

《苏城议事厅》（电视节目）的主题集群分布较为分散，主要围绕苏州市委、市政府出台的“勇当‘两个标杆’落实‘四个突出’建设‘两个名城’十二项三年行动计划（2018—2020 年）”（以下简称“十二项三年行动计划”）展开，包括产业、科技、教育、卫生、生态、交通等方面；具体而言包括产业升级，科技创新，教育优质、均衡发展，卫生与健康提升，社会治理创新，生态环境提升，城市治理，古城保护与更新，交通安全与现代化，乡村振兴，文化繁荣兴盛，全域旅游发展等[1]十二个方面。栏目对交通现代化、产业升级、古城保护与更新这三个方面的议题报道比例最高，其他议题分别被报道一次，具体如图 4–3 所示。

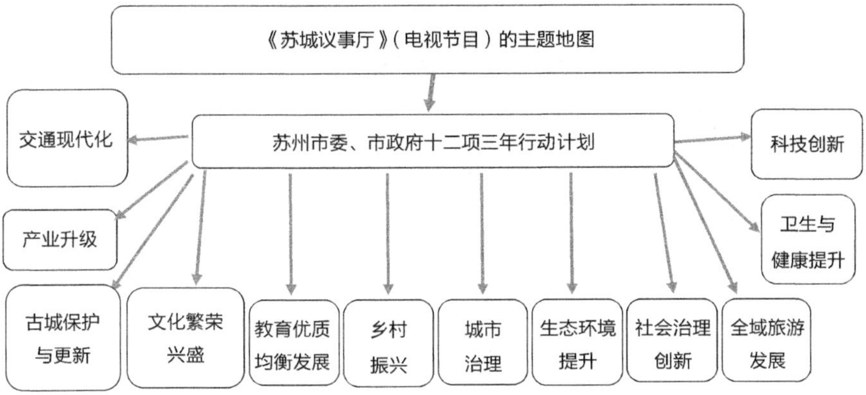

图 4–3 《苏城议事厅》（电视节目）的主题地图

《苏城议事厅》（融媒体节目）的主题集群主要分布在“旅游”“城市环境治理”“法律案件审理”“城市规划建设”“业委会筹建”“教育”“社会治理”“医疗健康”等方面。其次是“人居环境”“产业发展”“交通”“垃圾分类”“科技创新”议题，具体如图 4–4 所示。

[1] 苏州十二项三年行动计划出台［EB/OL］.（2018–03–07）［2019–12–21］.http：//www.zgjssw.gov.cn/shixianchuanzhen/suzhou/201803/t20180307_5173294.shtml.

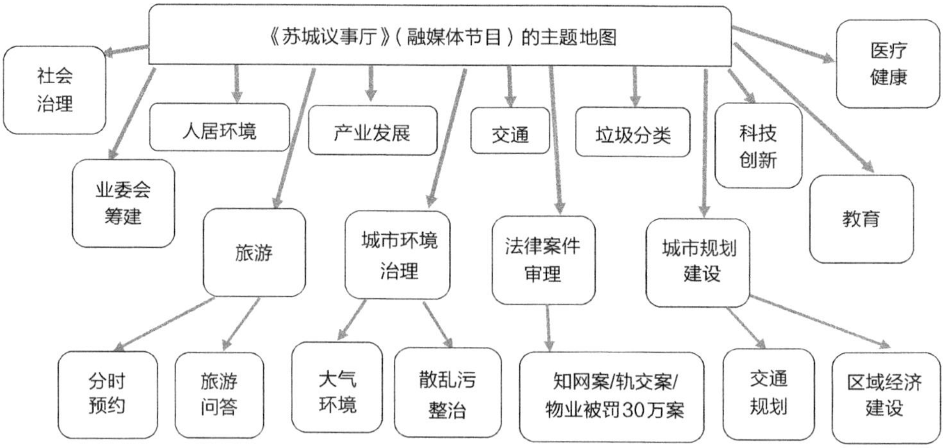

图 4–4 《苏城议事厅》（融媒体节目）的主题地图

2.《一槌工作室》主题集群分析

《一槌工作室》是苏州广电旗下的一档法律类的融媒体栏目，主要在手机 App “看苏州”上呈现，下设“一槌 · 问法”“一槌 · 直播”“一槌 · 拍案”等内容产品，采用视频直播与图文报道相结合的方式追踪苏州本地及其他地区的大案、要案，弘扬法治精神。

《一槌工作室》主题集群绝大多数分布在苏州本地重大法律案件的报道，包括 13 种案件类别，占比最大的是行政执法类案件，以强制侵占、欠款不还（俗称“老赖”）类为主；其次是重大刑事案件，如杀人、抢劫、毒品犯罪等；接下来是民事纠纷案件，如劳动纠纷、交通纠纷、借贷纠纷等；还有一些列为典型的案件，如弄虚作假类案件，包括制假造假、买卖国家机关证件、假冒医生及警察、高考作弊、虚假陈述等；其他案件，如诈骗、偷窃、交通肇事、侵犯消费者权益、知识产权或商标侵权、职务犯罪、宠物饲养管理以及公共秩序维护、野生动物保护以及涉及黄赌黑类的案件。除了本地案件外，还包括法律资讯（如法律部门事务、人物、活动类资讯）以及普法宣传、重大法律行动、外地的或全国性案件等，具体如图 4–5 所示。

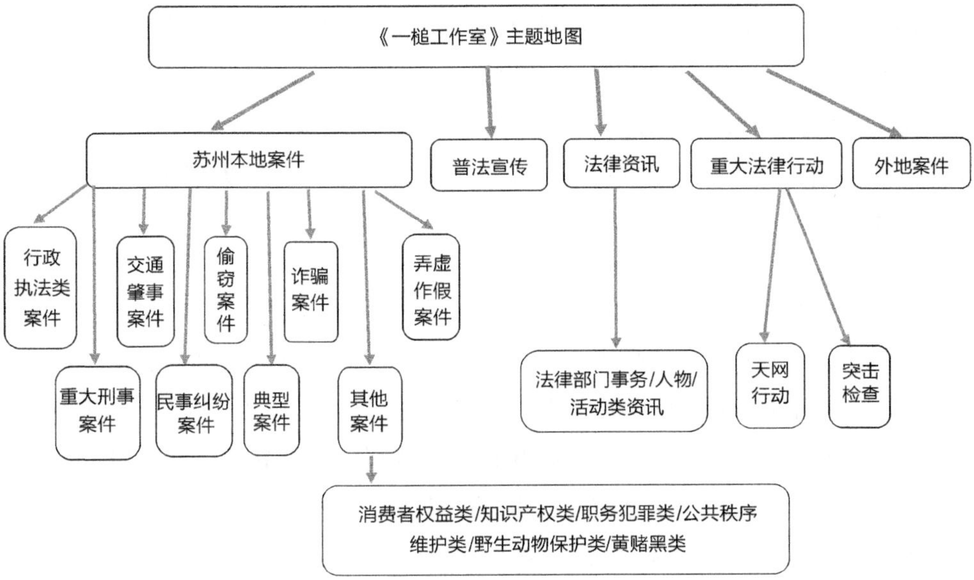

图 4–5 《一槌工作室》主题地图

二、中国媒体建设性新闻的框架分析

有学者认为新闻框架的内容分析研究大体上有两类，一类是归纳式的方法，即从文本的具体解读中提炼构建新闻框架的关键词，并在词语共现和搭配组合的基础上建立概念关系，由此发现各种新闻框架的概念构成体系；另一类是演绎式的，也即在前人研究或相关理论基础上，预设一些通用框架（Generie Frames），以此来辨识分析当下研究的文本中是否呈现了这样一些框架。[1] 本书研究对象是中国建设性新闻，目前还没有现成的框架可供借鉴，因此，笔者倾向于采取“归纳式”的方法，在借鉴前人框架与主题集群分析结果基础上，提炼出新闻分析框架并以问题解答的方式来将各类框架操作化。具体而言包含以下四个操作步骤：第一步，通读媒体两个建设性新闻栏目的所有文本，判定是否符合建设性新闻报道的定义，确定样本单位。经过通读发现，符合定义，因此将栏目整体作为分析单位，并对这两个栏目文本进行抽样，选取分析样本。第二步，在通读文本的基础上，结合主题分析得出的关键词，进行大致的文献编码并归纳出大致的分析框

[1] 周翔．传播学内容分析研究与应用［M］．重庆：重庆大学出版社，2014：194.

架，将新闻文本归类。第三步，以臧国仁的新闻文本框架高中低结构为基础，借鉴“经济后果框架”“人情味框架”“议题/政策框架”“区域视角框架”等通用框架的编码方法，最终得出建设性新闻分析框架。第四步，运用得出的建设性新闻框架分析新闻文本的框架结构，以检验并辨识媒介框架。以上四个步骤在既有文本基础上进行，确保真实有效。

（一）分析的样本

此处主要分析苏州广播电视总台旗下的《苏城议事厅》与《一槌工作室》这两个栏目。所采用的资料来源为“看苏州”App。本书的分析单位是“篇”或“期”，以新闻标题为计算单位。对于视频报道资料，全部转换为文本资料，主要依据文本资料进行编码。通过前期的主题阅读发现，均符合分析要求。栏目《苏城议事厅》与《一槌工作室》中的有些样本不符合分析要求，例如资讯类的报道、相关部门宣传介绍类简讯、活动介绍等，有些内容有重复，因此在此次分析过程中予以剔除。栏目《苏城议事厅》有 19 期电视节目以及 92 篇图文与视频报道；栏目《一槌工作室》有 21 期视频直播报道与 117 篇图文报道。

对于苏州广播电视总台的节目（《苏城议事厅》与《一槌工作室》）采用立意抽样与随机抽样相结合的方式抽取样本。通过主题阅读发现，苏州广播电视总台的节目主体主要表现为电视节目与视频直播节目，因此为了尽可能展现节目全貌，对该部分采用全样本分析，即 40 期视频节目，将其全部转换为文本资料进行分析。此外，苏州广播电视总台还有一些图文报道、短视频 209 篇，大部分内容是对以上视频报道的延伸，对该部分文本采用随机抽样方式，用随机数表抽取 30 个样本。因此，苏州广播电视总台方面共有 70 个样本量。

（二）类目建构

依据臧国仁对文本框架高层、中层、低层结构的划分，本研究将类目分为新闻主题、报道时间、报道价值倾向、消息来源或作者来源；问题呈现框架、先前事件与历史框架、问题回应框架、归因与评估框架、问题解决框架、情感框架、面向未来框架；字词使用、词性与数据运用，图像符号这十三个类目，意在分别代表三个面向，即抽象意旨、实证面向、操作面向。❶具体分类与划分依据如下。

1. 新闻主题

新闻主题在文本框架的内在结构中具有高层次意义，常以标题、导言甚至引句形式展现。❷范戴克（Van Dijk）认为任何语文的文本结构均有主题形式（Theme）及命题（Proposition）构成。命题与命题间会因主题接近而形成较高层次的命题，或称“巨命题”。通过这种由低层次命题到较高层次巨命题的过程，文本结构的语意基模（Semantic Representation）因而形成，可作为语句分析的基础。❸本研究将标题与导语作为主题判定的依据，如果标题与导语一致，视为报道主题；如果不一致则通读全文后，再界定主题。

2. 报道时间

新闻报道时间即刊载时间、上传时间。对研究对象的时间节点选取自每个栏目创办之日起至 2019 年 11 月 15 日的新闻文本。对此，苏州广播电视总台的两档节目时间跨度大致为一年半以上不到两年。

3. 报道价值倾向

沃尔特·李普曼说过，“多数情况下我们并不是先理解后定义，而是先定义后理解。置身于庞杂喧闹的外部世界，我们一眼就能认出早已为我们定义好的自己的文化，而我们也倾向于按照我们的文化所给定的、我们所熟悉的方式去理解”❹。记者、编辑或作者对新闻事实的理解与建构作为个体或机构框架“框定”着媒介框架的整体呈现。价值倾向作为个人或社会群体所接受的是非原则，是基于一定的价值观处理各项矛盾、冲突及关系所持的立场、态度。

本书中的节目类型有两种，分别是新闻报道与新闻评论，涉及政治、经济、社会、民生、教育、医疗、法律等议题领域，均暗含一定的价值倾向。使用正面、负面、中立、无法判定这类单一的分类标签无法对所有议题领域的价值倾向

---

❶ 臧国仁．新闻媒体与消息来源——媒介框架与真实建构之论述［M］．台北：三民书局，1999：34-35.

❷ 同❶.

❸ DIJK V. News Analysis：Case Studies of International and International News in the Press.NJ：Lawrence Erlbaum Associates，1987. 转引自臧国仁．新闻媒体与消息来源——媒介框架与真实建构之论述［M］. 台北：三民书局，1999：34-35.

❹ 沃尔特·李普曼．公众舆论［M］．阎克文，江红，译．上海：上海世纪出版社，2006. 转引自刘高君．框架理论视野下的《南方周末》新闻评论研究［D］．济南：山东师范大学，2015.

进行判定。鉴于此，本研究在了解文章主题的基础上，通读报道全文，结合上下文语境，归纳总结出报道议题倾向。

4. 消息来源或作者来源

消息来源与媒体框架的建构有千丝万缕的关系。消息来源指一些在新闻引述中提及且可确认的个人、组织与实体；[1] 他们作为记者观察与访问的社会行动者（Social Actors），包括受访者、文章中被引述的人以及那些仅提供背景资料或提议故事题材者。[2] 在新闻中如若出现“指出”“建议”“表示”“透露”“觉得”“批评”[3] 这种具有价值倾向的前后连接的引述词，即是消息的来源，可以是书面材料如文件、发言稿，也可以是某人的言论，甚至可以泛指一切新闻素材资料。

本研究将消息来源分为 7 项，分别是政府机构、大众媒体、事件的原始“守门员”之当事人、学术机构、企业、个人、其他。此外，鉴于新闻评论的特殊性，即主要由评论员写，因此，对于评论类节目主要分析作者来源。作者来源分为 5 项，分别是政府机构或部门负责人、专家学者、企业负责人、媒体机构或工作人员、其他。

5. 问题呈现框架

第五项是问题呈现框架，如果说前四项是抽象意旨，那么从该项开始就是实证面向。本书从建设性新闻的定义出发，结合具体的研究问题得出具体的分析框架。

从定义来看，建设性新闻关注重要的社会问题，是在基于事实基础上强调积极的情感与体验，搭建多方对话、协作的桥梁，致力于解决社会问题并以解决方案为导向的报道。从本质上讲，该新闻理念的本身即含有一定的价值倾向；建设性新闻致力于对事实的“积极建构”，直面社会问题，报道各方回应，推动问题的解决，注重引发积极的情感。暗含有“问题呈现框架”“问题回应框架”“对策

---

[1] 臧国仁．新闻媒体与消息来源——媒介框架与真实建构之论述［M］．台北：三民书局，1999：161–163.

[2] GANS H J. Deciding What's News. NY：Vintage Books，1979：80–81. 转引自臧国仁．新闻媒体与消息来源——媒介框架与真实建构之论述［M］．台北：三民书局，1999：161–163.

[3] 刘蕙苓．报纸消息来源人物之背景与被处理方式之分析［D］．台北：台湾“国立”政治大学，1989：30–31. 转引自臧国仁．新闻媒体与消息来源——媒介框架与真实建构之论述［M］．台北：三民书局，1999：161–163.

性框架”与“情感框架”。问题呈现框架，主要判定是否呈现主要社会问题，是否在基于事实基础上或事实解释方面呈现了问题 / 议题 / 事件。如果答案是肯定的，则体现了问题呈现框架。同时，对所呈现的问题进行分类，分为宏观、中观与微观三个类型。

6. 先前事件与历史框架

“先前事件”指报道呈现的社会问题 / 事件发生之前与该问题 / 事件有间接相关性或间接因果关系的内容。“历史”指报道呈现的社会问题 / 事件发生之前与该问题 / 事件有直接相关性或直接因果关系的内容。用来判定的问题：报道 / 评论是否呈现了先前事件与历史，如果回答都是肯定的，则体现了先前事件与历史框架；如果有一方回答是否定的，则体现了某一种框架，或是先前事件框架，或是历史框架。

7. 问题回应框架

问题回应框架指报道中是否提及相关各方，如政府、企业、民众等对社会问题的回应。回应主体的主要内容包括：其一，回应主体的对象范围，如涉及多少职能部门；其二，回应主体的层级，包括中央、省、市、区（县）四级；其三，回应主体的频次；其四，回应人员的职位层级。判定回应主体的问题：报道 / 评论是否有回应主体，如果答案是肯定的，则体现了问题回应框架。

8. 归因与评估框架

归因与评估框架，其中归因指对社会问题 / 事件的原因解释或推论；评估指对社会问题 / 事件 / 现象持赞成、中立、反对的态度。判定回应主体的问题：报道 / 评论是否有归因与评估，如果答案是肯定的，则体现了归因与评估框架；如果有一方回答是否定的，则体现了某一种框架，或是归因框架，或是评估框架。

9. 问题解决框架

问题解决框架又称“对策性框架”，是问题回应框架所引起的直接（结果）与间接（影响）的效应，包括解决方案 / 对策与解决效果两方面。解决方案 / 对策可看作是回应主体的回应内容，分为时间、方式与范围[1]三个维度。用来判定解决方案的问题：①报道是否呈现了解决方案或意在促成解决方案，叙事是否围绕解决问

[1] 徐自强，张静洁，马文倩，等. 电视问政：城市公共治理的创新长效机制研究——基于《问政日照》和《问政追踪》的内容分析［J］. 福建行政学院学报，2019（5）：26-39.

题与所遇到的困难展开。如果是，那么②回应主体是否对某一问题 / 事件的解决给出明确清晰的时间期限；③回应方的解决方案或对策是否明晰、具体、有针对性和可行性，涉及有关细节性信息；④是否分析该社会问题产生的深层次原因，是否延伸到其他领域。如果任意一项回答是肯定的，则体现了问题解决框架。

10. 情感框架

情感框架指在新闻报道 / 评论中的情感倾向，具体判定问题：①报道或评论是否从情感角度呈现了对事件 / 当事人的经过 / 经历的描述。如果回答是肯定的，那么②报道 / 评论是否包含了正向、中性、负面的情感，如积极乐观、移情、同情、关心、中立、理性、消极负面、愤怒等。如果任意一项回答是肯定的，则体现了情感框架。

11. 面向未来框架

面向未来框架指在新闻报道中涉及面向未来的内容，具体判定问题：报道或评论有无提到未来、展望等字眼或内容。如果回答是肯定的，则体现了面向未来框架。

12. 字词使用、词性与数据运用

从第十一项开始是操作性面向。无论是字词、图像抑或是影像，本质上都是一种符号表达方式，通过文本修辞的表达及图像（或影像）符号的运用、选择与重组，再现新闻事实。本书对“字词使用”采用关键词的方式展现并加以分析，同时对“词性”的褒义、贬义、中立等性质进行区分。数据运用指在报道过程中是否涉及数据。

13. 图像符号

苏州广播电视总台的栏目《苏城议事厅》与《一槌工作室》融合了文字、图片、视频等诸多报道形式。本书对于这两个栏目的图片数量、图片类型、图片大小、图片画幅、图片景别、图片拍摄角度、图片主体、图片情感，以及视频时长、镜头语言（如拍摄角度、景别与镜头运用）等进行统计分析。

（三）整体的分析架构

依据以上类目建构，本书拟定的建设性新闻的分析框架如图 4–6 所示。具体的编码表见附录。

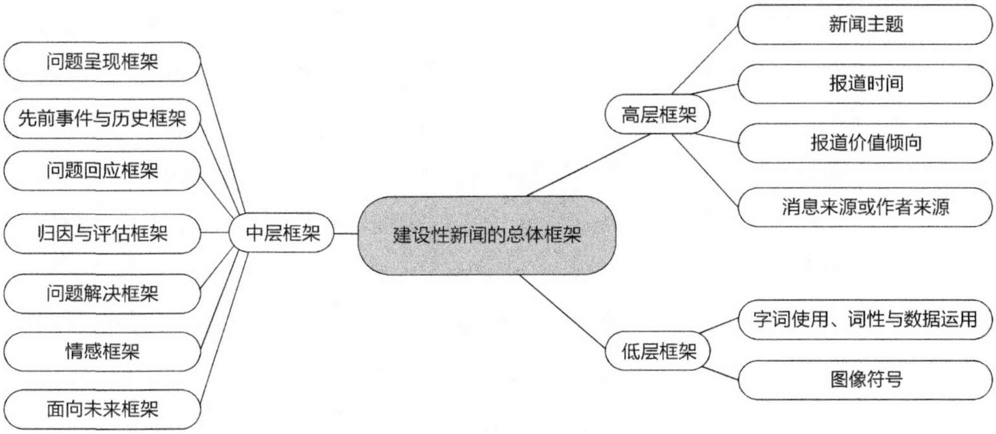

图 4–6　建设性新闻的分析框架

（四）信度检验

在编码员信度方面，笔者的具体步骤是首先熟悉资料的基础上，对各变量进行操作化的定义与编码，随后笔者训练另一位编码员协助编码。笔者编码所有报道，另一位编码员就所抽取的部分报道进行编码。被抽取的部分报道是苏州广播电视总台的 50 个样本。

本书使用内容分析法中的霍尔斯蒂系数来计算信度，计算公式：$PA_0=2A/(n_A+n_B)$，其中 PA_0 表示“观察到的一致比例”，A 表示两位编码员编码一致的单位数，n_A+n_B 表示测试中编码员 A 和编码员 B 各自编码的单位数。编码信度的结果是 $2\times45/(50+50)=0.9$，符合内容分析的信度标准与要求。

三、苏州广播电视总台栏目的建设性新闻框架

通过以上的分析，我们对建设性新闻的架构已有了宏观的认识。在此具体就苏州广播电视总台的建设性新闻栏目围绕以上十三个类目进行框架分析。其中，第一个类目“新闻主题分析”，前文已详细阐释，故不再赘述。其他十二个类目分析具体内容如下。

（一）报道时间分析

从表 4–4 可以看出，苏州广播电视总台的新闻报道时间篇数最多的是 2018 年

7—8月（15则，21.4%），其次是2019年5—6月（14则，20%），再次是2018年5—6月（12则，17.1%）。从表4-4可知，大多数报道集中在2018年5—8月与2019年5—6月。其中，《一槌工作室》的报道时间大多集中于2018年，《苏城议事厅》的报道时间集中于2019年。这与两个栏目的上线时间与更新频率有关，《一槌工作室》自2018年4月11日上线更新以来，在该年度的5—8月出现“井喷”式报道；《苏城议事厅》则自2019年4月14日起节目制作才开始常规化，与《一槌工作室》同样集中于2019年的5—6月，且从该年的7月30日起开始在苏州电视台的新闻综合频道（电视一套）固定播出时间为每周二19：30播出。

表4-4 苏州广播电视总台建设性新闻栏目的报道时间之则数与比例

报道时间	则数/则	比例/%
2017年	1	1.4
2018年1—2月	0	0
2018年3—4月	6	8.5
2018年5—6月	12	17.1
2018年7—8月	15	21.4
2018年9—10月	3	4.3
2018年11—12月	2	2.9
2019年1—2月	2	2.9
2019年3—4月	7	10
2019年5—6月	14	20
2019年7—8月	2	2.9
2019年9—10月	4	5.7
2019年11月	2	2.9
总计	70	100

（二）报道价值倾向分析

通过对报道主题与内容的分析研究发现，苏州广播电视总台建设性新闻的内容集中在经济、社会、文化与旅游、教育、城市发展、生态、民生、法治这八个领域。报道价值倾向如表4-5所示。

表 4–5　苏州广播电视总台建设性新闻栏目的报道价值倾向

所属节目	涉及的领域	报道价值倾向
苏城议事厅	经济领域	苏州本土电商发展与消费者权益保护
		助力城市经济发展
		鼓励产业升级
		鼓励科技创新
		鼓励人才引进
	社会领域	强化交通安全管理与教育
		支持交通现代化
		支持排除隐患行动
		推进社会治理创新
		提升政府窗口服务质量，便利市民
	文化与旅游领域	推动文化遗产保护
		落实古城保护计划
		提升苏州旅游业品质
		推动苏州全域旅游业发展
		呼吁优化旅游产品，提升服务品质
		提倡规范旅游秩序，建议错峰旅游
		提倡提升苏州旅游业整体品质
		提倡以多元化的技术手段，为游客提供便利
	教育领域	呼吁教育公平与均衡
	城市发展领域	提倡苏州市全方位提升城市品质
		助力乡村振兴
	生态领域	提倡生态环境保护
		整治违规企业，打击“散乱污”
	民生领域	提升民众的卫生、健康水平
		提倡疾病预防

（续表）

所属节目	涉及的领域	报道价值倾向
一槌工作室	法治领域	保护消费者权益
		支持法制建设
		加强对环境污染犯罪的整治力度
		保护长江口环境
		规范正当防卫的认定与解释
		打击“老赖”，支持行政执法工作
		提供法律服务，解决百姓疑惑
		推进垃圾分类的法治化进程
		打击买卖国家机关证件违法行为
		普及法律知识，敬畏法律
		提高民众防诈骗意识
		通过法律手段化解基层矛盾与纠纷
		打击职务犯罪，反腐倡廉
		打击作弊、偷窃行为，维持社会秩序
		支持扫黑除恶法律行动
		严惩法律人士等知法犯法
		打击毒品犯罪，维持社会秩序

（三）消息来源或作者来源分析

从分析结果来看，苏州广播电视总台 70 个分析样本的消息来源有一半来自苏州市政府机构，绝大多数是部委办局，尤其是苏州市各区法院提供的消息最多，其中姑苏区人民法院提供的消息有 10 则，占所有消息总数的 14.3%；吴中区人民法院有 6 则，占所有消息总数的 8.5%；吴江区人民法院有 4 则，占所有消息总数的 5.7%。此外，有 33 则消息来自于本台记者采访或由本台新闻采编播人员制作，例如《苏城议事厅》的所有节目都是由苏州电视台的采编播人员制作而成，在自选话题的基础上，邀请政府相关人员、专家学者或企业事业代表作为嘉宾，因此消息来源就是苏州广播电视总台本身，具体见表 4–6 所示。

表 4–6　苏州广播电视总台建设性新闻来源的则数与比例

消息来源	则数 / 则	比例 /%
苏州广播电视总台	33	47.2
政府机构	35	50.0
其他媒体机构	1	1.4
企业或其他机构	1	1.4
总数	70	100.0

（四）问题呈现框架分析

分析结果显示，70 个样本均呈现了问题框架且与所报道的主题相关。从报道所反映的问题类型来看，宏观领域的问题最少（3 则，4.3%），微观领域的问题最多（48 则，68.6%），中观领域的问题次之（19 则，27.1%）。报道以问题为向导，涉及八大领域，按照则数与占比从高到低依次排列分别是法治领域（40 则，57.1%），文化与旅游领域（8 则，11.4%），社会领域（7 则，10%），经济领域（5 则，7.1%）生态领域（4 则，5.7%），民生领域（2 则，2.9%），教育领域（2 则，2.9%），城市发展领域（2 则，2.9%）。由于《一槌工作室》是专门的法治栏目，因此法治领域占比最高。其他领域的问题多由栏目《苏城议事厅》制作，其中经济与社会领域的范畴最广泛，前者包含电商、城市商圈、产业升级与科技创新；后者包含交通管理、消防安全与社会治理创新。为更系统深入分析以上领域所呈现的问题，本研究将问题呈现类型归纳为“宏观—中观—微观”这三个大类，抽取样本中 9 个典型的且有代表性的议题进行呈现，具体如表 4–7 所示。

表 4–7　苏州广播电视总台建设性新闻节目部分问题呈现一览表

宏观问题	中观问题	微观问题
交通安全	渣土车管理	渣土车、工程车管理与约束法规不明确
		渣土车驾驶员资格能力培训不严格
		驾驶员获得稳定收益与超载驾驶的矛盾
		渣土车对环境造成污染

（续表）

宏观问题	中观问题	微观问题
消防安全	“331”联合专项整治行动	“九小场所”的消防安全问题突出
		电动自行车消防安全问题突出
		群租房消防安全问题突出
		部分场所存在“屡教不改”
文化遗产保护	园林遗产保护	精确修复可园有一定难度
		园林修复重新对外开放后的保护问题较难解决
旅游	深度游苏州	旅游场所人多拥挤问题突出
		去往旅游地交通出行困难
		黄牛党、黑导游破坏城市形象
电商发展与消费	苏州的“双十一”现象	苏州本土品牌发展问题
		苏州电商的发展问题
		苏州快递业配套问题
		快递爆仓
		消费者权益与快递业被投诉问题
产业升级	苏州产业由大转强存在的问题	体量小的传统企业发展转型困难
		散乱污企业整治困难
		落后产能淘汰问题
		产业同质化竞争问题
教育	教育均衡与优质发展	教育资源与学位需求之间的供需矛盾突出
		优秀师资短缺
		应用科技类大学缺少及职业教育短缺
		课外培训规范与教育均衡问题
		家长接送孩子困难
	诚信考试	非国家级考试，如期末考试等常规考试的惩罚力度不大
生态环境保护	生态环境治理	大气污染
		水污染 / 太湖水环境治理
		散乱污企业整治困难
		湿地保护问题

（续表）

宏观问题	中观问题	微观问题
乡村振兴	精准扶贫与农村法治建设	村民法治意识淡薄
		农村垃圾分类规范问题
		生态农业发展的法制保障问题
		农村生态环境保护问题

从表 4–7 可见，苏州广播电视总台的建设性新闻节目内容维度可划分为“宏观—中观—微观”这三个层面。其中，中观层面的问题是节目的“题眼”，微观层面的问题涉及最多，往往作为切入点来反映更高层面问题。例如，教育资源与学位需求之间的供需矛盾突出、优秀师资短缺等问题的核心是教育公平与均衡问题；而应用科技类大学缺少及职业教育短缺、家长接送孩子困难及学校食堂食品安全问题的核心是教育优质发展问题。这些民生问题背后是民众对于公共服务的期待与服务供求方如何满足期待的矛盾张力。其他如交通安全、消防安全、产业升级、生态环境保护等问题则更多表现为不同利益群体诉求与政府管理之间的差异性。

苏州广播电视总台的建设性新闻是媒体议程、政府机构议程与公众议程共同“协商”与“建构”的产物。例如，时事访谈栏目《苏城议事厅》第 1 至 11 期节目皆围绕苏州市的“十二项三年行动计划”展开，第 12 至 19 期节目的大部分议题也是该行动计划的延展，例如《保护园林遗产》与《古城区限行》是对“古城保护与更新”话题的延伸；《长假深度游苏州》是“全域旅游发展”话题的延伸；《“双十一”11 年》与《观前商圈升级改造》与“产业升级”话题有关。而法制节目《一槌工作室》下设的“一槌直播”与“一槌视频”等融媒体节目则将法院、检察院等法制部门作为主要的消息来源，对这些部门正在办理的一些大案要案的全过程予以现场报道，直接将政府议程展现在公众面前。概言之，在以上节目中，媒体议程与政府议程重合度较高，媒体作为中介，传播了这些政府议程，使其为公众所知晓，甚至成为公众议程。

此外，媒体也会根据现实需要及事件发展来设置议程，比如《苏城议事厅》的《渣土车管理》《整治超限超载》《“331”专项行动》这 3 期节目及《一槌工作室》的专题节目《设个“骗局”，专治“大忽悠”》《邻里局》《考试局》，属于“自选”操作，媒体是议程的设置者，通过对公众议程、突发事件及专项行动的报道，使这些社会公共问题得以凸显，有利于将公共问题转化为“政策议程”，从而获得政策制定者的关注与回应，推动问题的解决。有学者将这种模式概括为“现场互动直播”与“多元主体在场”[1]。《苏城议事厅》的节目形式也是如此，通过现场直播与播放相关采访短片的形式呈现问题，同时，在直播过程中，主持人向部委办局等相关政府部门、专家学者、企事业机构负责人等提出问题，相关人员现场就疑问给予回应。

（五）先前事件与历史框架分析

从分析结果看，大多数分析样本体现了历史框架（48 则，68.6%），很少一部分样本体现了先前事件框架（4 则，5.7%），有一部分样本两者都没有体现（18 则，25.7%），两者都体现的样本数量为 0；所呈现先前事件框架与历史框架均与主题相关。先前事件框架以与所报道事件有间接关系的事件为背景来呈现，例如《苏城议事厅》的《整治超限超载，护航交通安全》以无锡市 312 国道西港路上跨桥发生桥面侧翻事故为背景，对苏州市超载情况进行报道。历史框架主要以事件回顾的形式呈现，是报道议题切入的主要形式。

（六）问题回应框架分析

从分析结果来看，66 个样本有问题回应框架且与主题相关，占比为 94.3%；没有体现回应框架的样本有 4 个，占比为 5.7%。没有体现回应框架的报道有两类，一类是调查探访类报道（1 则，1.4%），另一类是一小部分法庭审判现场直播类报道（3 则，4.3%）。从回应主体对象的范围来看，市级政府及其职能部门、区县级政府及其责任部门或单位、街道办事处等基层政府单位、专家学者及企业人员都有参与回应问题。其中，市级政府及其职能部门作为回应主体出现在 30 个样本中，区县级政府及其责任部门作为回应主体出现在 40 个样本中，基层政府单位作为回应主体出现在 7 个样本中，专家学者作为回应主体出现在 29 个样本中，企业人员作为回应主体出现在 8 个样本中。

此外，苏州广播电视总台的建设性新闻回应主体呈现多元化的特征，在 66 个有问题回应框架的样本中，有 30 个样本回应主体的对象范围至少涉及 2 个层

---

[1] 徐自强，张静洁，马文倩，等．电视问政：城市公共治理的创新长效机制研究——基于《问政日照》和《问政追踪》的内容分析［J］．福建行政学院学报，2019（5）：26-39.

面。其中，涉及2个层面对象范围的样本最多（16则，24.2%），涉及3个层面对象范围的样本次之（11则，16.7%），再次是涉及4个层面对象范围的样本（3则，4.5%）。在涉及2个层面对象范围的样本中，市级政府及其职能部门与区县级政府及其责任部门作为联合回应主体的数量最多，共5则；市级政府及其职能部门与专家学者作为联合回应主体的4则。在涉及3个层面对象范围的样本中，市级政府及其职能部门与区县级政府及其责任部门、专家学者三方作为联合回应主体的数量最多，共6则；市级政府及其职能部门与专家学者、企业人员三方作为联合回应主体的3则。在涉及4个层面对象范围的样本中，市级政府及其职能部门、区县级政府及其责任部门、专家学者、企业人员四方作为联合回应主体的数量最多，共2则。由此可见，市级政府及其职能部门、与区县级政府及其责任部门及专家学者这三方是苏州广播电视总台建设性新闻的主要回应主体，这也与以上各回应主体（在样本中）的出现频率结果相吻合。

从回应主体对问题的回应频次来看，在66个有回应框架的样本中，回应次数以1 ~ 10次的样本数量最多，共33则，占比50%；回应次数为31 ~ 40次的样本共10则，占比15.2%；回应次数为21 ~ 30次的样本共9则，占比13.6%；回应次数为41 ~ 50次的样本共7则，占比10.6%；后3名分别是回应次数为11 ~ 20次的样本（4则，6.1%），51 ~ 60次的样本（2则，3%），61次及以上的样本（1则，1.5%）。

从各个回应主体的回应频次来看，市级政府及其职能部门共回应了554次，区县级政府及其责任部门或单位共回应了288次，街道办事处等基层政府单位共回应了31次，专家学者共回应了241次，企业人员共回应了53次。

从回应主体的职级分布来看，苏州广播电视总台的建设性新闻报道中回应主体职级最高的为处级正职（即正处级），有12则样本；涉及职级为处级副职（即副处级）的样本数为13则，涉及科级正职（即正科级）的样本有10则，涉及科级副职（即副科级）的样本有11则。值得注意的是，由于一些政府相关部门的职级不好判定，例如专项整治行动小组成员，法院、检察院系统的法官、庭长、检察长、执行干警等相关人员，因此这部分人员的职级并未纳入研究中。可以直接判定职级的样本数为35则。从分析结果来看，在这35则样本中，只要涉及政府各职能部门人员绝大多数都有一定的职级，至少为副科级领导干部，还有少部分职级不好认定，如司法系统、专项行动成员等。从各职级领导干部的回应频次来看，处级及副处级领导干部对问题的回应次数总计高于科级及副科级领导干部，正处级与副处级领导干部回应次数均共计 164 次，正科级领导干部回应次数共计 144 次，副科级领导干部回应次数共计 75 次。

从回应人员或主体数量来看，最多为 5 人（个），最少为 1 人（个）。在 66 个有回应框架的样本中，由高到低排列分别是 1 名（个）回应人员或主体（26 则，39.4%），4 名（个）回应人员或主体（23 则，34.8%），2 名（个）回应人员或主体（10 则，15.2%），3 名（个）回应人员或主体（4 则，6.1%），5 名（个）回应人员或主体（3 则，4.5%）。

综合以上分析结果可以看出，在 66 个有回应框架的样本中，回应主体均对问题给予了较高次数的回应，最高还有 60 次以上的回应；市级政府及其职能部门回应次数最多，其次是区县级政府及其责任部门或单位，再次是专家；在可以直接判定职级的报道中，职级越高回应的频次越高。报道中绝大多数问题的回应主体人员或单位数量在 2 个以上，其中有 1/3 以上的报道中有 4 名（个）回应人员（或主体）。概言之，多元主体参与，高频次回应，较高级别领导干部回应是苏州广播电视总台的建设性新闻节目的特点。正如表 4–8 所示，在上述 10 个典型报道中，从回应的对象范围来看，市级政府及其职能部门是回应的主力；从具体回应主体来看，回应者绝大多数是与问题直接相关的单位或责任部门的主要负责人，职级在副科级及以上；从回应主体构成来看，呈现出多元化特点，除了政府相关部门的负责人外，大学教授与律师是常见的“座上客”，具有协同参与、民主协商的特点；从回应频次来看，职级越高的回应者回应次数越高。这都与以上整体分析的结果相一致。

表 4–8　苏州广播电视总台建设性新闻节目部分问题回应情况一览表

议题	回应主体的对象范围	回应人员的职位层级	回应主体的职位	回应次数
渣土车管理	市级政府及其职能部门	科级正职	苏州市建筑垃圾（工程渣土）管理办公室业务科科长	17
		科级副职	苏州市城市管理行政执法支队副大队长	4
		科级正职	苏州市运管处稽查一大队大队长	5
		科级副职	苏州市住建局工程质量安全监管处副处长	4

（续表）

议题	回应主体的对象范围	回应人员的职位层级	回应主体的职位	回应次数
渣土车管理	专家学者	—	苏州科技大学教授，苏州市人大立法委员会顾问	6
331 联合专项整治行动	市级政府及其职能部门	职级不好判定	331 专班日常负责人	6
			331 专班电动自行车整治组组长	22
			331 专班出租房整治组组长	6
			331 专班综合协调组组长	3
园林遗产保护	市级政府及其职能部门	科级正职	苏州市园林和绿化管理局遗产处处长	13
			苏州市园林和绿化管理局规划建设处处长	5
	区县级政府及其责任部门	科级副职	沧浪亭管理处副主任	5
	专家学者	—	苏州大学建筑学院风景园林系副教授	10
深度游苏州	市级政府及其职能部门	处级副职	苏州市文化广电和旅游局副局长	8
	区县级政府及其责任部门	科级副职	姑苏区教育体育和文化旅游委员会副主任	5
	企业人员	—	苏州市品牌导游	3
	专家学者		苏州科技大学商学院副教授，苏州国家旅游标准研究与推广示范中心主任	1
苏州的“双十一”现象	市级政府及其职能部门	处级副职	苏州市商务局副局长，市贸促会会长	12
			苏州市场监督管理局副局长	9
			苏州市邮政管理局副局长	7
		—	苏州科技大学商学院副教授	10
苏州产业由大转强存在的问题	市级政府及其职能部门	处级正职	苏州市发展改革委员会主任	12
		处级副职	苏州市工信局副局长	6
	专家学者	—	苏州大学东吴商学院教授	6
	企业人员		信达生物制药有限公司首席运营官	7

（续表）

议题	回应主体的对象范围	回应人员的职位层级	回应主体的职位	回应次数
教育均衡与优质发展	市级政府及其职能部门	处级副职	苏州市教育局副局长	19
	区县级政府及其责任部门	科级正职	工业园区教育局局长	8
	专家学者	—	江苏省苏州中学校长	5
			苏州职业大学校长	4
诚信考试	区县级政府及其责任部门	职级不好判定	姑苏区人民检察院未成年人检察部副主任	14
	专家学者	—	大乘苏州律师事务所资深律师	10
生态环境治理	市级政府及其职能部门	处级正职	苏州市生态环境局局长，市污染防治攻坚办副主任	11
		处级副职	苏州市生态环境局副局长，市污染防治攻坚办专职副主任	9
		科级正职	苏州市生态环境局水环境督查应急处处长，市污染防治攻坚办二组组长	12
	专家学者	—	苏州科技大学环境与工程学院教授	9
精准扶贫与农村法治建设	专家学者	—	江苏久顺律师事务所律师	46
	市级政府及其职能部门	科级正职	苏州市容市政管理局村政处主任	60
			苏州市中级人民法院环境资源审判庭法官	15
	街道办事处等基层政府单位	职级不好判定	胡桥村党委副书记	11
			胡桥村负责垃圾分类主任	2

（七）归因与评估框架分析

从分析结果来看，归因与评估框架两者皆体现的报道数量最多，为30则，占比42.8%，在这30则报道中有13则分析了问题产生的深层次原因。只体现评估框架的报道数量与两个框架均不体现的报道数量相同，均为20则，各占28.6%；没有只体现归因框架的报道。由此可见，绝大多数报道至少有评估框架，从侧面说明了节目有一定的报道价值倾向性，部分报道还对引发问题的原因予以详细阐述。从题材来看，苏州广播电视总台的建设性新闻属于深度报道。例如，在《苏城议事厅》的《渣土车管理》节目中，主持人直逼问题核心，从建筑方对渣土车的工程需求与驾驶者工资考核机制入手，探寻导致问题出现的内在动因，为渣土车问题解决方案的出台提供了方向。

（八）问题解决框架分析

从分析结果可知，几乎所有报道都呈现了问题解决框架且与主题相关（67 则，95.7%），只有 3 则报道没有呈现，可以忽略不计。从解决方案的时间期限来看，回应主体给出清晰时间期限的报道数量为 10 则，29 则报道没有清晰的时间期限，剩余的 28 则报道中涉及的问题已得到解决；从解决方案的明晰度来看，这 67 则报道均较为明晰，正如下表 4–9 所示的 10 个典型报道中回应主体所提出的解决方案均涉及具体的细节性信息且有一定的针对性和可行性。

在议题的延展性方面，分析结果显示有 6 则报道延伸到了其他领域。例如在《渣土车管理》节目中，除了渣土车本身的管理外，还延伸到城市环境治理领域，通过相关方的协商讨论，最终达成初步的共识，"政府牵头与建筑材料再生有限公司签订协议，解决主城区的装修垃圾、分类资源再利用"及"加强日常检查力度，责令企业限期整改落实，建立企业不良行为记录档案"等解决方案。

表 4–9　苏州广播电视总台建设性新闻节目部分问题解决情况一览表

议题	回应主体提出的解决方案	问题解决的时间期限是否清晰
渣土车管理	制订统一标准（入围的标准车辆为 25 吨，统一着色苹果绿），提高识别度	否
	大幅提高驾驶员工资绩效里安全考核的比例权重，加强安全教育	
	规范"一工地一车一证"的处置证办理，约谈建设方、施工方、运输方三方签订承诺书，对三方联合处罚	
	各部门联合开展整治行动，打击非法经营行为	
	利用高科技信息化手段，搭建建筑垃圾渣土信息平台，掌握车辆运行轨迹，整治违法违规行为	
331 联合专项整治行动	加大行政执法力度	否
	集中充电桩设施建设，配备相应的防灭火设施，与保险公司对接购买相应的保险服务	

（续表）

议题	回应主体提出的解决方案	问题解决的时间期限是否清晰
331 联合专项整治行动	加大整治力度，出台出租房标准，利用技术手段提高公寓管理水平	否
	建立长效管理机制，出台联合惩戒失信的办法	是
园林遗产保护	寻找地方志、照片等资料，走访社区老者，进行资料收集，为园林原貌修缮做准备	否
	寻找专业的设计单位做基本的修缮方案，会同市文物部门再做研判	
	使用新材料与技术手段进行园林修复	
	加强监测力度，完善监测手段	
深度游苏州	推进分时预约	否
	优化换乘中心，与高德、百度、公安系统合作，引导旅客到接驳换乘	
	加强管理与监督，提高旅客辨识能力	
苏州的“双 11”现象	扶持苏州本土品牌，鼓励苏州电商走出去，扶植垂直型与专业型的平台企业	否
	延伸快递产业链；仓配一体化；错峰发货，均衡调度，提高末端服务保障水平	
	加强政策法规引导，建立有效投诉、监督机制	
	落实市场主体的登记与责任，明确快递业主体责任	
	提高消费者权益保护意识、证据留存意识	
苏州产业由大转强存在的问题	从“一刀切”到“切一刀”，合理取舍落后企业	否
	扶持先导、高端智造企业	
	出台生物制药企业扶持政策，为财政资金扶持与市场化运作提供良好发展环境	是
教育均衡与优质发展	新建和改扩建项目，增加学位供给；实行定级教师交流机制；在课程评价、管理、设施设备等多方面实现共享	否
	推动集团化办学 / 成立共同体与教学联盟	
	政府推动筹措应用技术类大学，推动职业教育产教融合	
	加强对课后培训企业的日常监管与资质审核，推动网络授课与直播等在线课程；提供课后延时服务	

（续表）

议题	回应主体提出的解决方案	问题解决的时间期限是否清晰
教育均衡与优质发展	对食品层层把关；实施明厨亮灶工程，坚持补偿法管理，进货查验记录、食品留样制度	否
诚信考试	普及考试相关法律知识，完善教育部门相关规章与校纪校规，加强诚信考试教育力度	否
生态环境治理	推进精准治污；利用科学方法推动车油化一体化，减少污染排放	是
	淘汰燃煤锅炉，推动工业企业的废气治理，安装污染治理设施	
	建立黑臭水体长效管理机制，落实领导及河长负责制	
	加强蓝藻的防范，提升供水保障的水平和能力	
	进行污染防治攻坚战，建立微信平台接收群众举报，相关部门设级核实并纳入整治范围	
	落实退渔还湖与生态保护红线政策，建立生态廊道	
精准扶贫与农村法治建设	加强对村民的法律知识宣传力度，利用微信群等媒体手段传播法律知识	否
	推进农用垃圾与生活垃圾准确分类并规范管理，政府提供相应配套设施，加大相应的资金投入，提供法律保障	

（九）情感框架分析

从分析结果来看，所有的报道均涉及情感框架，绝大多数的报道持理性中立的立场（47则，67.1%），少部分报道持正向积极的态度（21，30%），只有2则报道的情感倾向与前述报道相比较为消极。持积极情感倾向的报道主要集中在栏目《苏城议事厅》之中，尤其是与苏州市“十二项三年行动计划”相关的议题，均呈现相对正向。持中立立场的报道主要集中在栏目《一槌工作室》之中，这也与栏目的法制属性相关。仅有的那两则偏“负面”的报道都是调查类，分别调查了苏州景点在推出“分时预约”后的现场状况以及违规作坊被取缔关停的执行情况，得出了并不乐观的结论。虽然从表面上看，这两篇报道倾向偏负面，但是它们都为“苏城议事”的一部分，属于“建设性舆论监督”，有利于问题的解决。由此可见，围绕议题进行正面、理性的建构是苏州广播电视总台建设性新闻的总体面向。

（十）面向未来框架分析

从分析结果看，有 40% 以上（29 则，41.4%）的报道涉及未来框架，对未来的展望与回应主体的期望是主要的呈现内容。在部分报道之中，关于“未来”或“希望”的字眼出现了数次。例如，在《苏城议事厅》第二期节目《科技创新三年行动计划》中“未来”出现了 20 次，“希望”出现了 10 次；这两个字眼出现频率较高的节目还有《交通现代化》（“未来”11 次，“希望”3 次）、《产业升级三年行动计划》（“未来”6 次，“希望”8 次）、《教育均衡、优质发展三年行动计划》（“未来”5 次，“希望”12 次）等。由此可见，苏州广播电视总台建设性新闻在较大程度上呈现出未来的面向。

（十一）字词使用、词性与数据运用分析

本类目从微观的文本叙事层面展开分析，包括两个部分：其一，是所有节目文本的关键词与词性分析，具体如表 4–10 所示；其二，节目的数据运用情况分析。

表 4–10　苏州广播电视总台建设性新闻所有分析样本字词使用与词性一览表

报道标题	关键词	词性
聚焦“渣土车管理”	事故、管理、处罚、执法、成本	中性
整治超限超载 护航交通安全	超限、超载、查处、违法、抓拍	中性
交通现代化	规划、推进、服务、未来、智能交通	褒义
聚焦“古城区限行”	通行、方案、换乘、措施、绕行	中性
聚焦“331”专项行动	整治、火灾、隐患、整改、行动	中性
保护园林遗产	修缮、世界文化遗产、开放、古典、文物	褒义
聚焦“古城保护与更新三年行动计划”	改造、提升、更新、方案、幸福感	褒义
长假深度游苏州	预约、体验、了解、景区、享受	褒义
聚焦“全域旅游发展三年行动计划”	分时预约、一日游、需求、舒畅、引导	褒义
“双十一”11 年	消费者、品牌、电商、出口、崛起	褒义
聚焦“观前商圈升级改造”	特色文化、集聚、规划、提升、定位	褒义

（续表）

报道标题	关键词	词性
产业升级三年行动计划	一体化、研发、未来、创新、优势、希望	褒义
聚焦“教育均衡、优质发展三年行动计划”	教育、希望、未来、提升、集团、优质、创新	褒义
聚焦“乡村振兴三年行动计划	收入、振兴、规划、田园、共享	褒义
城市功能、品质、特色提升三年行动计划	园林、开放、创新、古城、城市建设	褒义
聚焦“生态环境提升三年行动计划”	治理、提升、监测、改善、措施	褒义
社会治理创新三年行动计划	城市管理、创新、服务、平安	褒义
卫生与健康提升三年行动计划	健康、资源、管理、救治、社区服务	褒义
科技创新三年行动计划	未来、希望、研究、市场、合作、扶持	褒义
华意刚：我们希望通过集团化教学来均衡每个学校的发展水平	需求、教育集团、推进、提升、未来	褒义
优化产品供给 让旅游更“欢畅”	游客、体验、优化	褒义
苏州三大景点推出“分时预约”，但知晓情况不乐观	实名制、困难、不乐观	中性
裴泓：“微旅行”展示牌即将上线，二维码一扫，实现多项功能	游客、二维码、方便	褒义
魏向东：苏州旅游，要让游客抵达时通畅，过程中舒畅，结束后欢畅	体验、消费、一日游、整体规划	褒义
苏州到2020年将全面消除城乡黑臭水体	严格治理、污染、实施、防治	中性
新区散乱污企业整改完成率高，危废处置规范化	清理、作坊、废水、整改、处置	中性
三家违规作坊被取缔关停 腾出地块迎新发展	违规、取缔、搬离、关停	贬义
苏大学生状告知网案，判了！	消费者、最低限制、退款、侵权	中性
法院与万科的“较量”不只是30万元的事	物业、扣押、妨碍执行、处罚	中性
徐成华：网格化联动机制建设后，市民可以有困难找“网格”	解决、减轻压力、共建、共治	褒义
谭伟良：看病是看不完的，但是预防疾病人人有责	医疗资源、医养融合、预防疾病	中性
张东驰：只要项目好，就要不拘一格降人才	一人一策、量身定制、分层培育、推进创新	褒义

（续表）

报道标题	关键词	词性
姑苏法院集中宣判七起环境污染罪案	污染环境、排放标准、处罚、指控、宣判	中性
昆山持刀致死案自行车主是“正当防卫”吗？苏州大学刑法教授这样说	正当防卫、限度、不法侵害、真实、刑事责任	中性
今天，昆山检方接受看苏州专访，权威解读6天快速办结8·27持刀致死案		
霸占商业用房赖着不走，苏州中级人民法院协同昆山法院强制执行	申请人、被执行人、法律程序、强制执行	中性
“破烂王”赖着别人房屋不走，执行法官依法强制清场		
不法分子强占法院处置的资产，吴江法院强势出击开展清场行动		
霸占5.7亩的土地赖着不搬，姑苏法院雷霆出击强制清场		
赖着锅炉房不搬，她究竟想干嘛？据说还惊动了不少法官		
拿了钱，却赖着不搬？！吴中法院雷霆出击强制清场		
虎丘法院重磅出击抓“老赖”，直击强制搬迁现场		
确认过眼神 抓住对的人！“老赖”别跑		
私人占据军队房屋拒不搬离？！结果，他被判了		
拿了钱，却赖着不搬，这“钉子户”有点“任性”		
今天温度很高，但这帮人却一直在“抖”，原因竟是……		
法律顾问进村居，普法释疑解你忧	法律顾问、解答疑问、普法宣传、劳动合同	中性
当法治与垃圾分类相融，将碰出什么样的火花	农用垃圾、生活垃圾、垃圾分类、奖励制度、引导	中性

（续表）

报道标题	关键词	词性
观看直播 教你做农村里的“法律明白人”	绿色生态、违章建筑、环境保护、维权	中性
买卖国家机关证件，到底有多严重？且看姑苏法院庭审	通行证、伪造、犯罪事实、处罚	中性
出于义气充当“打手”，结果悲剧了	被告人、被害人、殴打、处罚	中性
设个“骗局”，专治“大忽悠”！你还会入“套”吗	诈骗、金额、证据、防范	中性
设个《邻里局》，有纠纷咱不慌，因为他们来帮忙	物业、社区、矛盾、处理	中性
考试作弊可判7年?《考试局》讲述关于考试的那些法律事儿	国家级考试、作弊、刑事责任、未成年人	中性
狡猾的“偷鸡贼”今日栽了，来瞧瞧他们的惯用伎俩	盗窃、犯罪事实、赔偿、谅解	中性
为啥偷鸡？听了“偷鸡贼”的理由，你要捧腹了	盗窃、犯罪事实、赔偿、谅解	中性
六年进去七次，偷车贼今日要“栽”了	盗窃、犯罪事实、赔偿、谅解	中性
十问“长江口垃圾倾倒案”	环境污染、有毒有害、构成犯罪	中性
证据不足，虚假指控，刘强东案女方是否会被起诉诬告罪？学者、律师这样分析	强奸指控、刑事案件、证据、不起诉	中性
重拳出击！扫黑除恶，苏州法院是这么干的	恶势力、犯罪案件、团伙、严厉打击	中性
手机屏幕中的“李逵”与“李鬼”，这里面的“大文章”你可能没注意过	消费者权益、投诉、证据留存、权益保护法	中性
律师被法院罚了1万块，因为他在庭上说	借条、复印件、违背诚信、处罚	中性
三名干部受贿被判刑！吴江法院宣判首批区监察委移送的职务犯罪案	国家工作人员、职务便利、谋取利益、受贿罪	中性
轨交集团原副总经理董朝文受贿1300多万被判刑	国家工作人员、职务便利、谋取利益、受贿罪	中性
买到假茅台要求索赔，却被指责“知假买假”，结果……	知假买假、消费者权益、赔偿、纠纷	中性
“咳嗽水”虽止咳但易上瘾？！今天，这份白皮书向你揭示苏州的毒品犯罪	贩卖毒品、犯罪案件、无期徒刑、远离毒品	中性

（续表）

报道标题	关键词	词性
电动车撞机动车，机动车损该不该赔？	机动车、非机动车、过错判定、赔偿责任	中性
苏州：宠物伤人，多数是因为主人的不作为，而且……	伤害、损害责任、侵权、宠物管理机制	中性
每月按时还款，却被要求提前还清？银行有权这么做吗？	借款合同、连带保证责任、连带清偿责任	中性
朱瑶律师带您走进民法与劳动法的世界	财产、责任、工伤认定、退休年龄	中性

从表 4–10 可以看出，苏州广播电视总台建设性新闻关键词的选择表现出较强的“方案导向”，如“整治”“方案”“措施”等对策性词汇出现在各类时政议题之中。从报道词性来看偏向于中性，有 21 则报道的词性是褒义词，1 则报道是贬义词，与情感框架的分析结果相一致。

从数据运用情况来看，在 70 则报道中有 60% 以上的报道（44 则，62.9%）运用了数据。数据主要用于事实列举与阐释。例如在《社会治理创新三年行动计划》这期节目中，回应主体用数据说明苏州“网格化”的建设情况，“按照 300 户左右为一个网格，农村以 200 ~ 300 户为单元组成一个网格设定苏州整个区域的网格化架构，配备了专业和兼职的网格员，现已达到了差不多 5 万人”。在视频报道中也频繁使用数据图来说明当下的治理情况（如图 4–7 所示），增强了报道的科学性、严谨性及说服力。

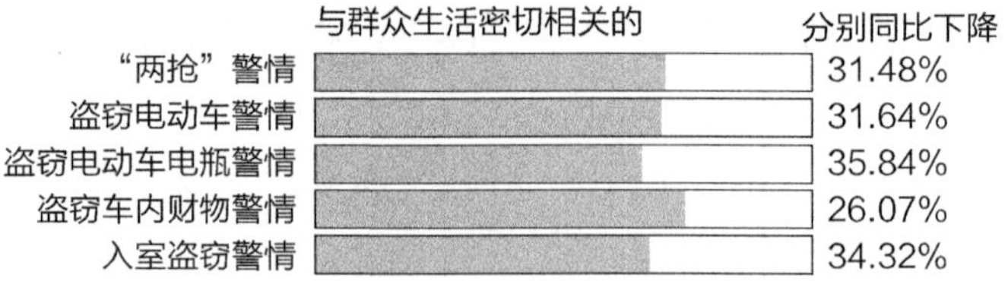

图 4–7 《苏城议事厅》第 4 期《社会治理创新三年行动计划》节目中的数据图

（十二）图像符号分析

苏州广播电视总台的建设性新闻节目分为视频报道（包括视频直播与短视频）与图文报道两种形式，因此，本研究分别对该台节目的镜头语言符号与静态图片符号进行分析，结果显示，70 则报道中有 47 则是视频形式的报道，23 则是图文形式的报道。其中视频报道包含电视节目（19 期）、直播报道（21 期）、短视频（7 期）三种形式，前两者时长为 40 分钟左右，短视频时长在 2 分钟左右。

通过对所有视频节目进行镜头语言符号分析发现，除《一槌工作室》21 期直播报道形式较为单一，以现场直播为主外，剩余的 26 期节目均使用了多媒体的展现方式。其中“新闻图片或文字介绍 + 采访短片（VCR）”（6 期）、“动画或漫画 + 采访短片（VCR）”（6 期）、“动画或漫画 + 新闻图片或文字介绍 + 采访短片（VCR）+ 智能化传播技术”（6 期）以及“新闻图片或文字介绍 + 采访短片（VCR）+ 智能化传播技术”（6 期）是主要的组合方式。26 期节目均使用了 VCR 进行展现，智能化传播技术作为一种新型的传播手段被较为广泛地应用于报道之中（13 期）。本书出现的智能化传播技术是一款名为“小贝”的智能语音播报机器人（或称智能助手），穿插在节目之中，充当重要的角色，或扮演 VCR 的介绍员（如图 4–8 所示），或替网友“发声”（如图 4–9 所示），是节目不可或缺的一环，为节目增添亮彩。

图 4–8 《苏城议事厅》第 12 期《聚焦“古城区限行”》智能助手小贝解读交通拥堵指数

图 4–9 《苏城议事厅》第 11 期《聚焦“教育均衡、优质发展三年行动计划”》智能助手小贝替网友提问

从视频报道的景别来看，单纯以中景别展现的视频报道有 10 则，“远景 + 全景 + 中景 + 近景”的视频报道、“全景 + 中景 + 近景”以及“全景 + 中景”的视频报道有 7 则，所有景别都涉及的视频报道有 5 则，“全景 + 中景 + 近景 + 特写”的视频报道与“中景 + 特写”的视频报道各有 4 则，“远景 + 全景 + 中景”视频报道有 2 则，只有全景的视频报道有 1 则。从结果分析可知，中景别是几乎所有视频节目的主要展现方式（46 则），其次是全景（33 则），接下来是近景（23 则）、远景（14 则），最后是特写（13 则）。由此可看出苏州广播电视总台的建设性新闻视频报道以“中景与全景”为主、以“近景与远景”为辅的表现特点，既强调主体又考虑环境因素的呈现，多景别的灵活运用使得画面叙事更流畅。

从视频报道的视角来看，所有 47 则报道均使用了平视视角。有 18 则报道采用了至少两个视角，其中以平视与俯视视角居多，共计 14 则；仰视视角与平视视角联合运用的有 3 则。三个视角都使用的有 1 则。单独使用平视视角的有 29 则。从视角的选取上看，苏州广播电视总台的建设性新闻视频报道以平视的常规拍摄角度为主，辅之以仰视（4 则）与俯视（15 则）进行视觉展现。其中俯视视角通常与远景别相结合，用于俯览全景，图 4–10 是《苏城议事厅》第 7 期节目《交通现代化》中在说明公路黑科技时使用俯视视角拍摄的苏州公路。通过“远景别 + 俯视视角”这种展现方式，形象化再现了苏州公路交通现代化图景，给受众以恢弘大气之感，增添了现代性与科技感，增强了内容的说服力。从节目播出平台来看，无论在电视机播放抑或是在该台的新媒体客户端“看苏州”平台播放，这种横幅宽频的展现方式，对于提升视觉观感均有所助益。

图 4–10 《苏城议事厅》第 7 期《交通现代化》中的苏州公路

从拍摄主体来看，以人作为主体的视频画面有 18 则，人与物皆为主体的视频画面有 29 则。可见，该台在突出人作为主体的同时，还注意环境因素的展现。从反映的情感倾向来看，20 则报道表现正向的面向，尤其是与苏州“十二项三年行动计划”相关的报道画面的意象都较为积极，例如在《苏城议事厅》第 9 期节目《聚焦“乡村振兴三年行动计划”》中展现的一望无垠的绿色农田、农民农耕时繁忙景象、新盖的楼房等画面，展现了乡村的一片欣欣向荣之势。

通过对静态图片符号的分析发现，在 23 则图文报道中，图片数量在 9 张以上的报道有 12 则，有个别报道甚至有 15 张图片；图片数量在 5 ～ 6 张及 7 ～ 8 张的报道各有 4 则；图片数量在 1 ～ 2 张及 3 ～ 4 张的报道各有 1 则；只有 1 则报道没有图片。从图片类型的采用来看，有近一半的报道采用至少两种类型图片（11 则），其中采用了“视频报道截取下来的图片 + 配图 + 漫画”与“视频报道截取下来的图片 + 配图”的报道各有 4 则，采用“配图 + 漫画”的报道有 2 则，采用“视频报道截取下来的图片 + 漫画”的报道有 1 则。从报道采用的画幅来看，采用横幅的有 21 则，1 则采用了竖幅。

从图片的景别来看，有 18 则报道至少包含 2 个以上的景别，其中“全景 + 中景”的报道有 7 则，“全景 + 中景 + 近景”的报道有 5 则。包含中景别与全景别图片的报道数量最多，分别为 17 则与 15 则；接下来是包含近景别的报道有 11 则；包含特写的有 4 则；包含远景的报道最少，只有 2 则。从图片的视角来看，有 6 则报道包含至少 2 个以上的拍摄视角，其中有 3 则报道采用了“仰视 + 平视”的视角，有 2 则报道采用了“平视 + 俯视”的视角，有 1 则报道采用了 3 个视角。有 16 则报道只采用了平视视角。从图片主体来看，有一半的报道（11 则）将人与物皆作为主体，有 7 则报道以人作为图片主体，有 4 则报道以物为图片主体。从图片的情感倾向来看，20 则报道表现出中立的面向。

概言之，苏州广播电视总台的建设性新闻的图文报道内包含的图片数量较多；视频报道截取下来的图片（18 则）与配图（12 则）是主要的图片来源，有近 1/3 的图文报道采用了漫画（7 则），图片类型较为丰富；图片主要以横幅为主；图片主要以中景与全景进行呈现；拍摄视角以“平视”为主，多视角混合搭配；以人与物同时作为主体来呈现；绝大部分报道的图片的情感倾向偏向于中立。由此可见，苏州广播电视总台建设性新闻实践对图文并茂的展现方式较为重视；以视频报道截图为主，强调用事实说话，配图、漫画辅助呈现；以横幅为主，增强画面的延伸感，提升手机用户的观感体验；以中景与全景呈现，以平视视角为主，展现人与物的主体，以较为平和的叙事视角切入，增强了受众对所报道对象的代入感，有利于吸引受众关注，从而提升受众参与度。

四、小结

本章旨在通过对苏州广播电视总台的建设性新闻栏目的内容分析来管窥中国媒体建设性新闻的媒介呈现。首先，通过主题分析描绘了媒体报道的整体图景、议题分布；其次，提炼出建设性新闻框架对媒体报道进行具体剖析。总体而言，从建设性新闻栏目报道总量来看，苏州广播电视总台平均每天报道时长为 6.33 分钟，日均发表 0.48 篇；从数量来看，有一定体量，对节目保持定期的更新。苏州广播电视总台的音视频资讯较多。从主题分析结果来看，苏州广播电视总台以苏州本地资讯为立足点，围绕苏州市“十二项三年行动计划”对产业、科技、教育、卫生、生态、交通等影响当地经济、社会、民生等时政领域以及法治领域予以重点报道。“媒体 + 政策解读 + 访谈 + 跟踪报道”及“媒体 + 法治”是苏州广播电视总台建设性新闻的主要呈现模式。

本书以“归纳式”方法，通读所分析栏目的所有文本，结合主题分析得出的关键词，进行大致的文献编码并归纳出大致的分析框架，借鉴臧国仁对文本框架高层、中层、低层结构的划分，将建设性新闻框架概括为十三个类目：新闻主题、报道时间、报道价值倾向、消息来源或作者来源；问题呈现框架、先前事件与历史框架、问题回应框架、归因与评估框架、问题解决框架、情感框架、面向未来框架；字词使用、词性与数据运用，图像符号。通过对这些类目的分析，具体研究苏州广播电视总台建设性新闻栏目的媒介呈现，最终检验并辨识了媒介框架。

框架分析的结果显示，从新闻主题来看，苏州广播电视总台的主题分布领域均较为集中在经济、社会、文化与旅游、教育、城市发展、生态、民生、法治这八个领域。关注领域以苏州本地议题为主，呈现明显的地域化特征。从报道时间来看，苏州广播电视总台的报道集中在2018年5～8月与2019年5～6月这两个时段。从消息来源看，苏州广播电视总台的报道主要来自于“政府机构+本台记者”。从价值倾向来看，媒体报道均有较强的方案导向，围绕各议题寻求解决方案。

从具体的框架呈现来看，苏州广播电视总台的相关报道呈现了较强的“问题”意识，节目表现出“问题呈现”—“问题回应”—“问题解决”框架。媒体的问题呈现框架或引入与事件直接相关的“历史”，或导入与事件间接相关的“先前事件”进行事实陈述。问题类型表现为“宏观—中观—微观”三个类型，苏州广播电视总台以“中观”层面的问题为主，与苏州市政府议程高度相关，在此基础上，该媒体生发出一些“自选议题”，延展了报道的领域。

在对于问题的回应方面，苏州广播电视总台集结了对问题解决有影响力的相关各方，如政府官员、专家学者等共聚一堂，通过“访谈+追踪”的方式，先得到相关方的回应意见，后通过关注报道的方式，促成问题的解决。从回应主体构成来看呈现多元主体特征，“政府相关部门负责人+专家学者+企业人员”是主要表现形式；从回应主体对象范围与职级来看，市级政府及其职能部门是主体，处级、副处级、科级、副科级领导干部是主要的回应对象。从回应频次来看，市级政府及其职能部门回应次数最多且级别越高的部门回应次数相对较高。可见，问题得到较高层级的政府相关部门的重视与回应，这为问题的解决提供助力。

从问题解决方面来看，该媒体报道或评论都表现出积极寻求方案的意向。回应主体抑或媒体方给出的绝大多数解决方案都较为具体、清晰、有针对性，有些方案延伸至其他领域，拓展了议题讨论的宽度。大多数报道在问题探讨中呈现了归因与评估框架，个别报道对引发问题的深层次原因进行了剖析，推动了对议题的深度挖掘。同时，苏州广播电视总台部分节目内容的回应方还就问题解决给予了清晰的时间期限。

从情感倾向框架与未来框架来看，媒体的绝大多数报道或评论持中立的立场，在恪守事实的基础上，进行理性的判断，其中有部分报道或评论在言语中体现积极立场。总之，从整体的面向来看，所有报道或评论均持积极的态度，且有较为强烈的未来面向。

从微观层面的字词使用、词性与数据运用来看，绝大多数报道或评论的字词使用都相对中性，与所述问题高度相关，与方案有关的词汇如措施、办法、对策等是关键词。苏州广播电视总台的关键词偏“具象化”，实际操作类的词汇较多，例如“执行”常见于诸报道。从数据运用看，该媒体有六成以上的报道或评论使用了数据，用于列举事实，阐明、论证观点，增强了节目的科学性与说服力。

从图像符号来看，该媒体比较重视图像符号的使用，以电视节目、短视频、图文报道等多媒体展现方式，增强报道或评论的感染力。苏州广播电视总台节目的报道除了图文与视频这种常规报道外，还使用了智能化播报手段，智能语音机器人“小贝”作为节目的重要组成部分，扮演着节目“上下文衔接”的“播报员”与“观众”的两重角色，增添并增强了节目的趣味性与互动性。从景别、视角、主体与情感倾向来看，该媒体影像或图片的呈现体现出常规化、多元化与中立性的特征。“中景 / 全景 + 平视视角”是最常见的组合搭配；主体方面，人、物为主体或人与物皆为主体的图像均有呈现；从图像传达的情感倾向来看，与前述文本相同，偏向中立。

综上所述，笔者从“是什么”即内容研究的角度来考察苏州广播电视总台建设性新闻节目，研究发现政府、媒体、专家学者、企业界人士、公众等不同类型的行动者均不同程度上参与到新闻话语的框架建构中，媒体一方面作为信息的呈现者与生产者为不同行动者提供了意见表达的空间与平台，另一方面在与各方力量互动协商与“博弈”中建立起自身的媒介框架。例如，在苏州广播电视总台的栏目《苏城议事厅》中，政府及其职能部门的身份从管理者转变为被问询者，企业人士或作为事件的参与者或与政府机构一道成为被问询的对象，接受来自媒体、公众的提问与监督，专家学者作为中立的第三方，从理性的角度对议题所反映的社会问题以及相关方的回应进行评论[1]，媒体在此作为提问者与协调员，在发问的过程中掌控着整个访谈局面。

研究发现建设性新闻报道作为一种新兴的报道形式，有其独特的框架。在文本阅读与主题集群分析的基础上，笔者认为“问题框架”即“问题呈现—问题回

---

[1] 徐自强，张静洁，马文倩，等．电视问政：城市公共治理的创新长效机制研究——基于《问政日照》和《问政追踪》的内容分析［J］．福建行政学院学报，2019（5）：26-39.

应—问题解决”框架是建设性新闻的核心框架。这一点也得到了佐证，笔者通过对文本阅读分析发现围绕“问题”核心框架的文字篇幅远超过其他框架。例如，在《苏城议事厅》的《聚焦“渣土车管理”》，将40分钟节目转录成文本，共有10 488个字符，其中和“问题框架”有关的内容有7 680个字符，占比达73.2%。

但是值得注意的是虽然“问题框架”是建设性新闻框架的核心，但是有些节目内容从文本篇幅来看，“问题框架”不一定占据优势比例，例如苏州广播电视总台的《一槌工作室》，作为法律类栏目，庭审、宣判等法律事实类陈述与法律框架占绝大多数篇幅，围绕问题的回应、解决框架占据比例相对较小，但这不影响它的定性，关键要看节目的导向性与宗旨是否以问题解决为核心。从这个角度看，建设性新闻可以以多元面貌呈现，既可以与事实陈述框架、法律框架一道共同呈现新闻事实，也可单独呈现，“直奔主题”呈现问题，不管以哪种形式呈现，对问题的回应与解决是建设性新闻的核心框架。

概言之，如果将建设性新闻框架比作一棵树，那么围绕“问题”的核心框架是树干，是一级框架，是框架之“本”；“先前事件与历史”“归因与评估”“情感框架”与“未来框架”则是枝叶，是二级框架，是框架的“衍生物”，使内容更为丰盈、有深度。从新闻的社会影响角度看，这是一个可喜的现象，这意味着媒体突破政策、议题反映者、事件见证者的角色限制，更大程度参与到社会问题治理过程中去，成为社会协同治理的重要力量，共同推动社会问题解决与进步。

第五章　中国媒体建设性新闻产制过程与影响因素

第四章考察了中国媒体建设性新闻报道的媒介呈现，即回答“是什么”的问题，本章将解析中国媒体建设性新闻栏目的生产过程与影响因素，即解答“怎么样”生产、“受何影响”的问题。本章内容分为新闻产制过程、影响因素这两个层面，以苏州广播电视总台的相关栏目为例，考察该媒体的新闻生产理念、新闻选择与生产机制，在此基础上结合休梅克的影响层次模型理论与中国特色社会主义新闻理论，分析影响该媒体新闻生产的因素，进而为今后中国媒体从事建设性新闻实践提供借鉴。

一、媒体建设性新闻的产制过程

为了深入了解中国媒体的建设性新闻生产过程，本书从苏州广播电视总台新闻记者与编辑的深度访谈入手，在此基础上考察该媒体建设性新闻的理念、选择与新闻生产流程，与此同时，结合上一章新闻文本，向当事人询问所在媒体转向建设性新闻报道的原因、相应的组织层面调整及具体报道内容如此呈现的来由，以了解记者、编辑作为行动者的建设性新闻实践的情境，还原并探究媒体新闻产制的过程。

（一）苏州广播电视总台建设性新闻的生产流程

1. 新闻理念：直面社会热点，促进共享、互动协商和对话

在 2019 年 11 月 9 日“建设性新闻：理念与实践”国际学术论坛上，苏州广播电视总台台长陆玉方通过对该台四个典型案例“苏州大学生状告轨道交通公司案”“上海迪士尼翻包事件”“古城保护更新”“垃圾分类”的讲解，将媒体建设性新闻理念凝练为“共享促发展，互动协商和对话，为民谋发展”。在此基础上进一步提出“以构建绿色舆论生态为出发点，运用建设新闻理念指导大内容生产，由负面、冲突报道的报道框架，转向‘意见开放、共同面对、协商解决’的建设框架。其中要素有三：话题选择直面热点、观点表达开放包容、参与嘉宾权威专业”[1]。

具体而言，苏州广播电视总台的新闻理念包括：

①新闻选择：在话题选择方面，直面热点。不回避，不诿过，特别是对民生问题以正面解决为导向。

②意见表达：观点表达开放包容。不放大虚假信息和偏见的视野，不扩大意见的分歧和观点的纷争，避免先入为主的结论，给大众提供一个表达观点的平台，相信真理会越辩越明，更重要的是将基本的社会规则、普遍的行为规范、共同的价值观予以传达与贯彻，保持积极向上的态度。

③促进互动协商：邀请专家学者作为嘉宾对问题给予权威专业解读，强调专业性、法治性，用不偏不倚的法律精神和人文关怀指导苏州广播电视总台的建设性新闻。

④媒体的社会角色：社会事务的参与者、监测员与协调者。建设性新闻重塑了社会转型时代媒体价值与功能，媒体作为社会协同治理的一员，通过积极地参与促进问题的解决。与此同时，建设性新闻作为一种严肃新闻，仍发挥监测社会环境作用，防微杜渐式的“贡献”问题，将社会的意见、社会的心态进行合理的疏导，调解双方冲动，促成社会良性、有序的运营。[2]

---

[1] 内容来源于苏州广播电视总台台长陆玉方在 2019 年 11 月 9 日“建设性新闻：理念与实践”的中国社会科学论坛的讲稿。

[2] 内容根据苏州广播电视总台台长陆玉方在 2019 年 11 月 9 日“建设性新闻：理念与实践”的中国社会科学论坛上的发言整理。

与传统的新闻理念相比，苏州广播电视总台的建设性新闻理念所倡导的精神实质与公共新闻理念类似，强调媒体对公共生活的义务与责任。笔者也在访谈中通过提出“如何理解‘建设性’？是如何践行的”这一问题，发现“社会参与”“社会协同治理”“对话”“促成解决方案”这四个关键词被苏州广播电视总台新闻工作人员或多或少地提及，是他们共同认可价值观，在此基础上不少人还提出了自己的见解。具体内容如下。

W总监认为建设性指“介入事件流程，引入智库力量，给出解决建议，推动良性发展，促进圆满解决。在具体做法上，全面、客观、理性呈现新闻事件原貌，注重聚焦事件的未来走向，开辟分析、纾解、对策等全新报道路径，不回避新闻事件中的负面因素，将积极心理技巧融入新闻生产流程，用积极、冷静、客观的态度辩证地报道和推动新闻事件”。（苏州广播电视总台融媒体中心副主任兼节目总监，从事新闻工作13年，访谈编号：20191212）

S记者将建设性概括为“开放、多元、互动”，其中，“开放意味着虽然（节目）有台本，有预设性问题，但是现场提问与嘉宾不预设问题，（节目）力求打造开放多元的谈话场；此外，要注意形成完整的新闻闭环，将节目访谈与后续的（网络媒体）追踪报道衔接起来，共同推动事件的解决”。（栏目《苏城议事厅》前线记者和编导，从事新闻工作7年，访谈编号：20191211）

R记者认为“建设性”的核心在于推动社会问题的解决，形成共识，能为社会治理创新探索出一些模式。（“看苏州”记者，《一槌工作室》负责人，从事新闻工作13年，访谈编号：20191206）

Y记者的观点与R记者相似，认为建设性的目标在于促进社会和谐发展，突破了传统报道的既有模式，能够搭起事件双方沟通的桥梁，新闻形式可能多样化，具体如何展现仍需探索。（《苏城议事厅》编导、记者，从事新闻工作6年，访谈编号：20191214）

B记者认为“建设性新闻”这个概念提得特别好，和苏州广播电视总台的节目理念不谋而合。所谓拆毁一个问题最容易，但是提出建设性的方案不容易。建设性新闻的目的在于社会向好，帮助完善措施及方案，不断给当事双方添砖加瓦，帮助双方理解互信，主要起桥梁作用。（苏州广播电视总台

广播节目制作中心“政风行风工作室”负责人，从事新闻工作22年，访谈编号：20191211）

M记者认为“建设性”指推动社会的进步与发展，帮助解决问题。其中，社会进步可大可小，从“小处”看，主要是帮助类新闻，指帮助老百姓做事情，如推动地方性法规的制定、填补管理方面空白。这也是建设性新闻的最佳效果。“建设性新闻”是一个概念，关键还要靠（在具体新闻工作中）执行。越做越尝试，越容易摸索出可行的模式。（“看苏州”记者，《这事我来管》前负责人，从事新闻工作3年，访谈编号：20191212）

L记者认为“建设性”指发现问题、解决问题。媒体在其中有点像“店小二”的角色，从促进政府部门与市民之间的交流到形成两方的沟通闭环的角度看，可以算作践行了建设性新闻的理念。但是光做到这一点还不够，鉴于有些问题没办法立刻解决，需要长期推动、持续报道，保证栏目关注市民的真实诉求，把握好其中的“度”，推动市场的监管及执法的透明度。（“看苏州”记者，《有事问食药监·周四查查吃》前负责人，从事新闻工作9年，访谈编号：20191214）

概言之，苏州广播电视总台的新闻工作者普遍认为媒体作为政府与民众的“桥梁”，不仅需要进行信息的传达与沟通，更要发现问题、解决问题。在日常的新闻制作中，关注民生与重要的社会问题，反对“破坏性”的报道方式，以促成问题解决为依归，致力于打造建设性新闻的“苏州模式”，协同社会治理，推动社会进步。

此外，笔者发现一个有趣现象，苏州广播电视总台的新闻人在对本台建设性新闻实践定性方面，大多数人提及了帮扶类新闻和问政类新闻，并比较了三者的异同。具体内容如下。

W总监认为这三类新闻都有积极性和建设性的一面，差异表现为“出发点”“新闻生产过程”“社会价值”这三个方面。从出发点来看，帮扶类新闻本质上帮忙只是手段，通过帮忙呈现新闻本体，增强看点是其本质；建设性新闻的本质则是提出方案、解决问题。从生产流程来看，帮扶类和问政类新闻更多是直接在媒体上呈现结果；而建设性新闻则需要通过（一系列）过程展示、方案引入、对策研究，推动事件向良性发展。从社会价值来看，帮扶类新闻大多基于个案的帮忙，缺乏解决方案的经验总结，容易陷入琐碎；建设性新闻通过理性分析，可以提供共性事件的解决方案，甚至可以作为基层社会治理的经验参考。（苏州广播电视总台融媒体中心副主任兼节目总监，从事新闻工作13年，访谈编号：20191212）

Y记者认为三类新闻的不同之处体现在作用、议题种类、互动性三个方面。建设性新闻的作用在于通过议题的设置，起到沟通与桥梁作用；帮扶类与问政类新闻“沟通”的作用不是很明显。建设性新闻议题较为宽泛；而帮扶类新闻较为琐碎、单一，如张家长李家短，这种节目形式，苏州广播电视总台早就存在；从严格的定义来看，中国的问政类新闻与西方的问政新闻是不同的，更多是与政府合作，推动问题解决。从互动性来看，建设性新闻强调双向传播，注重与受众的互动；帮扶类与问政类新闻则较为单向，以媒体为主。（《苏城议事厅》编导、记者，从事新闻工作6年，访谈编号：20191214）

B记者认为三类新闻的区别在于内涵不同，建设性新闻的宗旨更全面，问政类和帮扶类新闻更倾向于政府和市民当中的某一方。问政类新闻是对政府的相关政策有疑问，在节目中予以解构和剖析，对于政策在老百姓当中的普及与宣传没有较好的方式方法；帮扶类新闻恰恰相反，它倾向于帮助老百姓解决一些相对个案的问题；建设性新闻满足了政府和市民这两方面的需求，帮助双方不断提升，在这个过程，我们要做好桥梁作用。（苏州广播电视总台广播节目制作中心“政风行风工作室”负责人，从事新闻工作22年，访谈编号：20191211）

M记者认为三类新闻的区别在于议题的层面与办事的效率。帮扶类新闻涉及层面很宽泛且较为垂直化，偏向于个体的行为，如重病、捐款、帮忙等，解决问题的效率较高；问政类新闻涉及较宏观层面的议题，新闻接触到的政府部门可能不是直接的管理部门，问题解决效率相对不高；建设性新闻议题相比前两类新闻更聚焦，并且直接找到相关部门，促成问题的解决，更为高效。（“看苏州”记者，《这事我来管》前负责人，从事新闻工作3年，访谈编号：20191212）

综上所述，苏州广播电视总台的新闻工作者普遍认为建设性新闻与帮扶类与问政类新闻的不同之处在于议题涉及的层面更为宽泛、多元，聚焦于社会“问题”，以解决问题为导向，架起了政府与民众沟通的桥梁，弥补了帮扶类与问政类新闻的不足，既有理性、客观的分析，也有具体的解决措施，更有利于发挥媒体的作用，为协同社会治理贡献一份力量。

2. 新闻选择：长三角区域为主，多元化选择与议题深耕细作

在上一章，笔者通过对苏州广播电视总台的建设性新闻议题进行分析发现，该台议题选择存在一定偏向，时政、民生与法治议题占绝大多数。本章通过对相关栏目负责人、记者、编导的深度访谈发现，新闻工作人员的答复印证了议题偏向的结论，且发现在固守新闻价值的前提下，该台做出了一些新的尝试。

（1）新闻议题的地域性：本地与关联区域为主，兼济天下

访谈中笔者发现，与“地域性特征明显”的预设略有不同，苏州广播电视总台作为一个地级市的媒体，它的议题选择并非局限于本地，而是在立足本地的基础上，积极拓展“疆域”。具体以苏州市各区县及所属辖区为原点，以长三角区域为半径，画出了一个“大圆”。此外，对于一些全国性乃至国际性的要闻也予以一定的关注。

> 正如R记者所言，“虽然我们苏州是一个小城，但是我们媒体要心中有天下，要有全国的概念。互联网的时代，大家对信息的需求已经不再局限于本地的信息提供，之前我们所说的地球村真的来了。站在地球的任何一个角落，都希望看到地球另外一个角落究竟发生了什么。从（议题）总体分布来看，90%以上都属于（苏州）本地的，外地的就是10%左右吧。国外的我们也会关注，比如说章莹颖案。因为在全球化的大潮下，中国人在国外出了一些事件，国内的人还是挺关心的。这也和苏州当地很多人有过海外经历有关。区域方面，比较关注长三角。比如有个说法是苏锡常，包括南京、镇江，俗称的苏南地区，因为地域相邻、文化相近，加上长三角一体化的战略使我们联系更加紧密。所以说不管是国家发展的重大战略还是民间的交往，这块区域必然会成为我们报道的一个重点。同时，我们的客户端对全国、全球新闻都关注。我们有国际新闻、国内新闻，就像一个互联网的平台，是开放式的。比如上一次巴黎圣母院的大火，这种国际上的一些重大事件，我们会及时关注”。（“看苏州”记者，《一槌工作室》负责人，从事新闻工作13年，访谈编号：20191109）

（2）新闻议题的规定动作与自选动作

访谈发现，苏州广播电视总台的建设性新闻在议题选择方面，在苏州市

“十二项三年行动计划”这个“规定动作”基础上，积极开拓其他社会议题，其中有记者从各条线发掘的新闻，也有时下关注度较高的新闻及与老百姓的切身利益相关的新闻等，这些构成了该台的“自选动作”。

> 正如《苏城议事厅》的S记者所言，“《苏城议事厅》的第一至十一期围绕‘十二项三年行动计划’展开，都是些大议题；第十二期以后，微观议题开始显现，比如最近我们做了一期儿童医生盛奶奶的话题，还有一期是苏州第二图书馆的（议题），老百姓也比较关注。微观议题比较需要时间去观察，这也是我们今后努力的方向”。（栏目《苏城议事厅》前线记者和编导，从事新闻工作7年，访谈编号：20191211）
>
> 《苏城议事厅》的Y记者将该栏目的选题主要分为两个方面，“一方面是当前社会的热点，另一方面是政府重要工作动态”，与此同时，“我们想要做的东西与我们觉得重要的东西也会纳入议题选择上来，像儿科医生、长三角一体化、渣土车这些议题社会关注度都比较高”。（《苏城议事厅》编导、记者，从事新闻工作7年，访谈编号：20191214）

（3）新闻议题深耕与后续报道

苏州广播电视总台的建设性新闻栏目每一期围绕一项社会议题展开，对于一些可以深挖的议题，形成了诸多专题与持续追踪报道。例如，对于“长江口垃圾倾倒案”《一槌工作室》专门制作了一个页面，运用短讯、直播、图集等多媒体形式，对案件予以深度解读，形成了“一槌·直播”“一槌·拍案”等相关融媒体产品。

> R记者对“长江口垃圾倾倒案”印象深刻，讲述了该案新闻专题的“幕后”故事：“这个案件涉及面广，案情复杂。其实对于垃圾倾倒，出现过两个比较大的案子，一个是长江口垃圾倾倒案，一个是太湖西山垃圾倾倒案。这两个案子在全国都有很大的影响。长江口垃圾倾倒案最初是太仓区域也就是长江边出现了许多垃圾，里面甚至有医疗废弃物。因为（我们）和太仓海事部门有沟通机制，他们向我们及时反馈了站点的情况。到达现场后我们联系了当地警方、检察院等相关部门。从此开始不停跟进挖掘案件背后的事情，组织人员策划。主要从一条主线即围绕案件本身进展去调查核实，记者调查取证、核实及搜集的证据要尽可能可信、确凿，这样可被接下来的报道作为依据，也可为采访工作的开展指明方向；同时，不要一味紧盯案件本

身，要两手准备，要关注对被犯罪嫌疑人破坏的生态环境如何修复，如何修复，如何能让老百姓的生活尽快恢复起来，对此，我们安排一条线跟踪污染垃圾的处置情况。”（“看苏州”记者，《一槌工作室》负责人，从事新闻工作13年，访谈编号：20191204）

3. 新闻生产流程：三审制 + 完整的新闻闭环

苏州广播电视总台的新闻生产流程分为“发现线索—汇报选题—部门研判—采访—制作—审核—播出—追踪报道”这八个环节。首先，记者或编导搜集线索。其次，记者、编导等新闻工作人员开选题例会上报选题。同时，在采访的过程中如果发现了新的选题，记者也会临时去报（选题）。电视栏目《苏城议事厅》的选题会一般上午九点钟开，进行选题分发与上报工作；融媒体栏目《一槌工作室》与之不同，选题例会在每天下午四点半，所有人员参加集中上报选题。领导也参与搜集选题，集中讨论后确定选题。此外，新闻部门还有头脑风暴会与简单的“碰头会”，前者每周开一次，大约在一小时，集思广益，扩展选题来源与种类；后者基本上每天都有，大概半个小时，主要用于确定第二天的选题。

记者、编导等上报选题之后，新闻部门进行研判，判断制作的方向与可行度，如该往哪个方向去做，是简单处理还是深度策划，随后与相关部门沟通，了解制作的难度与可行性，然后安排人员进行实地采访，最终形成报道。报道的周期根据内容与栏目性质有所不同。电视栏目《苏城议事厅》中的每一期节目从拍摄、写作台本、遴选嘉宾、包装到后期虚拟制作通常需要一周，有时为了达到更为理想的效果可能需要两周。融媒体栏目《一槌工作室》的“一槌拍案”基本上每天要求更新一条，每周七条，大体上根据需要和选题、报道的实际情况来制定节目具体的任务量，有时候会超出七条。

完成了制作之后便是审核环节。所有的报道都必须要进行经过三级的审核流程，对节目内容层层把关，确保节目品质过关及内容准确。具体而言，记者先自审，责编二审，然后内容总监三审。遇到特殊情况，如敏感话题或影响重大的选题，中心主任要进行四审，甚至有可能五审，在确保无误的情况下再播出。

最后是苏州广播电视总台建设性新闻的特色，通过“访谈 + 问题追踪报道”来持续关注该问题，促成问题的解决。例如，栏目《苏城议事厅》分为“看节目”“议题正解决”“已解决”“待解决”“议事 · 征集令”“智囊团”“快问快答”这七大板块，《一槌工作室》分为一槌拍案、一槌直播、一槌法评、一槌 · 问法、一槌短视频这五个板块。其中，除了“看节目”“一槌拍案”“一槌直播”“一槌短视频”是现场录制的节目，剩余几个板块皆是后续跟踪报道的内容。

> 正如R记者对每日任务量与具体规定的答复，“如果遇到一个比较容易深挖的选题或者是第一篇稿件发布之后，在网络上反馈的效果特别好的情况下，会进行连续跟踪报道。连续跟踪报道我们会进行一个集中式的（报道），从不同角度去进行解读。那么，这样的话就会形成多篇稿件，其实一周就不止7篇稿件了”。（“看苏州”记者，《一槌工作室》负责人，从事新闻工作13年，访谈编号：20191109）

概言之，苏州广播电视总台的建设性新闻生产流程的前七个环节，与传统的新闻生产流程相差不大，不同之处在于第11个环节，对议题的深挖，尤其是对问题解决的进展进行持续追踪报道，在此基础上开发出了一系列融媒体产品，彼此之间环环相扣形成了完整的新闻闭环。

（二）苏州广播电视总台建设性新闻的实践情境

通过以上描述，我们从宏观层面概括了苏州广播电视总台建设性新闻栏目的制作过程，此处从具体的情境出发，探究媒体如何转向了建设性新闻报道及相应的组织层面调整与人员构成情况，并以具体的报道为例，探析如此呈现的原因，从微观层面反映媒体新闻产制概况与实际情境。

1. 建设性新闻报道转向的缘由

苏州广播电视总台“萌生”建设性新闻报道理念并创建相应的栏目是“天时地利人和”所造就的结果。2017年该台新闻工作者开始接触建设性新闻的相关理念，2018年初栏目形成雏形，2019年逐渐成熟，这与建设性新闻理念与实践近几年来在全球兴起的时间点相一致，此可谓“天时”。苏州作为江南富饶之地是一个全国有名甚至是全球都有知名度的地级市，有兼容并包的地域文化氛围。这使得该地媒体对于建设性新闻这种新型的新闻理念有接受度，对开创建设性新闻栏目有敢于创新的精神，此可谓“地利”；科研院所提供理论指导，苏州广播电视总台经营创收总量在全国城市广电处于前列[1]，特定事件的触发，此可谓“人

[1] 苏州广播电视总台企业简介［EB/OL］.（2017-04-27）［2020-01-30］.http：//www.csztv.cn/doc/2017/04/27/56086.shtml

和”。以下是该台的W总监、R记者、Y记者对“苏州广电是如何转向建设性新闻报道”的答复。

W总监特别强调了科研院所对该台建设性新闻栏目的理论指导，“2019年，在中国社会科学院新闻与传播研究所的指导下，苏州广播电视总台作为试点，开始探索建设性新闻实操。作为总台最重要的融媒平台——看苏州新闻客户端义不容辞承担起了重要的探索任务”。（苏州广播电视总台融媒体中心副主任兼节目总监，从事新闻工作13年，访谈编号：20191212）

R记者详细阐释了一个偶发的案件对该台的启发，“最开始我们（萌生做建设性新闻）是受一家小区物业被罚30万事件启发到的。这个事情发生在2017年2月份。当时苏州工业园区法院的执行法官到当地辖区的一个小区去开展执法行动，去扣押一辆‘老赖’的车辆。法院干警顺利地进入了这个小区并将车辆扣押下来，但准备把这个车拖出小区的时候，被该小区的物业保安强势拦截下来。这实际上是阻碍法院执法的违法行为，但是物业一方认为是为了保障居民的财产，坚持说法院在手续上不健全，缺少执行协助通知书。法院认为物业不属于执行协助主体所以没必要向他们发放（协助执行通知），所以双方就产生矛盾。当时我们采用直播形式第一时间在全国率先报道了现场，当天‘看苏州’上面的阅读量就突破了80万，很多人都很关注这个问题到底是谁对谁错。我们的平台上出现了各种言论，有正面的也有负面的，有抨击法院法官的，有指责物业的，还有辱骂我们记者的。

“当时舆论情况还是挺严重的。当时我们想到在嘈杂的声音当中，并没有一个权威的声音，我们急需一个权威的声音。它来自哪里？我们不能去采访法院，这个事件牵扯法院，所以说不能采用他们的声音。可能专家的声音更权威一点，当时我们采访了全国的一些专家，比如说西南政法大学、中国政法大学、南京大学、华东政法大学等高校的法学教授，请他们站出来‘评评理’，到底谁对谁错。这些专业的声音发出去之后就把那些非理性的声音给压下去了，一些不明真相的老百姓也被解释通了。经过这个过程，物业方主动道歉并主动认罚了30万元。这个事件持续了一周时间，事后我们反思这个问题，复盘时想到整个过程里有一个环节起到了作用，即请专家出来发声，对百姓有疑问的点及社会公众对事件和问题不明晰的点进行剖析，及时予以回应。如果套用建设性新闻的话，实际上那个过程就是协商民主的一个过程。所以说我们做建设性新闻也是受这个事件启发，当时觉得这样的方式特别好。在整个过程中，我们并没有急于使用媒体手中的权力去表现出一种你爱信不信的强硬姿态，而是相互协商的姿态。接下来，很多小案例也是采用这种方法。后来中国社科院新闻研究所和我们接触之后，经过交流发现跟我们的方向其实是一致的。有了专家的帮助，我们的路可能会走得越来越顺。而且可能会创立一套比较完善的模式”。(“看苏州”记者，《一槌工作室》负责人，从事新闻工作13年，访谈编号：20191109)

Y记者认为该台实行建设性新闻实践是时代发展的必然结果，“随着新媒体如移动端媒体、自媒体等发展，它们都在提升对受众的传播能力，传统媒体当然也要跟着变。作为专业媒体，不能丢失基本责任，例如，信息传递、舆论监督，需要做出有建设性的东西，建设性新闻是大势所趋”。(《苏城议事厅》编导、记者，从事新闻工作7年，访谈编号：20191214)

2. 组织层面调整与人员构成

苏州广播电视总台拥有5个电视频道（高标清同步播出）、8个广播频率以及报纸杂志、互联网站、移动客户端、网络电视、移动电视等全媒体传播平台。[1]总台有三大中心，分别是全媒体编辑中心、全媒体采集中心、融媒体中心。三大中心根据各自的定位，都设置了建设性新闻相关的栏目。依据笔者对栏目负责人等访谈，组织层面的调整与人员构成情况如下：

其一，组织层面小幅度调整，试水建设性新闻栏目运作。

据访谈得知，建设性新闻项目的“上马”对该台组织层面的调整并未带来多大影响，原来的组织架构基本保持不变，主要表现为小范围的调整。具体举措分为两步：①成立建设性新闻专项小组，试水相关节目，其中总台创办了专题栏目《苏城议事厅》，融媒体中心创办了栏目《一槌工作室》。据《苏城议事厅》的Y记者所言，“台里建设性新闻的探索由专人去做，主要由总台领导牵头做，中心副总监负责，具体由编导制作”。对于是否有专职记者，《一槌工作室》的R记者回答笔者，“我们是有专门的小组，实际上也就是《一槌工作室》在做，大概有五六个人。现在建设性新闻的理念和操作还不明晰，我们只能采取这种方式而

[1] 苏州广播电视总台企业简介［EB/OL］.（2017-04-27）［2020-01-30］.http：//www.csztv.cn/doc/2017/04/27/56086.shtml

不能大面积地推开，只能有人去先试”。②借鉴阿米巴小组方式，发挥每个新闻工作者的潜能，例如，融媒体中心给每个记者开设了（“看苏州”客户端）个人账号，微博、今日头条也都开设了账号，帮助记者打造的个人IP。据融媒体中心W总监所言，“融媒体中心成立了建设性新闻报道小组，组员共4人，以《一槌工作室》为核心，阿米巴混编小组作为配合，按照具体操作规范和流程进行建设性新闻的采编工作”。

> 对于阿米巴混编小组，融媒体中心的R记者进一步解释道，“中心设立采编团队将众多记者分组，我们目前是22个记者，分成了四个组。每一组里面不光有记者，还配备有技术人员、美术编辑、运营人员、视频人员。我们借鉴阿米巴形式实行体制改革，创新管理方式，增强工作的质效”。（“看苏州”记者，《一槌工作室》负责人，从事新闻工作13年，访谈编号：20191109）

其二，依据节目性质，重构采访条线。

对于“是否存在采访条线的变化”的问题，苏州广播电视总台两个建设性新闻栏目记者给出了不同的答案。综合性时政访谈栏目《苏城议事厅》的Y记者认为“采访条线”的提法已经过时，它反映的是“信息传递”的思维，很不符合建设性新闻初衷。做建设性新闻不能搞条块分割，要从宏观环境理解当下社会，将社会热点、市民关切、政府的职责目标相统一，一方面继承好与市民紧密联系的优良传统，另一方面要和政府处理好关系，让政府积极参与建设性新闻，需要努力积极沟通。在实操层面，Y记者认为建设性新闻的探索没有先例、范式可依循，实践性强的特点决定了媒体需要摸着石头过河，从中总结经验。以下是Y记者工作日常。

> “《苏城议事厅》是周播节目，一期做完就得赶下一期，每天都在想下一期该做什么，有时会开专门的研讨会，大家遵循默认的工作流程来做，如果有新的想法会说出来，报给领导，让领导来定夺。”（《苏城议事厅》编导、记者，从事新闻工作6年，访谈编号：20191214）

融媒工作室《一槌工作室》的R记者认为，新媒体跟传统媒体有所不同，新媒体的传播要求越来越精准且要求垂直细分。比如，我们有专门跑体育类题材的记者，专门跑文化类题材的记者，专门跑法制类题材的记者，专门跑医疗卫生类题材的记者，专门跑科技财经类题材的记者。因此，融媒体中心针对新媒体的特性，对所有的记者进行条线划分，让记者去精耕这些垂直领域，有利于记者较快成长起来。

概言之，苏州广播电视总台的建设性新闻栏目依据其各自不同性质、特点，对采访条线进行了重构，这对报道人员的业务素质提出了不同的要求。综合时政访谈类栏目《苏城议事厅》的记者需要“去条线化”，需要有宏观、多元视野，有把握各项议题的能力，能协调好政府、市民、媒体三者之间关系的“全能记者”；而法制类栏目《一槌工作室》需要“条线精耕”，需要有相关领域专业知识及报道经验的“专才记者”。

其三，人员配备精简，资质要求较高，爱心与情怀是关键。

栏目《苏城议事厅》配备有3～4个编导，2名记者；栏目《一槌工作室》有4～5个记者，配备有美编、技术、运营人员，共计大概6名人员。对于整体员工人数超过1000名的体量而言，人员配备较为精简。

在人员资质方面，从年龄结构来看，总体比较年轻。学历方面，据R记者所言，苏州广播电视总台招聘历来对人才的学历要求较高，一般情况下为国家重点大学，现在研究生偏多，留学生也很多，比如，有毕业于美国哥伦比亚大学的员工，也有毕业于英国伦敦一些大学的员工。资历方面，苏州广播电视总台讲究传承，以老带新，会让有三年以上创作经历的记者带领几个新同事从事建设性新闻报道。同时，该台有经验的记者大都从传统媒体转型过来，可能本身在传统媒体就已经干了很多年，对新闻的基本把握比较到位且很有经验，这也有利于他们从事建设性新闻报道。

> 此外，访谈中R记者特别强调了从事建设性新闻的记者除了业务素质要过硬外，还要有爱心，有新闻情怀，“我们新媒体员工的年龄结构都比较年轻，虽然可能没有足够的经验，但是他们在热情和情怀上是比较充足的，他们有热血、情怀与爱心。做建设性新闻一定要有爱心，有一份热爱社会、热爱生活的心，才能够愿意把自己的时间掏出来，真正地去帮助别人，甚至动用自己的资源”。（“看苏州”记者，《一槌工作室》负责人，从事新闻工作13年，访谈编号：20191109）

3. 情境再现与还原

诚如Y记者所言，苏州广播电视总台对建设性新闻的探索没有先例可循，只能摸着石头过河，新闻工作者之前的报道经验“迁移”至建设性新闻报道是否适用、记者在实践中面临怎样的情境及如何应对均是本研究关注的焦点。下面将通过对两个被访者“印象深刻的报道”个案进行深度访谈，力图管窥建设性新闻报道的行动者面临的实际情境并还原新闻产制过程。

（1）突发事件引发关注，放眼全局解决根本问题

《苏城议事厅》的S记者谈到印象最深刻的节目是2019年10月18日的《整治超限超载，护航交通安全》的报道。“这个属于突发事件，之前无锡高架桥侧翻，苏州相关部门当天晚上就开始排查，后来每天都会有很多的联合整治行动，宣传部及台领导很重视，当时是加档，加班加点做的。百姓当时也对这些高架桥有一定的担忧，关注在高架桥上开车是否安全。我们领导就说把这些问题都搜罗起来，相关部门也比较配合，他们其实也是希望有这个平台，可以去给老百姓去答疑解惑，节目是40分钟，也可以一次性给予较为全面的回答。

“由于原来的新闻事件本身有一定的关注度，再加上政府相关部门整治行动引起的一系列热度，使得该期节目推出以后比较受关注且收到了良好的社会反响。据央视索福瑞数据反馈，当天的收视率是4.33，市场份额是21.15，在我们苏州广播电视总台自办新闻栏目当中排名第一。

“报道与以往不同的是关注视野更为开阔，比如原先对整治超限超载报道只关注固定的治超点，如今引入专家意见后，逐步关注到流动的治超点。相关部门的负责人提到整治超限超载最好要入刑，就像酒驾一样入刑的话，才是最终的解决方案。这启发了我们从长效管理的角度做相关议题报道。此外，我们还需要考虑到由于对高架桥超载超限的整治行动，一些违规司机可能会为了躲避检查去走一些乡间小道，万一发生事故也会造成很大危害，如何阻断它也是问题。这启发我们从全局角度进行报道，不仅要关注高架桥本身，还要关注到事件背后人们的替代方案，比如走小道，这有利于我们对一些相通、相似问题触类旁通，能更全面地报道事件并找寻相应的解决方案”。（栏目《苏城议事厅》前线记者和编导，从事新闻工作7年，访谈编号：20191211）

从S记者对《整治超限超载，护航交通安全》的回顾，我们可以看出栏目《苏城议事厅》的选题受社会热点、百姓需求与政府相关部门的影响，这与上文“新闻选择”得出的结论相互印证。从该期节目邀请到的嘉宾来看，皆是与该话题相关的政府职能部门负责人，涉及苏州市交通运输局、城市管理局、公安局交

警支队三方，均是市级单位且嘉宾职级较高，最低为正科级，最高是副处级。嘉宾构成较为多元，除行政类官员外，学者型官员与法制口官员各1人。所有嘉宾就该话题共回应了25次，从市政府突发事件的应对举措、高架桥载重参数等专业知识、苏州市高架桥数量及养护等基本情况、百吨王等极限情况处置措施、超限超载司机违规动因，到行政处罚与法制处罚措施及技术监测手段，40分钟的节目包含了较为丰富的信息，从侧面佐证了S记者特别提到的政府相关部门对“超限超载”问题的重视，使得节目进行得较为顺利。

S记者在访谈中屡屡提到的“流动治超点”“超载超限入刑”与“躲避检查走乡间小道问题”在该期节目中分别出现了4次、5次与1次。分别涵盖了流动治超点的重要性；相关的日常整治行动；超载超限入刑的必要性与现实意义及相关提案；绕道行驶对道路、桥梁的破坏及隐患等内容，延展了报道的宽度与深度，不仅为民众答疑解惑，而且有利于促成相关解决方案出台，收到较好的社会反响。

（2）以法制手段处理民众与政府机构纠纷，推进社会治理

《一槌工作室》负责人R记者印象最深的报道是“苏州大学生状告轨道交通公司案”。“该案经历了很多的曲折，从刚开始发现线索，到第一次采访报道，大家信心不是很足，周围很多人对此不持支持态度，也不看好这个案子。因为一方面这个案件的标的额实在是太小，也就是几块钱的事，对于一个苏州市民来说应该不会太在意；另一方面，原告的身份是一名大学生，当时很年轻，才20岁。她起诉的对象是大型国有企业苏州轨交集团。力量的悬殊，就像以卵击石，也让人不太看好未来的走向。同时，有很多人质疑这个学生，说她是为了想红、想火起来才提出诉讼，网络上有不少人有这样的声音。当时甚至有行业内人士、在岗位上的法官都不太看好，他们觉得未来走向一定是驳回或者说不予立案，或者法院直接调解这样的结局。

“我们觉得尽管这个（案件）金额比较小，但是苏州的轨交发展很快，乘坐轨交的人越来越多。如果我们把眼光只盯在一个人的身上，金额确实是小，但是如果说乘以几百万的话，那么这个金额就很大了。我们当时是从这方面考虑的。我们有法学智库，当时咨询了法律专家，基本上能确信轨交公司的条款确实存在违法的情况，对一个国有企业来说是不应该的。我们觉得有必要跟踪，把违法条款给推翻，让轨交公司能主动修改，这其实是保障了广大乘客的权益。

当时基于这些原因才坚持做下去。一路走来压力比较大，最终还是走过来了，对于原告、对于广大的乘客来说都是一个很好的结局，所以说我们还是比较庆幸，觉得做这一切都是比较值得。

“当时原告最主要的诉求是希望法院判定轨交公司票务规则的第十三条违法，当时我们聚焦的不是卡里几块钱的事，而是这条规则到底是否违法。这条规则是张贴在苏州轨交每一个站点里面的，每天无数的乘客能看到，如果这上面赫然写着一条违法的条款规则，我相信对轨交公司本身来说也是非常不好的。我们当时主要是围绕着这个（条款规则是否违法）去开展。专家起到了非常重要的作用，因为对于一个条款究竟是合法还是违法，作为媒体来说，我们并不专业，理当邀请全国权威性的专家来进行剖析、指导。我们请了南京大学、复旦大学还有中国政法大学、西南政法大学、华东政法大学等多所高校知名教授参与讨论，并进行采访”。（“看苏州”记者，《一槌工作室》负责人，从事新闻工作13年，访谈编号：20191204）

如果说“整治超限超载”是苏州广播电视总台日常新闻生产的话，那么《一槌工作室》出品的这个“苏州大学生状告轨道交通公司案”报道可以算作是一个不太常见的“极端”案例。案件本身标的额很小，但是如果从整个市的体量来看，金额巨大且与民众权益息息相关，再加上条款本身存在违法情况使得该案具有争议性、典型性。苏州广播电视总台台长陆玉方在“建设性新闻：理念与实践”国际学术论坛上也频频提及该案例并将其视作“标杆”，并发表感言：“这起案件让我们看到多年社会治理的外界受力导致民众对（自身）利益的强烈诉求。案件标的额表面上看起来微不足道，但是苏州作为第一个开通地铁的地级市，有上百万的客流量，如果不解决这个问题，民怨积聚，必然引发不确定的负面舆情，造成社会冲突。我们报道强调的是矫正比胜诉更重要。面对不合理的事件，媒体积极介入，特别通过法律途径找出错漏，通过小小的事件解决共同推动社会进步。”[1]

对于该案件，“看苏州”App上的《一槌工作室》专题共载有6篇报道，分别是《大学女生状告轨交公司案今日开庭 苏大老师：轨交票务规则第十三条应

---

[1] 内容根据苏州广播电视总台台长陆玉方在2019年11月9日“建设性新闻：理念与实践”的中国社会科学论坛上的发言整理。

属无效》《定了！明天上午，苏大女生状告“轨交卡低于七块六不让进站”案正式开审》《快讯！刚刚苏大女生状告“轨交卡低于七块六不让进站”案正式开审》《重磅！2019 年底前苏州轨交票务规则第十三条将修订，低于七块六也可进站！》《推动规则修改！苏大女生诉轨交公司案引发法学界大讨论》《与苏州轨交“较真”的苏大女生为什么赢？主审法官这样说……》，对案件全过程进行了持续追踪报道。尤其是最后两篇报道上传了网友的评论，采访了诸多法律界人士、专家学者，反映了民间舆论场的观点并对该案进行法律知识讲解、事实梳理与意义（如公益诉讼发展、国有企业的规则制定、行政管理的惯性思维与民众权益关系、民众的权利意识觉醒等）进行了详尽的解读。最终在媒体的持续关注与各方力量的推动下，该案也得到了圆满解决。原告与被告达成调解协议：苏州轨交公司于 2019 年 12 月 31 日前按最低票价进站的原则对票务规则第十三条修订并同步实行。[1] 从记者拿到线索—采访—报道播出—追踪报道——问题解决，在形成了新闻闭环的同时也为全国此类纠纷解决提供了一个标杆。

二、影响媒体建设性新闻生产的因素分析

本节以休梅克的“新闻生产的影响阶层模型”为理论参照，试图探究影响中国媒体建设性新闻生产的因素。通过对苏州广播电视总台新闻工作者的深入访谈，对影响该媒体建设性新闻生产的因素展开分析。具体分析从新闻工作者的个性特征、编辑室常规（或惯例）、媒体组织的性质、其他组织、意识形态这五个方面着手进行。

（一）新闻工作者的个性特征与新闻生产

休梅克新闻生产的影响阶层模型中第一个层次是个人层次，共包含三个方面：个人背景和特点；个人态度、价值观和信仰；传播者的专业角色（个人层面）和道德框架。本书从这三个方面展开分析，探究新闻工作者的个性特征对建设性新闻生产的影响。

---

[1] 沈珍珍，张利荣，赵海云.与苏州轨交“较真”的苏大女生为什么赢？主审法官这样说……［EB/OL］.（2018-12-15）［2020-01-31］. https：//html.kan0512.com/index.php？_hgOutLink=news/NewsDetail&id=1549184.

1. 个人经历与背景

访谈发现，苏州广播电视总台的7名新闻工作者的工龄至少为3年（1名），最多的是22年（1名），剩余的5名新闻工作者分别为6年（1名）、7年（1名）、9年（1名）、13年（2名）。加入苏州广播电视总台的年限分别为3年（2名）、4年（1名）、6年（1名）、7年（1名）、13年（2名）。其中，有3名记者在加入苏州广播电视总台之前有过其他媒体供职经历，分别为6年（1名）与9年（2名）。具体情况如表5–1所示。

表5–1 苏州广播电视总台受访者之个人经历与背景

媒体名称	被访者	职务	新闻工作工龄；加入苏州广播电视总台时间及年限	加入苏州广播电视总台前有无其他媒体工作经历	个人背景与经历
苏州广播电视总台	R记者	苏州广播电视总台融媒体中心，“看苏州”新闻客户端记者，《一槌工作室》负责人	13年；2016年加入，工作4年	有	男性，政法类大学毕业，专业法制新闻方向；作为一线记者在九江电视台工作9年；2016年加入苏州广播电视总台融媒体中心，从事法制新闻报道
	S记者	苏州电视台新闻综合频道记者、编辑；《苏城议事厅》前线记者和编导	7年；2013年加入，工作7年	无	女性，教育技术专业，实习机会进入苏州广播电视总台，担任过《新闻夜班车》《社会传真》《苏州新闻》前线记者、编导
苏州广播电视总台	B记者	苏州广播电视总台广播节目制作中心“政风行风工作室”负责人	22年；2007年加入，工作13年	有	男性，1998年在银川交通广播电台担任记者、主持人；曾任央视西部频道出镜记者；广播的所有节目类型都做过；除《政风行风热线》外，还负责脱口秀节目《毕口秀》

（续表）

媒体名称	被访者	职务	新闻工作工龄；加入苏州广播电视总台时间及年限	加入苏州广播电视总台前有无其他媒体工作经历	个人背景与经历
苏州广播电视总台	W 总监	苏州广播电视总台融媒体中心副主任兼节目总监	13 年；2007 年加入，工作 13 年	不确定	男性，2007 年加入苏州广播电视总台后，在总台交通经济频率担任主持人、记者、副总监；电视节目制作中心节目总监；2018 年起担任融媒体中心副主任兼节目总监
	M 记者	苏州广播电视总台融媒体中心，“看苏州”新闻客户端记者，《这事我来管》前负责人	3 年；2017 年加入，工作 3 年	无	男性，2017 年 2 月实习成为融媒体中心独立记者，后担任节目独立编导
	L 记者	苏州广播电视总台融媒体中心，“看苏州”新闻客户端记者，《有事问食药监·周四查查吃》前负责人	9 年；2017 年加入，工作 3 年	有	女性，在《嘉兴日报》担任财经记者 6 年，采写产业经济方面新闻；2017 年加入苏州广播电视总台融媒体中心，负责跑市场监管、工商食药监、质检、知识产权、物价
	Y 记者	《苏城议事厅》编导、记者	6 年；2014 年加入，工作 6 年	无	男性，2014 年加入苏州广播电视总台，负责过方言评论类节目《李刚评话》，在新闻评论部做专题及公众号

注：表中统计时间截至 2020 年。从表中 7 名被访者的个人背景与经历来看，女性新闻工作者有 2 名，男性新闻工作者有 5 名；学历均在大学本科及以上；所有被访者皆正担任或曾经担任过专职记者且有较为丰富的媒体工作经验；绝大多数被访者加入苏州广播电视总台的时间相对较长，对该台新闻运作及相关情况均有一定的了解。

2. 个人态度、价值观和信仰

休梅克认为个人态度、价值观和信仰包括三个方面，分别是个人政治态度；个人价值观；个人宗教倾向。在我国新闻媒体语境下，主要表现为个人价值观。通过访谈发现，“法治精神”“社会治理”“和谐社会”被苏州广播电视总台的记者频繁提及。

> W总监认为建设性新闻记者应该具备的品质可以概括为“三心二义”，其一是恒心，对事件保持持续的关注，例如“上海迪士尼翻包事件”就关注了半年，该案也是处在不断的演化过程中，没有恒心根本无法做到；其二是仁心，要感知世间冷暖，感知对方的无助，有起码的感知度；其三要有一颗勇心，很多人习惯性放弃，勇往直前太难，没有进一步打破砂锅问到底的精神永远得不到结果。“二义”指专业主义与社会正义，专业主义指要有高于普通记者的敏锐度洞察力、资源掌控力；社会正义指有一颗正义之心，坚守信念不动摇。（苏州广播电视总台融媒体中心副主任兼节目总监，从事新闻工作13年，访谈编号：20191212）

此外，W总监、S记者、Y记者等被访者在访谈中频频提及了“参与社会协同治理”及“共创和谐社会”的重要意义。总之，从个人价值观来看，苏州广播电视总台的被访者皆强调媒体的社会责任，注重社会秩序，希冀为社会治理贡献一份力量。

3. 传播者的专业角色和道德框架

如果说传播者个人背景与特征、个人态度、价值观和信仰主要是由大众传播之外的力量所塑造的，那么传播者的专业角色和道德框架则主要是在工作中形成的。[1]休梅克将传播者的专业角色和道德框架概括为职业角色与道德认知。

学者布雷德（Breed）将记者的职业角色描述为一种社会化过程，记者发现（新闻价值）并将（新闻）职业地位、规范和价值内化。在对新闻记者社会化的研究中，布雷德描述了记者如何通过观察和经验来了解他们的组织需要什么。同时，新记者也以“潜移默化”的方式快速学习相关规则并遵守相应的政策，比如听他们的上级讨论各种新闻报道的利弊。政策信息不仅取决于高管们说了什么，也取决于他们没有说什么。[2]而道德框架与职业道德、与职业相关的权利与义务相关。

---

[1] GANS H J. Are U.S. Journalists Dangerously Liberal?［J］. Columbia Journalism Review，1985（11−12）：29−33.

[2] BREED W. Social Control in the Newsroom：A Functional Analysis［J］. Social Forces，1955：326−335.

通过访谈发现，从职业角色来看，所有被访者均认为新闻工作者应当是“参与者”。除了参与者外，“介入者”“提问者”“协调者”也被较为频繁提及。被访者认为在新时代下，记者不能仅满足于充当信息传递者的角色，还应该担当主动介入的参与者，推动问题的解决。

> R记者认为，媒体工作者的社会角色和以往有区别，以往是保持旁观的角色，但是现在更多是主动介入的角色，在积极性、主动性方面被多次强调。可能有的人会对我们栏目的客观性有点担忧，我觉得没必要，因为我们栏目主要是采用了一个方式与理念：媒体＋法制。我们的底线就是法律。我们不突破法律的底线，保持客观性。我们的愿景就是要把这个问题科学合理地解决。所以说这一点（客观性）不用担心。（“看苏州”记者，《一槌工作室》负责人，从事新闻工作13年，访谈编号：20191109）
>
> S记者认为编导与主持人主要表现为观察者、提问者，一方面，主动发现问题并向相关部门提问，不能加入主观情绪；另一方面，记者要到一线去，将老百姓的声音放出来，让（相关部门）知道百姓的诉求与呼声并给予回应。例如，在“十二项三年行动计划”的相关节目中，主要就是告诉政府企业面临怎么样的困难，将负责人请到现场，给予回应。（栏目《苏城议事厅》前线记者和编导，从事新闻工作7年，访谈编号：20191211）
>
> W总监认为记者、编辑、总监依据各自的职责，角色各不相同。其中记者作为呈现者，主要呈现事件，全流程研究分析事件，邀请相应的专家介入事件当中给出对策，可能还要邀请事件利益相关方出来，该和谈的和谈、该协调的协调，开诚布公地找矛盾点，该化解的化解，最终推动问题解决。所以记者应该是制订解决方案的牵头人。对于编辑来说，没有直接参与整个事件，但是作为旁观者，需要把关问题的导向。作为审核者，可以提供建议，可以让事件有更好的呈现方式，扩大传播力。传播力大有利于事件解决。总监主要是充当把关者，把控方案、方向。（苏州广播电视总台融媒体中心副主任兼节目总监，从事新闻工作13年，访谈编号：20191212）
>
> Y记者认为记者与编导的角色表现为报道者与桥梁，传递讯息的同时搭建双方的沟通桥梁，平衡、协调好媒体、政府与市民之间的关系。（《苏城议事厅》编导、记者，从事新闻工作6年，访谈编号：20191214）
>
> B记者认为记者应当是主动参与者与协调者，参与到事件当中，沟通协

调两方，帮助两方寻找解决办法，帮助管理部门完善办法。（苏州广播电视总台广播节目制作中心“政风行风工作室”负责人，从事新闻工作22年，访谈编号：20191211）

从道德框架来看，许多受访者频频提到一个词——“职业精神”，R记者将它称为“不忘初心，铁肩担道义”，这也正是他加入苏州广播电视总台的原因，因为“心中还有新闻理想，想把新闻本职工作做好”；S记者认为记者要走基层，到一线去看去找，才能贴合实际，这也是新闻人的责任；W总监认为“近些年媒体变化的无非是传播介质和接收终端，传播的规律和属性没变，用户的需求也没变，无论是传统媒体时期的华彩起舞还是在新媒体实践中的角色转型，作为媒体人的初心和使命，没有变”。

概言之，苏州广播电视总台新闻工作者的个性特征与新闻生产的关系如下：

其一，个人经历与背景对记者建设性新闻生产有间接影响。主要体现在两个方面，一方面，结合前文“建设性新闻实践情境”中对“人员资质的要求”相关内容来分析，个人经历、背景决定了进入苏州广播电视总台从事新闻工作的门槛，例如对于应届生须具备一定学历条件，近几年研究生学历居多且大多数毕业于海内外知名高校，并需要在新闻岗位上锻炼一段时间，3～6年不等；对于社会招聘人士，需要具备媒体工作经历，能尽快上手，因此，具备一定的学识及丰富的从业经验是从事该台建设新闻生产的前提与保障。另一方面，个人经历与背景对个人态度、价值观和信仰甚至是职业角色、道德框架产生直接影响，从而对新闻生产产生间接影响。记者个人经历很大程度上影响其态度、价值观及信仰。访谈中，R记者提到“对于法制报道有种情怀在里面：2006年毕业后，先在一家企业待了几个月，后来想到自己的专业是新闻，还是想从事新闻行业。然后去了江西九江电视台负责民生栏目《直播九江》，主要帮助大家维权，做舆论监督，民众利益受损会联系我们。随后由于时代背景因素，意识到传统媒体人应该主动寻求改变，也因为对新闻有点梦想，就出来拼一拼了，到了苏州广播电视总台”。

其二，个人态度、价值观和信仰对记者建设性新闻生产有一定影响。正如休梅克认为个人态度、价值观和信仰对媒体内容的影响难以做出全面的阐述，在本研究中，苏州广播电视总台新闻工作者的个人态度、价值观和信仰对新闻生产影响并不是直接显现出来，而是更多表现为“理念指导”，例如《一槌工作室》负责人R记者推崇法治精神，他认为建设性新闻需要依靠法制的力量来促成双方的协商，从而推动问题解决。

但是需要注意的是传播者个人对于信息的处置权还受到更大的权力的影响，编辑室惯例、媒介组织、其他组织、意识形态等约束力量会抵消个人态度与价值观对内容的影响。例如，《苏城议事厅》的 Y 记者曾言，“建设性新闻在中国的表现形态注定与西方不同，需要跳出西方新闻专业主义范式，从马克思主义新闻观理解。从国民性上讲，中国人办事需要领头的。媒体可以起到领头作用，领什么头，怎么领头，需要各方加强沟通”。

其三，传播者的专业角色和道德框架对记者建设性新闻生产有直接影响。记者等新闻工作者对自身专业角色、道德框架的认知，直接影响新闻生产与内容呈现的方式。访谈过程中所有被访者都对建设性新闻理念表示了认可，尤其是对于“参与者”的角色有较为深刻的认识，并用此理念指导新闻实践。

《一槌工作室》的 R 记者提道，“建设性，往深了讲就是符合时代发展的需求，和时代同频共振。所提出方案、意见，要有益于问题推动，切切实实将问题解决掉，而且应该有未来的眼光，不能为了解一时之困饮鸩止渴，而是要形成规章、制度。我们仍需努力探索更佳的报道方式”。

《政风行风热线》的 B 记者提到在媒体行业摸爬滚打这么多年，传统媒体、新媒体都做过，见证了媒体融合变革的力量。技术终端、渠道虽然发生变化但是新闻本质没有改变。而且越发感觉到民生新闻与时政新闻无法分开，对于发布政府政策的政务新闻与投诉、热线类的民生新闻，建设性新闻可以将两者统合起来。（在媒体行业）工作这么多年，感受最大的是政府的相关工作人员对媒体态度的变化，从原来的严防死守、抵触到现在包容接纳，共同发现问题，解决问题，寻找未来发展方向。媒体与政府的紧密程度在加深，肩上的责任也越来越大，我们做的不仅是曝光，而且要参与其中解决问题。同时，具有丰富媒体经验的 W 总监则从道德框架方面提出工作多年更感觉到要坚守媒体人的初心。

总之，传播者的专业角色和道德框架对该台建设性新闻生产影响较为明显。它影响了新闻工作者的内容创作，使得他们呈现的内容与仅仅秉持“中立者”“旁观者”的记者报道内容迥然不同。而记者的道德框架，尤其是职业道德、媒体责任的认知，坚定了这些新闻从业者的职业信仰，促使其热情投入建设性新闻生产之中。

（二）编辑室常规与新闻产制

德国社会学家卡尔·曼海姆（Karl Mannheim）写道："严格说来，说一个人在思考是不准确的。更准确的说法是个人对别人之前的想法进行了进一步的思考。"[1]换句话说，人是社会动物，他们参与的行为模式不是他们自己创造的，他们说群体的语言、按照群体的思维方式思考。作为群体中的个体，通过对常见情况无数次的思考（总结）进而形成了自己的思维方式。[2]这个群体的思维方式就是新闻常规或新闻惯例。

自怀特开启了对"盖茨先生"把关研究以来，学者们逐渐意识到"盖茨"这位媒体工作者不是作为孤立的个体存在，而是受媒体组织环境与常规的制约，代表媒体机构，遵守组织的规定、章程，维护其利益。某种程度上说，新闻内容生产与"标准化"工业制品的生产并无二致。比如学者班茨（Bantz）认为电视新闻编辑室就像一个"新闻工厂"，沿着"装配线"将任务分成若干小块，从产生新闻创意到播报新闻[3]一条龙服务。同样，新闻业需要遵循特定的程序、步骤与规范，新闻业称之为"常规"（或称惯例、职业规范）（Routines），即一套规范化的流程安排。这些"常规"有利于媒体机构对外界做出基本的预判并及时做出反应。

休梅克认为媒体工作日程受三个方面制约：（信息）加工者、（信息）消费者、（信息）提供者。具体而言，可分解为新闻价值判断与预测（包含叙事策略）、客观性、新闻的外部来源。本研究从这三个方面出发分析编辑室常规（或惯例）对新闻生产的影响。

1. 新闻价值判断标准

结合前文"新闻选择"中的相关内容分析，苏州广播电视总台建设性新闻的新闻价值判断标准表现为接近性、重要性、时新性、争议性、不寻常性。接近性，从新闻报道比例可以管窥一二，苏州本地新闻占主导，其次是长江三角洲区域新闻，零星有一些全国关注度较高新闻或案件。从报道内容与记者的新闻选择

---

[1] SHOEMAKER P J, REESE S D. Mediating the Message [M]. White Plains: Longman, 1996: 100.

[2] 同[1].

[3] BANTZ C R, MCCORKLE S, BAADE R C. The News Factory [J]. Communication Research, 1980, 7 (1).

来看，政府重大政策及相关部署、与民众切身利益相关事项、热点新闻事件是报道重点，此为“重要性”。从报道时间来看，突发事件抢先报道，此为“时新性”或“及时性”。对于不公平条款“据理力争”，维护百姓权益，例如“苏州大学生状告轨道交通公司案”与“上海迪士尼翻包事件”，此为“争议性”与“不寻常性”。由此可见，苏州广播电视总台的新闻工作者对中国特色社会主义新闻理论的活学活用，在准确理解（新闻事实）的基础上，按照新闻价值的大小进行了合理排序，切合了当前实际并满足了公众的需要。

从苏州广播电视总台的建设性新闻叙事策略来看，在陈述事实基础上，对事实予以点评、解读、诠释，同时兼顾受众需求，调整叙事策略，增强“可看性”，例如《苏城议事厅》节目播报过程中的VCR短片、智能语音播报机器人“小贝”为节目增添趣味性；《一槌工作室》中的“一槌·短视频”是迎合当下短视频风口的新闻产品，“一槌·拍案”“一槌·法评”是应民众法律资讯获取与咨询诉求的新闻产品。以上皆是为吸引受众注意力而设计，是记者、编辑等新闻业者日常工作中不可或缺的一环。

2. 媒介论述的边界之客观性

学者塔奇曼认为客观性是一种仪式，主要是用来保护组织的产品免受批评。“客观性”是媒体惯例的重要组成部分，它包括一系列程序：依靠可证实的事实，用引号来陈述，包括在一篇报道中使用许多人名来排除记者的观点，援引相互矛盾的陈述及为“事实”提供补充证据[1]，恰当地将重要信息融入倒金字塔叙事范式之中。

笔者通过访谈发现，在问及“如何看待新闻的客观性与记者的主观介入”这一问题时，苏州广播电视总台的新闻工作者普遍认为两者并不冲突。负责不同栏目及担任不同岗位工作的从业者结合自身实践经历做出了不同的回答。

> R记者认为，“做建设性新闻，可能有人质疑，这与媒体客观中立的立场存在一点点矛盾或者冲突。但我认为两者并不冲突，只要以法律为根据，不逾越法律的底线，往积极建设性方向去做就不存在问题”。（“看苏州”记者，《一槌工作室》负责人，从事新闻工作13年，访谈编号：20191204）

[1] TUCHMAN G. Objectivity as Strategic Ritual：An Examination of Newsmen's Notions of Objectivity［J］. American Journal of Sociology，1977（77）：660-679.

S记者认为需要倾听政府与民众两方面声音，“不管是主持人还是编导都是观察者和提问者，他们是老百姓和政府之间沟通渠道的搭建者。政府相关部门提出问题，我们会顺着这个问题去提问，但是我们不太会过多地参与，也不太会让主持人去加入一些主观的情绪。记者的参与就是到一线去问老百姓的心声并提出问题，引起相关部门的关注，现场给予回应。对于主观介入我们还是比较克制的，我们不会将主观的意愿强加在百姓身上，有困难我们都会去提出，但是不会对任何一方有所偏向。代表老百姓提问题也要考虑到相关部门的实际情况。报道还是要做到公正和平衡的。从节目宗旨来看，我们要推动问题解决及社会治理，肯定要主动策划一些专题，代表百姓发出声音，邀请相关嘉宾，那么肯定是要去主观推动的，这也是做这个节目的意义”。（栏目《苏城议事厅》前线记者和编导，从事新闻工作7年，访谈编号：20191211）

Y记者认为，“建设性新闻要求我们去主观地介入推动问题的解决，这和以往不同，原来记者的身份就只是报道者而已，至于推动解决这一方面是很少会考虑的，但既然转向（建设性新闻）了，我们就需要考虑这方面了。编导可以通过剪辑来控制节目时长，比如将两个小时的节目素材剪成40分钟，把一些无效或无关紧要的信息剪掉，突出重点问题，一切以有利于问题的解决为依归”。（《苏城议事厅》编导、记者，从事新闻工作6年，访谈编号：20191214）

B记者与Y记者观点相似，认为记者的主观介入以解决问题为依归，与客观呈现不冲突。记者是要主动去寻找问题解决的办法，但是这个办法不是记者说了算，能做的只是帮听众一起梳理问题。我们不会偏向当事人的某一方，而是去寻找权威的部门来帮助当事人，帮助相关部门完善自己的制度，最终解决问题。记者的主观性对问题处理及报道不会有主观的诱导性。这也是我们节目的调性”。（苏州广播电视总台广播节目制作中心“政风行风工作室”负责人，从事新闻工作22年，访谈编号：20191211）

M记者认为需要辩证两面地呈现问题，不存在纯粹客观的报道，“我觉得新闻既然是记者书写的，肯定带有一定的态度在里面。如何展现客观事实，需要辩证地看待。另外对于从事建设性新闻的记者而言，其实个人是没办法解决问题的，我们要做的是抛出问题，让老百姓知道，连同政府部门商量怎么样来共同解决这个问题。纯粹的客观呈现不利于问题的解决，关键在于把握好中间的度”。（“看苏州”记者，《这事我来管》前负责人，从事新闻工作 3 年，访谈编号：20191212）

L 记者认为对于“执法检查类”的新闻报道，可以从两个角色角度出发，平衡客观呈现与主观介入的关系，L 记者的办法是“既充当记者，去发现问题、报道现场，又充当用户，以常理去观察并体验”。（“看苏州”记者，《有事问食药监 · 周四查查吃》前负责人，从事新闻工作 9 年，访谈编号：20191214）

概言之，苏州广播电视总台的新闻工作者在日常新闻报道中，对于媒体论述边界有较为明确的认知，对于客观呈现事实的新闻工作惯例有一定的共识：认为需要拿捏好客观呈现和记者主观介入的度。从事法制新闻报道的记者认为法律底线是两者之间的准绳；时政新闻栏目的记者认为反映政府与民众两方的声音、辩证地呈现、不加入记者的主观倾向，就可以算作公正、平衡的报道了，同时认为建设性新闻本身就是有主观意图的，推动问题解决过程中需要记者发挥主观能动性，纯粹客观地呈现事实也不利于问题的解决，这和节目初衷不符。还有记者认为通过剪辑与角色转换的方式也可以平衡两者之间的“度”，且认为不存在完全客观的报道。正如甘斯在 1979 年出版的《决定什么是新闻》（*Decisions What's News*）一书中写道，“记者努力做到客观，但他们和其他人最终都无法在没有价值观的情况下前进”。此外，现实判断永远不会完全脱离价值观。新闻中的价值很少是明确的，必须在行动者和活动被报道或忽略的方面及它们被描述的方式中找到它们。[1]

3. 新闻渠道与消息来源

新闻渠道与消息来源作为原材料决定整个报道的架构，这些新闻外部来源通常包括常规渠道、官方来源、专家三个方面。通过笔者深度访谈并结合前文框架分析中的“消息来源”发现，苏州广播电视总台的新闻“供应商”主要由常规渠道、官方来源、专家、其他组织构成。其中，常规渠道、官方来源是主导，主要指从正式程序如庭审、政府宣传口、新闻发布会等处获得的消息以及记者自己采集的消息；专家、其他组织（包含其他媒体及企业组织）为辅助来源。此外，专

[1] SHOEMAKER P J，REESE S D. Mediating the Message［M］. White Plains：Longman，1996.

家作为建设性新闻来源惯例组成部分变得越来越重要，新闻记者依靠他们展开背景介绍，解释新闻的意义。同时，出于客观性惯例的需要，一些不便于记者去公开表达的观点，也可请专家就新闻事件进行诠释与分析。

> R记者透露节目信源多元，"我们既有政府部门、部委办局主动提供的信息，还有爆料热线及网络上面的信息来源。总的来说，正式来源为主，其实这也是跟我们栏目的垂直领域相关，因为记者已经被分到各个领域里面去了，对这些部委办局的工作比较了解，每个节点都掌握得比较好。爆料和网络来源占的比例小一些，偏偶发性"。（"看苏州"记者，《一槌工作室》负责人，从事新闻工作13年，访谈编号：20191109）

《苏城议事厅》的S记者与Y记者在前文"新闻选择"里提及选题依据主要围绕三方面：政府重要工作、当前社会热点以及我们想做的（选题）展开，具体到消息来源分别是政府官方消息或报告、新闻线索搜集、记者自采的新闻。其中新闻线索，据S记者所言，会从一个名为"寒山闻钟"的本地网络社区平台收集投诉与建议；自采的新闻主要根据社会热点采集，例如关于苏州儿科医生盛锦云及苏州第二图书馆的报道。

《政风行风热线》的B记者提到由于节目内容主要是政策热点与热线投诉，因此政府官方来源与市民投诉举报是其主要消息来源。此外，由于每周一上午、周四下午会做法律咨询类的节目，每个月还会有一档专题节目"人大代表走进直播间"上线，每个周五上午是部委办局做客直播间，因此，法律专家、政府官方是主要信源。行政执法类节目《有事问食药监·周四查查吃》前负责人L记者提到新闻内容主要由几个部分组成：政府部门每年例行的工作检查、老百姓关心的议题、突发事件、时令检查以及一小部分记者卧底曝光事件，另外还有民众投诉和建议。因此，官方来源、记者自采新闻与民众爆料是主要消息来源。

概言之，常规渠道、官方来源、专家是苏州广播电视总台建设性新闻的主要消息来源，依据节目性质不同，信源的组合有所不同，但是官方来源均占主导；其次是专家、记者自采新闻，热线爆料等只占很小的一部分。

综上所述，编辑室常规很大程度上影响建设性新闻的产制。新闻价值判断对新闻选择产生直接影响，它决定媒体"报道什么"；客观性惯例影响着媒体论述边界，它决定媒体"如何呈现（怎样报道）"；从新闻呈现结果来看，由于"惯例"的作用，各栏目的新闻议程呈现出高度的一致性。正如学者莱昂·西加尔

（Leon Sigal）所言，“只要新闻工作者遵循同样的惯例，信奉同样的职业价值观，并将彼此作为比较的标准，新闻报道就会趋向于孤立和自我强化。但这种孤立恰恰是新闻工作者所需要的。它为他们提供了一定的确定性，使他们能够在一个不确定的环境中行动”[1]，即在共识中寻求确定性。最后，新闻渠道与消息来源则作为原材料，从根本上影响着新闻的结构。这些新闻常规构成了媒体工作者日常工作环境，影响着新闻生产。此外，从以上苏州广播电视总台新闻工作者对新闻客观性惯例的论述，可以看出马克思主义新闻观与中国特色社会主义新闻理论对其开展新闻工作的指导。新闻业者秉持事实是第一性的，是新闻的本源，新闻是第二性的，是对客观事实如实的报道；强调用事实说话，注重新闻的客观性，以符合最大多数人民利益作为评价新闻报道是否客观公正的根本标准；例如R记者强调法律准绳的作用，法律是根据大多数人民利益而制定的，如此一来，坚持了新闻报道客观性和倾向性的统一。

（三）媒体组织的性质与新闻理念及价值观

第三个层次是组织层次。组织层面的问题围绕组织构建、内部权力行使展开，具体分为组织所有权、目标、政策。本研究从这三个角度连同组织新闻理念、价值观出发考察其与新闻生产的关系。

1. 组织性质与新闻立场

苏州广播电视总台自2002年1月1日起正式运行，是苏州区域最具影响力的媒体；围绕苏州市委、市政府中心工作开展新闻宣传，牢牢把握正确舆论导向，为苏州社会经济发展和文明进步营造良好舆论环境，提供强大舆论支持。[2]正如R记者所言，“作为党管媒体，我们要坚定不移地贯彻“围绕中心，服务大局”的精神做好宣传工作”，苏州广播电视总台建设性新闻栏目的新闻理念与价值观也必然同党管媒体的立场相一致。

《苏城议事厅》的新闻立场如其栏目宣传语所示，“共创美好生活”。从宗旨来看，该栏目是为更好加强党委、政府和民众的沟通互动，打造畅通民意的表达渠道，推进社会治理，同时也帮助民众了解公共政策出台的过程，增强决策的透

[1] SHOEMAKER P J，REESE S D. Mediating the Message［M］. White Plains：Longman，1996：117.

[2] 苏州广播电视总台企业简介［EB/OL］.（2017-04-27）［2020-02-03］.http：//www.csztv.cn/doc/ 2017/04/27/56086.shtml

明度而创办；通过访谈及定期回访加强舆论监督，发现问题、解决问题，调动各方力量参与社会治理，共同促进美好生活的构建，通过引入建设性新闻的理念，不断提升媒体的传播力、引导力、影响力和公信力。[1] 正如该台融媒体中心的 W 总监所言，“节目立足当下，面向未来，为未来提供方案。我们的依归是人们对美好生活的向往”。

该台的另一个建设性新闻栏目《一槌工作室》的新闻立场可见其官方介绍，“深耕法治领域，追踪大案要案，通过新媒体的锐视角和新手段，弘扬法治精神”[2]。该栏目的负责人 R 记者将节目立场概括为，“贯彻中央精神，建设法制苏州、平安苏州”。

该台准建设性新闻栏目《政风行风热线》的新闻立场是“聚焦社会热点，关注民生话题，沟通各界观点，探索解决之道”[3]。专题栏目《这事我来管》的新闻立场是“让城市管理无死角；让苏州，我们的家更美好”[4]，该栏目的记者 M 将其通俗地解释为“帮助老百姓解决问题，推动社会治理进步”。另一个专题栏目《有事问食药监・周四查查吃》的新闻立场是“关注食品安全，关注民生”，L 记者认为节目宗旨在于发挥媒体舆论监督，推动社会进步。

概言之，苏州广播电视总台的组织性质对该台建设性新闻的立场、新闻理念、价值观具有直接影响。该台的建设性新闻紧紧围绕党管媒体的宣传工作要求展开。例如，《苏城议事厅》第一至十一期节目内容与苏州市“十二项三年行动计划”高度相关。R 记者在访谈中多次表示，在节目制作过程中全面贯彻党中央精神，为扶贫献一份力，“融媒体中心目前正在策划一个关于扶贫的一个大型的融媒行动——‘小康路上、爱心云屋’2020 网络公益微行动。习近平总书记在党的十九大报告中提出“三大攻坚战”，其中之一就是脱贫攻坚战，2020 年就是收官之年。我们也想在后续工作中通过一些建设性手段和方法介入扶贫过程中去。

---

[1] 《苏城议事厅》节目播放页面［EB/OL］.［2020-02-03］.http：//www.csztv.com/wldst/zt/spzt/1942910.shtml? tdsourcetag=s_pcqq_aiomsg.

[2] 一槌工作室节目播放页面［EB/OL］.［2020-02-03］.http：//html.kan0512.com/index.php? _hgOutLink=special/specialDetail&id=318.

[3] 苏州市《政风行风热线》节目介绍［EB/OL］.［2020-02-03］. http：//www.eng.suzhou.gov.cn/zfhf/index.asp.

[4] 《这事我来管》编者按［EB/OL］.［2020-02-03］. https：//html.kan0512.com/index.php? _hgOutLink=special/specialDetail&id=315.

一方面，能够实实在在地帮扶到一些人，帮助一些人真正地脱贫，不仅在物质上脱贫，更重要是要扶智、教育。通过这些组合，防止贫穷的传递。这块也是我们的目标。可能放得更远一点，希望可以通过这样深入一线的采访和帮扶的新闻行动，总结出经验及模式，向更多的地方去推广"。由此可见，苏州广播电视总台作为党管媒体，履行了新闻事业的喉舌职责，恪守了党性原则，在此基础上，该台围绕党和国家中心工作开展新闻服务，守护着社会主义新闻传播的阵地。

2. 组织目标

苏州广播电视总台的目标除了完成上述新闻宣传工作，生产高质量新闻服务大众之外，还表现为经济目标。总台的"雄心"是建设全国一流的城市现代传媒产业集团，具体通过（节目建设积极推进本土战略、品牌战略和创新战略，全面提升媒体公信力、影响力和竞争力）。[1] 对于该台建设性新闻栏目的经济与社会目标，融媒体中心的 W 总监做了如下回顾、展望与部署。

"今年我们在中国社会科学院新闻与传播研究所的指导帮助之下算是第一年起步，根据相应实操的理论规范和具体采编策划的一系列流程规范，进行了建设性新闻探索，这个探索应该说到目前为止还是很有效的，也出了一批比较影响力、能够推动相应领域进展的一些案例，比如'苏州大学生状告轨道交通公司案''上海迪士尼翻包事件'分别对司法领域、国内乐园游园规则领域还是有一些推动的。未来首先要保障组织的规范，在人力上可能要进行相应的配置，让团队更专业化。另外一点就是希望在日常的操作当中，如采编过程也揉入建设性新闻的理念，就是说不仅仅这是一个组的事情，我们要把它融入日常，让它变成一种常态的新闻。其次，对更多的案件、案例进行跟踪与深挖，希望通过我们的实操能够有一套地方实践的模式，也是通过我们的试点来探讨一点经验。

"对于具体的栏目，例如《一槌工作室》，有两方面的设计，一方面是流量端。基于流媒体平台，比如，抖音，我们也开设了'一槌视频'账号，目前的态势比较好，大概运营了不到一个月，粉丝有 23 万左右吧。接下来可能在流量端上，发一些司法领域的短视频剪辑、二度创作分发传播，传播和

[1] 苏州广播电视总台企业简介［EB/OL］.（2017-04-27）［2020-02-03］.http：//www.csztv.cn/doc/ 2017/04/27/56086.shtml.

普及法制知识，进行正能量的引导。另外，这个流量端的号做大之后，我们会进行线上的法律问题解答，把网友在法律方面的困惑、法律难题做成短视频，在网络上分发，也能够进一步彰显我们《一槌工作室》在司法领域的网络影响力及服务性。另外是影响力端，主要基于客户端，深耕苏州本土的公检法，和检察官、法官一起做一些深度的新闻行动，类似抓‘老赖’活动直播，推动解决执行难的问题。开展线下进社区的活动，和社区打通，创建‘法律援助小屋’的概念，进行挂牌，品牌下沉能辐射这个社区居民，形成网格化的品牌传播优势。

"还有就是城市管理和交通这一块儿，2018年我们主要以城市管理为主要报道目标，接入了城管局的‘微城管’后台系统。广大的网友、市民可以通过电视台的后台或者城管系统的后台反映问题。我们从中找出一些具有典型性、共性的问题，进行现场执法，现场也会直播。因为过去大家对城管有些误解，也出现了一些不太好的案例，我们进行现场直播之后，第一，能够凸显城管执法的公正性和规范性；第二，确实也能够在一定程度上督促城管要文明执法，要本着为民服务的宗旨；第三，真实客观地反映城管和被执法者之间的互动，也能够更好地让市民了解其中的不易。这是我们的初衷，也一直在做，以后我们还会继续推进，帮助城管提升基层治理能力。我们也希望通过《一槌工作室》提炼出或者总结出一套具有借鉴意义及共性的社会问题的解决方案"。(苏州广播电视总台融媒体中心副主任兼节目总监，从事新闻工作13年，访谈编号：20191212)

与W总监建设性新闻发展目标与理念类似，R记者在"建设性新闻：理念与实践"国际学术论坛上演讲结束后，接受笔者访谈时表示，"在会上，清华大学的史安斌教授等多位国内外专家对我们苏州广播电视总台在建设性新闻上的探索给予了肯定。同时，还对我们提出了一个更高的要求：希望我们突出广电的优势，能够在建设新闻领域探索上有更宏观的视野，为中国乃至全球问题的解决提供方案。他举了一个例子，比如说扶贫，苏州作为江南地区，富庶之地，自古以来就是"天堂"，早已脱离贫困。我们国家提出在2020年全面建成小康社会，苏州正在向更高的阶段去发展。那么苏州多年来的发展经验，尤其是百姓致富的经验能否为脱贫提供可借鉴的经验呢？我们认为在这块其实有很多可以做的事情，也有很大可操作的空间。媒体在扶贫这个过程中应该大有可为"。总之，以建设性新闻理念为指导，推动社会治理，实现苏州广播电视总台公信力、影响力和竞争力的全面提升，是该台的目标所在。

3. 组织政策

组织机构内部的运作需要成员相互的配合与协作完成。休梅克将媒体组织分为一线员工、中间层、高层。从信息的把关来看，处于核心位置的把关人（如报社的社长或电台、电视台的台长）具有较大的权力制定媒体机构的政策，无论是书面的还是非书面的形式，这些政策都会影响讯息的选择。[1]

笔者通过访谈发现，受访者或多或少提到了该台融媒体改革政策对节目生产的影响。早在2016年起，苏州广播电视总台便不等不靠、真融深融[2]，推动体制创新，正如台长陆玉方所言，“苏州电视台是一个地级媒体，实际在这轮媒体融合中还处于比较尴尬的境地，我们自己感觉有点不上不下，特别是此轮的县域融媒体建设，要求县域融媒体中心跟省级云平台对接，我们有很强的危机感和孤独感……推动媒体融合建设全媒体是我们面临的一项非常紧迫的任务，哪怕我们是地级媒体也同样要做好，对党对人民和时代做出一个答案。旧的平台在衰落，新的平台不起来就没有未来，所以媒体融合是我们转型的必由之路”[3]。此外，苏州广播电视总台每年都要制定融媒发展规划，例如2018年制定了原创内容聚合、融媒技术赋能、泛资讯短视频产品、主播秀迭代IP孵化、融媒政经影响力提升、政务互动平台建设和全网传播渠道建设七项工程[4]，这七个工程分别对应七个项目小组，台长定期以现场推进会方式，按照工作任务项目化、项目目标化、目标节点化、节点责任化的要求，抓住节点，检查推进，落实到绩效考核跟踪的每个环节。[5]由此可见，以融媒体改革推进政务传播创新是该台建设性新闻的方向。

从媒体机构内部控制来看，诚如学者布瑞德对新闻编辑室社会控制的研究所

---

[1] 休梅克 .GATEKEEPING 大众传媒把关（中文注释版）[M]. 张咏华，注释 . 上海：上海交通大学出版社，2007：86.

[2] 王朝明，陆玉方 . 专访苏州广播电视总台党委书记、总台长陆玉方：不等不靠，真融深融，能快则快 [J]. 电视指南，2019（14）.

[3] 陆玉方 . 苏州广电融合创新的六个转型 [EB/OL].（2019-03-22）[2020-02-04].http：//www.ttacc.net/a/news/2019/0322/56065.html.

[4] 近 1800 场主播秀 苏州广电总台打造主流媒体“网红”[EB/OL].（2018-07-01）[2020-02-04].http：//news.2500sz.com/doc/2018/07/01/303567.shtml.

[5] 陆玉方 . 以机制创新探索城市广电融合发展新模式 [J]. 视听界，2019（6）.

揭示的那样，“政策并不是指公司的印刷规则，而是指报纸新闻和社论对问题和事件的隐晦和一致的定位，主要围绕党派、阶级和种族分歧展开”[1]。组织内部的控制如同“看不见的手”，指引着新闻工作者日常工作的展开。这种控制可以是直接的，如建立相应的奖惩机制，通过晋升、加薪、降职、解雇来完成，也可以是间接的，如长久以来不成文的规定等，一线工作者与编辑可通过观察、推测与经验积累来完成。

近年来，苏州广播电视总台采取显性与隐性控制手段促进该台新闻工作者向融媒体方向转型。其一，在机构方面，新设业务单元，人员转岗融入。新设融媒技术部、融媒管理部两个单元，专责融合生产的技术支撑和考核评估，供给侧结构性改革后约有 30 人电视采编团队转岗至客户端，100 多名新老采编、摄像进入融媒采编团队。各栏目均有 10% 社会效益评价占比；调整首发、优发“看苏州”客户端权重，传统采编部门月度绩效设 20% ~ 45% 融媒占比，促进节目一线融合转型真抓实干。[2]

其二，培训员工进入新媒体公司进行业务实践学习，探索工作室制度。如陆玉方所言，“2017 年初，面向全台招聘组建短视频工作室，10 位来自不年龄、不同岗位、不同专业背景的中青年业务骨干放弃原部门或大或小的待遇，自愿集结从头开始，我们耐心孵化、潜心打造。这 10 位初创成员全脱产，到全国知名短视频互联网公司学习，先做学员后做导师”[3]。融媒体中心的《一槌工作室》也正是在这个时期创建的。

其三，思想上促进转型，创办融媒创新大赛，提高新媒体考核占比。苏州广播电视总台每年组织一次融媒创新大赛，要求每个员工都要提出新媒体的融合方案，至 2019 年已经连续进行四届，每年都有几百份方案，推动全员转型。在新媒体考核方面，陆玉方曾言，“我们的电视栏目，除了过去的收视率、市场份额等的考核以外，他对新媒体的贡献度必须达到 50%，这样他才能拿到每个月的奖金。体制的倒逼推动媒体的融合，应该说，三年时间思想上的转型还是取得巨大的效果”。此外，管理部每个星期都会把各个媒体的传播力、影响力做统计，每

---

[1] SHOEMAKER P J，REESE S D. Mediating the Message［M］. White Plains：Longman，1996:163.

[2] 陆玉方．以机制创新探索城市广电融合发展新模式［J］．视听界，2019（6）．

[3] 同[2].

天把传统媒体跟新媒体融合中产生的效果数据呈现，推动媒体融合。[1]这促使一些传统业务单元，如电视、广播栏目的新闻工作者每日必须完成一定的新媒体业务“份额”。例如电视栏目《苏城议事厅》除了40分钟节目视频外，还需要做一些融媒体产品，如“议题正解决”“已解决”“待解决”“议事·征集令”“智囊团”“快问快答”等内容板块定向发“看苏州”客户端。这使得记者在布局设计之前就要提前考虑将素材制作成新媒体产品，以新媒体的逻辑，如传播率、点击率都绩效考核来思考节目制作，通过这种方式，促使传统的新闻工作者转型，改变了新闻生产流程。

除了融媒体改革政策，苏州广播电视总台作为党管媒体需要履行党性原则，贯彻“党管媒体姓党”，做好党的宣传阵地。正如多位访谈者一再强调的“围绕中心，服务大局”，遵守各项规定，做好舆论宣传工作。具体到该台建设性新闻报道的考核，尚在探索阶段，具体办法还在研制。W总监在访谈中表示，“可能考虑适当提高建设性新闻报道作品工分占比，例如，深度报道可以给打到5分甚至10分，算是弥补了记者用时间换质量”。

综上所述，媒体组织层面对建设性新闻生产的影响是直接且显在的。组织性质很大程度上影响新闻的立场、理念及价值观。苏州广播电视总台作为党管媒体，是社会主义事业的重要组成部分，是以中国特色社会主义新闻理论为指导的。制定并执行政策的管理者在决定新闻决策、发展方向方面发挥着重大作用，控制着新闻编辑室的运作。新闻工作者的日常新闻生产受组织机构目标、政策的制约。奖惩机制与不成文的规定等影响着组织内部的工作环境、编辑室惯例及内容的呈现，鞭策或规训着新闻工作者并内化到从业者职业认知之中，指导其日常工作的开展。正如R记者所言，“我们媒体对纪律要求、流程管理都有文件，甚至是团队的绩效管理都有文件，总台有严格的制度，凡是进入总台的工作人员必须遵守。我们属于总台内设机构之一，这些规章制度，对我们也是有效的。我们媒体人特别是一线的采编人员就相当于一个要经常外出打仗的士兵，必须要令行禁止。这也是对新闻工作者一个基本的要求。我们中心制定的这些文件，也是在广泛征求的基础上民主形成。大家首先要知晓，其次要认可。对于大家都认可的

[1] 陆玉方．苏州广电融合创新的六个转型［EB/OL］.（2019-03-22）［2020-02-04］.http：//www.ttacc.net/a/news/2019/0322/56065.html.

规则，遵守的情况还是比较良好的”。

此外，媒介组织内部的控制可以通过奖励、惩罚机制体现出来，调控着新闻资源的分配，并如同指挥棒一般“操控”着新闻工作者执行政策的方式。《一槌工作室》的负责人R记者在访谈中提及总台从2019年1月份开始，每月安排奖励基金，鼓励一线采编人员创作生产优秀作品。台里结合员工各自工作的特点去设置这些奖项，把这个奖励基金用好用透，奖励给平时工作积极，比较优秀的同志，通过奖励他们来带动广大的小伙伴共同把这份事业做好。像融媒体中心的采编团队，每个月都会涌现出一些优秀的小伙伴，他们被冠以“创新王”“排版王”“直播王”“行动王”的荣誉。至于“出色”的衡量标准，从采编一线的记者来看，首先必须要为平台做出贡献，比如说能够很好地服务中心大局，将党和政府的一些政策及时地宣传报道好；同时，还要受到广大用户的点赞、表扬；另外，在创新创优上，新媒体特别讲究创新。比如在一个月内，某项工作有很重要的创新贡献，改变了现状或者说填补了空白。当然，如果说有违反规则、违反文件的，我们也是有相应的处罚措施的。总的来说，奖惩相结合。

（四）社会机构的影响

休梅克认为社会机构对新闻生产的影响，主要表现为信源、广告商与观众、企业与政府、经济环境、技术这五个方面。有学者将其他组织的影响概括为“外部压力”，由信源压力、经济压力、政治压力、同伴压力[1]（来自其他媒体组织）组成。从苏州广播电视总台的实际情况来看，主要表现为信源、广告与经济环境、政府、技术、文化与受众这五个层面，本研究以此为出发点展开分析。

1. 信源

信源与媒体某种程度上可以看作原材料供应商与销售商的关系。记者一方面作为“采购员”选取原材料，另一方面作为“加工商”烹制“菜肴”（报道），最终加工成品对外销售（提供给受众）。记者有时不一定亲临现场“采购”，需要“原材料供应商”告知“材料品质”（事件经过与原因）等细节性信息。记者根据前方反馈，进行采选。在采选的过程中，需要综合考量的因素有很多，如媒体组织需求、产制流程、价值倾向、采选者的业务素质等。总之，信源作为“原材料

---

[1] 黄旦．传者图像：新闻专业主义的建构与消解［M］．上海：复旦大学出版社，2005：200-208.

供应商”从根源上影响作为“销售商”的媒体的结构、业态及呈现形态。

吉伯（Gieber）和约翰逊（Johnson）认为，鉴于现代大众社会的错综复杂，信源和记者（及他们的社会系统）常常是互为依赖，但他们的关系不是静止不变的。于是他们利用韦斯特利－麦克莱恩模式把其中的受众因素排除在外，衍化出三种有关信源和传播者关系的模式（1961）：信源与传播者分离模式、信源与传播者部分同化模式、信源与传播者完全同化模式[1]。从苏州广播电视总台的新闻实践来看，情况比较符合第二种“信源与传播者部分同化模式”，信源和记者属于不同社会机构的成员，受制于各自社会系统的要求，在被指定的传播角色方面进行合作，他们有着某些共同的目标[2]，信源一方需要传达信息，传播者需要获取信息，发表新闻，完成媒体组织的任务。

对于信源与媒体之间的张力，融媒体中心W总监对此有所印证，“我们有一个聚焦食品领域的‘食全食美工作室’，关注食品安全，因为“民以食为天，食以安为先”。苏州也在创建全国食品安全模范城市形象。我们去年做了一个节目叫《有事问食药监·星期四查查吃》，每个星期四我们会上线一期视频直播节目，由网友来说怀疑哪个饭店可能有点问题，我们就去查查它的后厨，跟执法人员一起查到底有没有问题。如果没问题那很好，我给你证明没问题，我甚至还给你做了一个小广告；如果有问题，那对不起我们会曝光，现场执法人员也会现场处罚。通过每周四的现场执法，一方面能够威慑所有的酒店、饭店切实遵守食品安全的规定，规范操作、诚信经营、童叟无欺；另一方面也能充分调动起执法部门，使他们的检查常态化，因为有的时候他们只有接到报案了，或者说饭店吃出问题了，出现食物中毒了才会去查处，这属于事后执法，显然不能有效地震慑违法违规行为。今年上半年面临着各个局之间的调整、转力，接下来我们可能还会推进，一方面为给民众创造一个透明安全放心的食品环境出一份力，另一方面也跟执法部门切实地联起手来，优势互补，执法部门用法律来惩戒，媒体用舆论监督来威慑，共同做好这方面的工作”。

概言之，苏州广播电视总台各报道条线与媒体之间的关系表现为互相需要，相互合作。各条线口或信源方有传达信息、塑造良好形象的需要，希望通过信息

---

[1] 黄旦．传者图像：新闻专业主义的建构与消解［M］．上海：复旦大学出版社，2005：200-208.

[2] 同[1].

供给的方式，操控信源，将最好一面展现出来，达到“宣传”效果；而媒体一方有新闻报道、发表的需要，希望最大程度获得有价值的信息，完成特定的传播角色，有时可能充当信息的传播者（如此与信源方需求有重合之处），也有可能充当监督者（如此可能与信源方需求出现舆论方面的不一致）。正如《有事问食药监·星期四查查吃》节目方在创建全国食品安全模范城市形象方面与信源的一方苏州市当地的食品监督管理部门的宣传诉求是一致的，但是如果在报道中出现食品安全问题，媒体将会行使舆论监督的角色，让违法者及调动食品执法部门检查、执法，促使执法部门从事后执法转换成事前执法，最终可能促成执法部门工作安排的改变。

2. 广告与经济环境

广告与经济环境分别构成媒体的收入来源及其运作的环境，对媒体生存发展产生重大影响。访谈发现，市场因素对苏州广播电视总台的建设性新闻生产影响不大。一方面，由于该台实行新闻采编与广告收入严格分开的管理制度；另一方面，该台建设性新闻栏目处于试水阶段，主要靠台里“注血”方式进行运营，暂无创收要求与压力困扰。从经济环境来看，受益于苏州当地经济发展成就以及近年来苏州广播电视总台良好发展势头，该台营收在全国城市台属于前列，例如仅三大产业 2018 年营收就超过 3 亿元[1]，较大的市场规模使得该台更有可能、也有更有实力产生优质的原创内容。以下是受访者对总台及所运营栏目收入来源、经济环境的回复。

R 记者从经济环境层面对该台营收情况以及栏目《一槌工作室》运营情况予以阐释，“传统媒体营收在下滑，全国的媒体都在积极地探索融媒转型。苏州本身经济体量很大，苏州广播电视总台多年来发展的势头也挺好的。尽管广告方面有所下滑，但是相对于其他媒体来说，状态还比较稳定。台里实行采编和广告经营严格分开制度。总台有一个战略规划部门，每年会给总台下面归属的各个部门设定目标任务，媒体很大一部分靠自收自支，所以广告应该是媒体赖以生存的一个支柱。‘看苏州’客户端是从 2016 年才成立的。2016 年到 2018 年，我们目标就是增强影响力，扩大粉丝量。但是实际上随

[1] 2018 年三大产业营收超 3 亿元，看这个电台是怎么做到的？[EB/OL].（2019-01-09）[2020-02-05].http：//www.sohu.com/a/288053288_657264.

着影响力的提升，2018年的时候我们已经有了一定的创收，而且这些创收基本上都是主动找过来的。除了广告收入外，线下活动也是主要收入来源，广电有自身的优势，比如说我们的演播室，优秀的主持人才、策划人才，大型公司有活动会主动找我们帮着策划、组织、开展”。(“看苏州”记者，《一榧工作室》负责人，从事新闻工作13年，访谈编号：20191109)

对于栏目营收，W总监、《苏城议事厅》的S记者与Y记者、《这事我来管》前负责人M记者均表示，栏目目前没有广告及赞助商等收入来源，台里“注血”是栏目主要资金来源。W总监表示建设性新闻生产主要表现为理念变革，无相应的经济压力。访谈者皆强调了节目制作与经营分开对于新闻自主生产的重要性：利益诉求会破坏新闻的客观性与公正性，采编经营分离可以从根本上杜绝这一点。

《政风行风热线》栏目的B记者表示工作室目前没有经营压力和指标要求，但是跟政府部门合作的一些项目，比如帮助政府来做一些道德楷模、身边好人分享会，扫黑除恶走进社区等外场活动、落地活动，会收取一些费用用于节目制作，构成片头、片花、节目包装费用来源。对于赞助，由全媒体营销中心来统一进行广告营销，可能赞助商会提出一些要求，但是我们跟总台在这方面达成了一致，就是对于一些必须要答复的或者是要解决的民众关心的问题，无论是否是赞助商都要求他第一时间给予答复。

3. 政府

从我国制度及国情来看，国内媒体建设性新闻生产过程中的主要影响因素来自于政治层面。政府作为一种限制、调节、促进、参与力量[1]，或显在或潜在地影响内容生产，主要形式包括制定宣传政策，分配宣传任务，传达党中央宣传精神，严肃宣传纪律；对新闻稿件严格把关，新闻机构内部的“三审”甚至“四审”“五审”制度与此相关；除此之外，还有一系列具体的行业规定规范着新闻工作者的从业行为。此外，政府相关部门对于一些获得良好社会效应的新闻栏目可能予以相应补助、奖励，以激励媒体做出优质的报道，为社会服务。例如，鉴于所取得的成效和积聚的影响力，苏州广播电视总台融媒体中心《一榧工作室》被苏州市法制办和财政局共同评为2018年度全市“关爱民声法制行”优秀项目

[1] 黄旦.传者图像：新闻专业主义的建构与消解［M］.上海：复旦大学出版社，2005：200-208.

并获财政奖励资金扶持[1]；创新食品安全监管的融媒栏目《星期四查查吃》被评为江苏省食品药品监管优秀新闻作品（新媒体类）一等奖[2]；“看苏州”新闻客户端打造的《这事儿我来管》专栏，创新城管执法新模式，被中国社会科学院新闻与传播研究所选定为研究对象，上报中宣部新闻局，获得领导肯定及一致好评。[3]政府等行政部门还可能参与到新闻报道之中，与媒体合作，共同促进社会问题的解决。就政治层面对建设性新闻生产的回复内容如下。

S记者表示由于栏目本身就是得到政府相关部门支持的，就政治层面对新闻生产的影响而言，主要表现为调节、支持、促进、参与作用，“坚持正确的政治立场，弘扬社会正能量本身就是我们新闻人的基本要求。政府宣传管理部门作为《苏城议事厅》的主办方之一对节目支持力度挺大的，节目创办之初他们就帮我们协调各个部门，一起去做沟通工作。‘整治超限超载’那期就是他们帮助协调的”。（栏目《苏城议事厅》前线记者和编导，从事新闻工作7年，访谈编号：20191211）

W总监表示政府方面对建设性新闻方面还是比较支持的，同时这也反映了近些年政府相关部门的变化，“原先政府相关部门可能基于宣传思维对负面事件有本能的恐慌，但是随着基层治理越来越公开透明，新闻媒体服务群众引导群众的功能增强，越来越多的部门认识到媒体不一定是添乱者，而一定是帮忙者。做建设性新闻应该说是顺水推舟，对媒体而言得心应手一些”。（苏州广播电视总台融媒体中心副主任兼节目总监，从事新闻工作13年，访谈编号：20191212）

Y记者则表示媒体论述时要把握好边界，有一定的政治意识，“政府层面机密内容不能做（报道）；政府方面也没有想好，也没办法向媒体说。”。（《苏城议事厅》编导、记者，从事新闻工作6年，访谈编号：20191214）

B记者表示作为党管媒体，充当党的耳目喉舌，我们的政治站位一定要

---

[1] 苏州市广播电视总台.看苏州这项计划启动，吸引了全国30多位专家前来捧场［EB/OL］.（2019-07-28）［2020-02-06］.http：//www.sohu.com/a/329881864_351257.

[2] 苏州广播电视总台.这档融媒栏目厉害了，上线半年就拿下一等奖！［EB/OL］.（2018-11-07）［2020-02-06］.http：//www.csztv.cn/doc/2018/11/07/360328.shtml.

[3] 苏州市广播电视总台.“看苏州”在京揽获“TV地标”大奖！地市级媒体客户端全国首家［EB/OL］.（2018-12-25）［2020-02-06］.http：//www.sohu.com/a/284367165_351257.

以宣传党的思想为主，这是不可动摇的。我们做的所有新闻报道首先要有一个自我约束，严格遵守宣传部规定。对市委宣传部而言，需要引导民众推动政府治理，在这个过程当中我们的节目肯定要符合相应的政策，包括地方宣传系统的一些规章制度和政策，这个我们要无条件遵守，因为媒体最根本的原则就是党性原则，听党指挥，党领导一切。所以作为资深的媒体人，必须要无条件执行党的各项规定，坚守政治底线”。（苏州广播电视总台广播节目制作中心“政风行风工作室”负责人，从事新闻工作22年，访谈编号：20191211）

M记者与B记者观点类似，“要确保报道不要引起舆情，具体而言，选题方面要慎重考虑，自觉遵守一些约定俗成的行业准则，有政治意识，接受主管部门的管理，对于极端事件需要通过主管部门的审查再报道；报道产生次生舆情并不是我们节目的初衷”。（“看苏州”记者，《这事我来管》前负责人，从事新闻工作3年，访谈编号：20191212）

4. 技术

在技术层面，苏州广播电视总台积极推进媒体融合创新，自主研发支撑全媒体新闻平台（中央厨房）的“SBS媒体云”系统，推进“多来源汇聚、多媒体制作、多渠道分发”体系建设；打造新媒体技术百人自主研发团队，约占整体技术人员的一半，1/3为高级职称，拥有发明专利1项、实用新型专利授权3项；以“统分结合、柔性组合、项目推进”方式整合新媒体技术力量，新媒体技术部（世纪飞越公司）主攻县域融媒中心项目、社区智慧治理项目；融媒中心技术团队主攻“互联网+政务党务/民生服务”，两支团队良性竞合。[1] 总之，苏州广播电视总台在新媒体技术研发、人员储备方面先行一步，技术管理方面齐心协力，合理分工形成竞争机制，发展态势良好。这反馈到建设性新闻生产方面，促进其生产流程再造，增添了智能传播元素，例如，视频快速回传功能使得30多个摄像岗位每天近千条素材实现快速回传。[2] 正如M记者所言，“每日的工作，除了传统的采访报道外，需要前后端彼此合作，我们向后方编辑技术团队提出创想和

---

[1] 陆玉方. 智媒建设的“闯”与“创”[EB/OL].（2019-12-27）[2020-02-06]. http://finance.ifeng.com/c/7sk3dLYOFvH.

[2] 同[1].

要求，融媒技术团队与我们对接，记者主要负责整个统筹工作，最终完成融媒产品设计与制作”。演播室智能集成化[1]优化了节目传播效果，在《苏城议事厅》里智能语音机器人“小贝”的运用增添了节目的趣味性，提升了受众感官体验。

5. 文化与受众

文化层面对苏州广播电视总台建设性新闻生产的影响主要表现为潜在影响，文化包括地域文化、坊间文化及整个大的文化环境，它们不仅影响着建设性新闻栏目的定位、议题选择，而且影响着受众的喜好与品位，甚至影响着建设性新闻发展走向、风格及效果。几位受访者从他们各自工作经验出发，将文化、受众及栏目运作勾连起来，给出不同的答复，具体内容如下。

R记者推崇法律文化，认为法律是打通各地文化差异的共同视角，“全国各地都有方言，彼此之间如何能够打通，如何能用同样的视角达成最大公约数，我认为是法律。虽然观点不一致，但是对法律的解读是相同的。阅读党的十九届四中全会公报之后，我对依法治国、法律制度完善持积极乐观的态度，每年出台法律法规的速度很快，一直在发展与完善。因此，我认为‘一槌’大有可为，通过典型案例的分析，最终用法治力量促成问题的解决，是未来大趋势”。（“看苏州”记者，《一槌工作室》负责人，从事新闻工作13年，访谈编号：20191206）

S记者认为栏目选题、受众需求考虑等受文化环境、地域文化影响，同时地域文化对建设性新闻效果产生影响，“苏州人有一定的精神文化追求，对不论是语境方面还是延展议题方面都较为关注，这使得我们在选题策划的时候，会都考虑一些文化类议题，如古城文化、第二图书馆、文化产业；从地域文化上看，苏州还是挺开放的，有大量的外地户籍居民，对于这些用户的需求在回应的时候，需要全盘考虑；此外，苏州市政府办事效率比较高，民众的投诉、监督渠道也挺多的，比如说‘寒山闻钟’或投诉到我们媒体这里来”。（栏目《苏城议事厅》前线记者和编导，从事新闻工作7年，访谈编号：20191211）

W总监从地域文化方面对两者关系做了阐释，一方面，影响议题选择与

[1] 陆玉方．智媒建设的“闯”与“创”［EB/OL］．（2019-12-27）［2020-02-06］．http：//finance.ifeng.com/c/7sk3dLYOFvH.

关注度，另一方面影响受众性格及建设性新闻的效果，“正如一方水土养一方人。苏州是水城，民众对水环境敏感度高，水环境变化容易引发高度关注。如果放在其他城市，对水没有概念，可能不是那么强烈，比如水变绿了，可能觉得不是事，对个人也没有什么影响。正是因为苏州有水文化的浸润，所以这很敏感，影响我们议题选择；苏州人文明程度比较高，崇文重教，便于沟通，这对于事件的解决肯定是有益的；如果文化氛围比较浓的话，那么整个主管部门在施政方面可能会更加科学合理，更有前瞻性，在推动问题解决上可能也会更有利”。（苏州广播电视总台融媒体中心副主任兼节目总监，从事新闻工作 13 年，访谈编号：20191212）

B 记者同 W 总监观点类似，认为苏州人文环境对于问题的解决有助力，“苏州人比较温文尔雅，比较讲道理，与受众沟通起来比较顺畅，尤其对于热线投诉类节目而言，顺畅沟通有利于问题解决”。（苏州广播电视总台广播节目制作中心“政风行风工作室”负责人，从事新闻工作 22 年，访谈编号：20191211）

M 记者与 L 记者从所负责的栏目出发，发表了感想。M 记者认为，“从地域文化来看，苏州人解决问题方式相对比较温和，政府部门服务也相对不错，城市管理的目标是共建共治共管。我们成立了啄木鸟工作室，做城市的啄木鸟，找出其中的问题，希望市民能成为城市的一分子，我对苏州市民有信心”。（“看苏州”记者，《这事我来管》前负责人，从事新闻工作 3 年，访谈编号：20191212）。L 记者认为，从食品安全治理角度来看，“食品和每人息息相关，但是每个地方有各自的饮食偏好，苏州人爱吃面食，对早餐比较讲究，像苏式面馆比较被关注，这会影响到议题设置”。（“看苏州”记者，《有事问食药监·周四查查吃》前负责人，从事新闻工作 9 年，访谈编号：20191214）

此外，对于特定的议题，苏州广播电视总台还会与其他媒体组织合作，共同完成“议题接力”。《政风行风热线》的 B 记者提及 2019 年曾与上海东广新闻台等联合做了“长三角之声”，对长三角区域的市长进行访谈。“访谈由七家媒体集结、接力完成，对七个城市的市长访谈，但是没有想到这个雪球越滚越大，很多长三角周边的城市看到影响力之后决定加入，到目前为止已经做了 13 期了。上海市的常务副市长、南京市的市长、苏州市的常务副市长都走进直播间来跟我们面对面交流，就长三角一体化的国家战略发表了各自城市的一些做法和未来的展望。这算是跨媒介、跨区域的大型融媒报道，到目前为止总点击量已经破4亿。”

综上所述，其他组织对建设性新闻生产的影响是多方面的。正如中国特色社会主义新闻理论对新闻宣传的定性，它是一定阶级、政党和社会组织实现自身利益的手段。[1]信源、广告与经济环境、政治、技术与文化这五个方面皆各有其“利益诉求”。信源与媒体两者之间根据各自的利益诉求相互角力新闻生产的主动权，信源一方可能助力，也可能对信息传播产生阻碍，记者根据媒体报道立场及组织需求进行选择。广告与经济环境对建设性新闻生产的可持续发展有一定影响，但不是决定性的，采编经营分离的政策一定程度上“保护”了新闻工作人员免受创收压力困扰。政治层面的控制体现为显在与潜在两方面，前者表现为成文的规定及政策，后者表现为内化的职业角色认知，党管媒体的合法性地位、相关的资源及新闻工作者普遍有较强的政治意识和宣传纪律，这些使得党管媒体从事建设性新闻生产有先天的优势。除此之外，建设性新闻生产中政府角色也发生了转变，不仅是“被监督者”，还有可能是“协调者”与“参与者”，作为主力与媒体一道积极参与到社会治理之中，甚至可能是积极的“倡导者”，为优质的建设性新闻栏目提供奖励金，鼓励媒体进行建设性新闻再生产。技术尤其是融媒体技术的创新对于建设性新闻生产的效率、新闻展现效果有直接影响，改变甚至再造了新闻生产流程。文化层面对新闻生产的影响表现得较为“隐晦”，文化环境影响受众特点与喜好，间接影响议题选择、栏目定位，同时建设性新闻的问题解决方政府亦受制于文化环境影响，这对建设性新闻的效果即问题的回应与解决有直接影响。此外，媒体间的合作，形成媒体合力，有利于提高响应议题的关注度，扩大建设性新闻的影响力，为问题解决提供助力。

（五）社会系统的影响

意识形态作为一种象征机制具有特殊的重要性——通过这种机制，不同社会阶层的利益可以得到整合；通过信息共享，几个主导阶层能够对变化的社会条件做出兼容的反应。[2]研究意识形态对媒体内容的影响，主要探究大众媒体在传播

---

[1] 《新闻学概论》编写组．新闻学概论［M］．北京：高等教育出版社，2009：116.

[2] SHOEMAKER P J，REESE S D. Mediating the Message［M］. White Plains：Longman，1996：212–213.

这种意识形态时所扮演的角色，以及决定这种意识形态本质的力量。[1]具体而言，考察媒体人、媒体实践和社会关系与意识形态的运作规律；研究媒体作为意识形态、强大利益群体的延伸，如何将惯例、组织结构、其他组织等统合起来，以维护与控制主导意识形态并对其进行再生产。媒体与意识形态的关系从媒体与社会控制，权力与意识形态，新闻与意识形态等方面进行体现。结合苏州广播电视总台实际情况及笔者对该台建设性新闻栏目的文本呈现与对新闻工作者访谈笔录发现，意识形态对建设性新闻生产的作用表现为新闻文本呈现、对于“异常行为”的处理、新闻范式与霸权的互动这三个方面。

1. 新闻文本与意识形态

从建构主义角度出发看意识形态，它作为社会成员“想象的共同体”，其意义是被建构出来的，借助表征符码将社会现实及事实予以再现。新闻媒体作为符码传播的重要载体，通过文字、音频、视频、动画等形式按照一定的阐释框架叙述事实。本书将新闻框架分为高中低三层，各个层级框架如“新闻主题”“价值倾向”“消息来源”“问题呈现—问题回应—问题解决”“情感倾向”“字词选择与词性”的设定受特定的意识形态影响。

从拟态现实角度来看，媒体建构客观现实世界并将它传达给大众，大众以此形成主观认知，并将客观现实与媒体构筑的现实等同起来。然而无论是长期奉行新闻惯例的媒体组织抑或是媒体从业者，都难以避免地受意识形态的制约，因此媒体建构的事实或多或少地是带有一定意识形态色彩的主观现实，传达着传播者的意图及倾向。例如，苏州广播电视总台的建设性新闻的主题围绕苏州市“十二项三年行动计划”及其相关的延展议题、当地检察院与法院庭审及案件与新闻行动展开。从主题选择来看政府及其职能部门的重大决策、政策、事项是主要议题，其他事项是次要议题。从价值倾向来看，促进本地经济发展，提升政府服务水平，维持社会公平公正秩序，推进社会治理，保护文化遗产，保护环境，改善民生，创建法治社会等主流价值观是核心，受政府官方意识形态影响并与其保持高度一致。消息来源来看，官方来源、专家等常规渠道的来源是权威来源且是主导，很大程度上影响报道的结构，进而影响报道的倾向性。从问题框架来看，呈

[1] SHOEMAKER P J, REESE S D. Mediating the Message [M]. White Plains: Longman, 1996: 212–213.

现出来的问题、问题的回应方、解决方案的提供方与政府相关职能部门相关议程、人员形成高度“对接”，问政意味十足。从话语体系来看，归根结底是国家话语系统的符号再现与诠释。情感倾向则反映了媒体建构客观事实过程中的主观倾向。从分析结果来看，中立立场占主导，积极倾向次之，很少有消极立场，反映了媒体对客观、中立、平衡等新闻价值标准的坚守，同时有积极建构事实的主观意图。字词及所反映的词性作为新闻文本的微观结构，将隐藏其中的意识形态以惯常化、自然化的方式展现出来。例如，报道中频繁出现的词语“美好生活”“提升”“整治”“创新”等皆暗含一定的价值倾向，通过对词语选择，传播者将想要传达的深层意义予以传达，最终这些话语在约定俗成及人们习以为常之下完成意识形态的传递与渗透。

2. 异常行为的认知与处理

通过访谈发现，苏州广播电视总台的新闻工作者日常报道面临的情境可分为三种：合法或合理的争论、共识与异常行为。对于三者的认知与处理，访谈者态度高度一致，合法或合理的争论与共识具有传播的“合法性”，前者可通过客观、中立、平衡的报道予以展现，例如对于“苏州大学生状告轨道交通公司案”及“物业被罚30万案”这些争议性话题呈现多方声音与视角，在观点愈辩愈明与真理的自我修正中，完成全民普法宣传。对于共识领域，新闻工作者的角色是主流价值观的倡导者或宣扬者。苏州广播电视总台建设性新闻栏目的大多数报道属于此种类型。最棘手的是游离在合法、合理争论范围之外的“异常行为”，访谈者的统一处置措施是“主动屏蔽之”，使其在记者可控范围之内。

> 正如《苏城议事厅》的Y记者所言，“节目制作过程中编辑需要将敏感信息处理掉，像做垃圾分类那期，没有提及垃圾厂选址问题，因为谁都不愿意将垃圾厂建在自家周边，如果播出去，反而不利于问题的解决”。M记者与之观点类似，“引发强烈冲突与舆情的要格外慎重。另外，在选题把握上，如果一个问题完全无法解决或没有结果就不会做，很难找到相关负责人的也不会做，这其中可能会存在非常复杂的问题，比如历史遗留问题，一时半会儿并不能解决，毕竟和我们解决问题的初衷不相符”。(《苏城议事厅》编导、记者，从事新闻工作6年，访谈编号：20191214)

3. 新闻与意识形态的互动

文化研究范式的霸权理论为我们提供了别样的研究路径，它赋予意识形态以一定的自主权，表现为意义协商。具有一定自主权的媒体被赋予了信息传递的合法性，可信度得以保障，通过媒体实践、制度安排体现“强者”的叙事框架与惯例传统。身在其中的新闻工作者则将这些叙事框架与惯例内化为“职业意识形态”。

在中国媒体语境下，职业意识形态与主导意识形态表现为服从与互动关系。首先，新闻范式必须与主导意识形态相一致，正如诸位被访者强调的“围绕中心，服务大局”；其次，新闻范式与主导意识形态在互动过程中相互制约。建设性新闻生产深受意识形态的制约，通过静态的文本呈现与动态的意义建构与协商来完成。新闻主题、价值倾向、消息来源、问题框架等文本符号的再现与诠释皆反映的是国家的话语系统，并通过特定词语的选择潜移默化地将意识形态渗透其中；受主导意识形态影响，媒体主动对报道内容划定了界限，合法、合理的争论、共识由于符合主流价值观，属于“安全领域”报道范畴，在此范畴外的“异常”行为则受到“冷遇”，不被纳入公开报道的议程之列。在这一点上，建设性新闻生产制约因素与中国特色社会主义新闻理论相贴合。我国新闻工作要求遵循党性原则与“三贴近”原则，为广大人民群众谋利益，为社会主义服务、为党和国家工作大局服务，坚持以正面宣传为主[1]，这也是我国新闻事业的指导原则与基本方针。

此外，比起马克思主义结构范式、政治经济学范式，文化研究中的霸权理论更符合中国当下的媒体情境且更有解释力。新闻与意识形态之间的互动关系主要表现为新闻工作者的职业意识形态与权力意识形态两者之间的“张力”，一方面，主导意识形态作为主流价值观构成社会“意识形态环境”，职业意识形态深受其影响与制约；另一方面，媒体通过特定的叙事框架与惯例传统对社会现实进行意义建构，在此过程中完成了主流意识形态的再生产。

三、小结

本章旨在通过对苏州广播电视总台的建设性新闻栏目的生产过程与影响因素的微观分析来探究中国媒体建设性新闻产制与影响因素。首先，对该媒体的新闻

[1] 《新闻学概论》编写组．新闻学概论［M］．北京：高等教育出版社，2009：89-107.

生产理念、新闻选择、生产流程、建设性新闻实践情境进行呈现与分析；其次，结合休梅克的影响层次模型理论与中国特色社会主义新闻理论分析影响该媒体建设性新闻生产的因素。

总体来看，苏州广播电视总台的建设性新闻在产制过程中面临的实践情境如下：从新闻体裁来看，以新闻消息、深度报道为主。从新闻理念来看，聚焦社会热点问题，强调媒体对公共生活的义务与责任，从党和国家工作大局出发，反映着社会主义核心价值体系，以中国特色社会主义新闻工作的基本方针为指引；偏向于地方性的时政热点，希冀参与其中，协同社会治理。在新闻选择上，立足苏州本地，将长三角区域作为报道重点区域，以苏州市政府政策、决议、本市社会热点、民众需求为选择依据，作为地方性党管媒体，秉持“三贴近”原则，以服务当地受众为宗旨。

从产制过程来看，苏州广播电视总台较为严格执行三审制，从发现线索到选题研判、采访、制作、审核、播出每个环节都有较为严格把关，此外还对相关事件进行追踪报道，以推动事件解决，形成了完整的新闻闭环，一定程度上避免了“断头新闻”。从建设性新闻实践初衷来看，苏州广播电视总台明显是“有备而来”，目标明确地提出进行建设性新闻实践，与中国社科院新闻研究所合作，组织安排员工学习，建立建设性新闻实践小组进行试水，致力于打造建设性新闻的“苏州模式”。

参照休梅克的影响层次模型来看，影响苏州广电总台建设性新闻生产的因素表现方式如下：该媒体的建设性新闻生产受个人、媒体惯例、组织、其他组织、社会系统这五个把关层次的影响与制约。具体而言，个人层次对新闻生产有一定影响，其中传播者个性特征决定从业者的准入门槛及影响个人态度、价值观从而对新闻生产产生间接影响；职业角色、道德框架的影响表现较为直接，直接影响传播者的新闻理念与职业信仰。媒体惯例层次则直接作用于建设性新闻的产制流程，新闻选择价值标准与客观性惯例分别决定了报道或评论内容与方式；消息来源或作者来源则从源头上决定新闻内容的结构，这些守门人常规构成记者、编辑建设性新闻生产的情境。媒体组织层次通过组织性质、目标、政策直接影响、决定着新闻节目的“站位”、新闻生产的走向以及新闻工作者的工作环境与工作安排。社会机构层次对新闻生产的影响是多元的，信源方想要传达的内容与媒体需要报道的内容之间存在张力；广告与经济环境从长远看可能影响新闻生产，目前来看新闻生产较少受该层面的制约；政府很大程度上影响新闻生产，显在的明文规定与潜在的规则惯例影响着新闻选择、文本呈现；通过受众的中间作用，文化环境间接影响了新闻选择、栏目定位。意识形态具有“隐蔽”性，需要通过新闻实践如内容呈现、界限划定、意义建构的方式展现出来，媒体组织及从业者有意无意地将自身划归到主流意识形态阵营之中，为建设性新闻报道赢得了“合法性”身份的同时也在进行意识形态的再生产。因此，以上五个层次之间彼此相互关联，层层递进，共同展现了影响建设性新闻生产的层级。

苏州广电播电视总台建设性新闻生产在五个影响层次各自作用的程度与方式如下：其一，该媒体工作者个人对建设性新闻生产的影响相对较小，其建设性新闻实践则更多表现为“集体作战”形式，主要由该台的领导做出决策部署，成立建设性新闻小组，小组成员作为执行方，有组织地展开实践探索。作为地方性党管媒体，该媒体领导班子与新闻队伍管理较为严格，强调党和政府对新闻事业及活动的领导与管理[1]，较为重视集体主义精神，个人可发挥的空间相对较小。

其二，苏州广播电视总台的媒体惯例，一定程度上影响了该媒体建设性新闻生产的呈现方式。例如，对于新闻价值判断标准，苏州广播电视总台同时奉行重要性、接近性、及时性等标准。由此可见，新闻媒体性质与定位对新闻价值取向的影响。在消息来源 / 作者来源方面，苏州广播电视总台信源多元，以官方来源、专家等常规渠道为主。

其三，该媒体组织性质、目标、政策，直接影响了其建设性新闻生产的呈现。例如对于建设性新闻品牌打造，苏州广播电视总台注重内容的“新闻属性”，在新闻生产时商业方面的顾虑相对较少。

其四，社会机构层面，苏州广播电视总台主要受信源、广告与经济环境、政府、文化与受众影响。其中，广告等经济层面的影响因素对于该媒体的影响程度相对较小，得益于编营分离的政策。政府层面，在该媒体的建设性新闻实践中，政府职能部门及相关人员一方面作为消息的提供方、信息来源及作为嘉宾参与现场录制并接受采访；另一方面与媒体一道促成问题的解决，较为深入地参与到新闻生产的整个过程。政府角色也发生较大变化，从“被问责者”“被监督者”转向“调节者”“参与者”，甚至是“倡导者”。从技术层面看，技术对苏州广播电

[1] 《新闻学概论》编写组．新闻学概论［M］．北京：高等教育出版社，2009：219-222.

视总台的影响程度较深，融媒体等新型技术的运用加快了苏州广播电视总台新闻生产的“步伐”，再造了生产流程。文化与受众层面，该台除受社会大的文化环境影响外，还受地域文化影响，例如受当地“水文化”的影响，与水资源有关的议题重要性被凸显，这影响新闻议题的选择，同时，与地域文化间接对相关的政府机构行政作风和建设性新闻效果产生影响。

其五，社会系统层面，由于直接面对新闻现场，苏州广播电视总台的新闻工作者在建设性新闻实践中可能遇到异常行为，对此的认知和处理与意识形态密切相关。

综上所述，结合媒体的实践情境来看，建设性新闻报道与评论内容生产的影响因素层级符合休梅克影响层次模型理论。首先，传播者个性特征对内容生产的影响有限，媒体工作者有一定的能动性，但是受更宏观的社会结构的制约。同时，社会变革与技术演进迫使人们重新审视个人与更大结构之间的关系。随着新媒体技术的发展，加快了信息传递的速度，记者、编辑需要同时处理多项任务，也使他们有能力利用微博、微信等社交媒体打造个人品牌。例如苏州广播电视总台融媒体中心鼓励新闻工作者开通个人账号进行信息传播，形成了“珍珍有理”等个人 IP。其次，编辑室惯例与媒体组织对内容的直接影响呈现方式产生，苏州广播电视总台作为国有媒体强调“新闻属性”，恪守既有的报道传统，强调官方信息来源。再次，社会机构层次对内容生产的影响多元，从政府层面看，权力不仅从国家流向媒体，而且在两者相互适应的过程中以相反的方式流动。最后，社会系统层次作为以上四个层次“门区”影响力的基础，从根本上影响新闻生产的呈现样态。此外，中国特色社会主义新闻理论为该媒体建设性新闻生产及其影响因素的理解与阐释提供本土化的注解。

总的来说，新闻编辑室的等级制度和宏观外部环境对建设性新闻生产的影响相对较大，党和政府或对新闻事业直接进行领导与管理，或对其进行间接指导。新闻工作者受到新闻机构管理者、编辑政策、媒体法律法规等的严格约束。

概言之，尽管外部社会环境与媒体实践情境发生变化，休梅克影响层次模型理论对于建设性新闻内容生产研究仍有一定的解释力。但是该理论作为西方新闻传播理论，在对中国语境下的新闻生产进行分析时，还须“在地化”。应在中国特色社会主义新闻理论的基础上，借鉴、吸收其有益的部分。通过马克思主义新闻观、立场及方法，更有利于做出符合中国国情与当下实际的阐释，获得规律性认识，从而为建设性新闻实践提供现实指导。

第六章　中国媒体建设性新闻的媒介角色建构与呈现

本章意在探究中国媒体建设性新闻的角色建构与呈现，选取了苏州广播电视总台的相关栏目作为切入点。首先解析该媒体建设性新闻实践中的媒介角色建构，即媒体实际扮演“何种角色”，展现媒体对角色的建构过程及制约因素；其次分析该媒体建设性新闻栏目的角色期待与受众期待之间的现实落差，即受众希望媒体扮演何种角色，对比理想与现实两者的差距；最后对该媒体履行媒介角色面临的困难与选择进行展现。

一、媒体建设性新闻实践中的媒介角色建构

此处考察苏州广播电视总台从事建设性新闻实践时扮演的角色，研究以社会与媒介角色互相形塑为着眼点展开，总结出建设性新闻实践中的媒介角色建构的理论分析框架，在此基础上结合深度访谈资料，探究媒体的社会角色期望及媒体基于社会期望、角色认知、媒介功能与主观意愿对自身角色的建构与呈现。

（一）建设性新闻实践中媒介角色建构的理论分析框架

媒介角色建构包含媒介对自身角色的认知、媒介功能、社会期望、主观意愿等内容，简单来说是角色期望与角色认知的统一。其中，媒介角色期望又称媒介角色期待、媒介角色预期，受媒介组织机构自身实现目标、以政府与民众为代表的外界对媒体的期待、既有的媒介规范与社会规范这三方面的影响与制约。建设

性新闻作为一种新兴的媒体实践活动，同样受以上四个方面的制约，结合我国国情与媒体实践，其中“媒介规范与社会规范”表现为“传播制度与基本规范”。

角色认知又称媒介的主观能力，有学者认为它包括两方面内容，即行为体客观能够承担什么角色和愿意承担什么角色，媒介对自我的角色认知是其具体实施业务操作的重要依据。[1]媒介根据自身实际情况，决定“能做什么”；同时，根据组织目标与利益诉求，决定“想做什么”。

概言之，媒体在建设性新闻实践中的角色建构是媒介角色期望与媒介角色认知的统一体。在组织目标、社会期待、传播制度与基本规范要素影响下，在媒介角色的认知的基础上，对实际能力、主观愿望求进行权衡，确定扮演什么角色，最终完成对自身形象的建构。具体如图 6-1 所示。

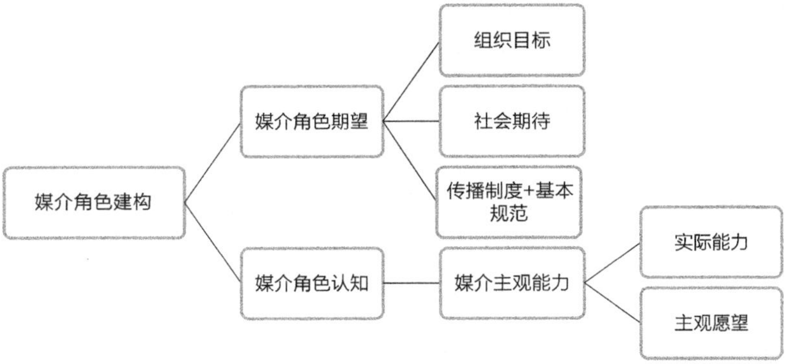

图 6-1　中国建设性新闻实践中媒介角色建构的理论分析框架图[2]

（二）苏州广播电视总台建设性新闻实践中的媒介角色建构

1. 媒介角色期望

访谈发现，苏州广播电视总台建设性新闻实践中的媒介角色期望由组织目标、社会期待、传播制度与基本规范相互交织而成。

从组织目标来看，总目标是建设全国一流的城市现代传媒产业集团，提高苏州广播电视总台的公信力、传播力、影响力，“讲好苏州故事，弘扬暖心正

[1] 周榕. 我国公共危机传播中的媒介角色研究［D］. 武汉：武汉大学，2013：40.

[2] 笔者参照“周榕：《我国公共危机传播中的媒介角色研究》，武汉：武汉大学 2013 年博士论文”的基础上结合本研究内容绘制。

能量”❶。

从社会期待来看，主要包含政府期待与受众期待两个方面。政府期待包括做好新闻舆论宣传工作，为政府掌握民生舆情动态提供支撑。❷对于受众期待，受访者给出了不同的回答。《一槌工作室》的R记者认为是“（媒体帮助社会）创造美好的生活”；融媒体中心的W总监与《这事我来管》的M记者皆认为受众对媒体的期待是“问题的解决者，（媒体）能直接解决（民众）提出的问题”；《苏城议事厅》的Y记者认为受众期待随着节目性质而变化，“如果是具体的民生新闻，可能期待媒体以公正、公义的角度做好报道，甚至认为如果和某个部门冲突，媒体应该偏向于民众；在建设性新闻中，受众期待发生转向，问题的解决者、沟通者更多一些，是社会责任的履行者”；《政风行风热线》的B记者认为受众对媒体的期待是“问题的调解方与沟通方”。

从传播制度与基本规范来看，我国实行社会主义制度下的媒介规范，内容包括：①中国的新闻传播事业实行社会主义公有制；②中国社会主义新闻事业是中国共产党领导下的事业，必须坚持党性原则；③社会主义新闻传播事业执行报道新闻、传递信息、引导舆论、提供娱乐等多方面的社会职能；④社会主义新闻传播事业具有重要的经济功能。❸

概言之，苏州广播电总台建设性新闻实践中的角色期望是在履行社会主义制度下的媒介规范及讲好苏州本地故事、弘扬暖心正能量的基础上，满足社会各方面对媒体的期待。

2. 媒介角色认知

访谈发现，被苏州广播电视总台的新闻工作者频频提及的媒介角色是“社会事务的参与者”“解决问题的推手”抑或“问题解决的推动者”“观察者”“提问者”“解困者”“报道者”“沟通双方的桥梁”“调解方”“沟通方”“中介”“组织者”。

---

❶ 苏州广播电视总台．讲好苏州故事　弘扬暖心正能量——千里挑一！“SBS暖视频”喜提“学习强国”微视频大赛一等奖［EB/OL］．（2019-12-26）［2020-02-09］.http：//www.csztv.cn/doc/2019/12/26/527628.shtml.

❷ 陆玉方．智媒建设的“闯”与“创”［EB/OL］．（2019-12-27）［2020-02-06］.http：//finance.ifeng.com/c/7sk3dLYOFvH.

❸ 郭庆光．传播学教程［M］．北京：中国人民大学出版社，2008：144.

而以往对新闻从业者媒介角色调查得出的结论是对报道事实、观察和解释事件等“信息功能”最为看重，对监督政府、设置议程等“政治功能”则最不看重。[1]苏州广播电视总台从事建设性新闻实践的记者则与以上调查结论相反，最看重的角色是偏向于“政治参与”功能的“参与者”与“推动者”。诚如该台《一槌工作室》的负责人R记者所言，“我们立志于探索中国的建设性新闻，记者的职能角色必然发生变化，记者不只是旁观者，还应该是社会事务的参与者，这是我们栏目的出发点，在报道过程中为受众提供建设性方案、提供意见，引导公众往建设性方面讨论”。可见，从业者的媒介角色认知，既可能决定新闻报道的风格和内涵，也可能影响新闻媒介的社会功能。[2]

此外，访谈发现，苏州广播电视总台的被访者对于媒介角色的认知受媒体实际情况与主观愿望的影响。被访者们表示受限于媒体本身功能、职能的影响，虽然媒体人有解决社会问题的雄心，但是媒体不能“越界”，也没有权力直接解决问题，顶多能反映问题。正如《苏城议事厅》的Y记者所言，“反映问题是媒体人的本职工作，对我们来说，展现各方声音最符合栏目定位，毕竟我们不能亲自去解决问题。具体节目呈现方面，既要呈现市民的声音，还要呈现政府声音及媒体人的思考”。

概言之，苏州广播电视总台的被访者们对建设性新闻实践中媒介角色的认知是在综合考量了媒体实际情况与主观愿望基础上得出的。媒介角色既有偏向于政治参与及公共传播功能的“社会事务的参与者”“问题解决的推动者”“解困者”这一全新定位，也有“观察者”“提问者”“报道者”这一偏向于提供信息、报道事实的中立角色及基本使命，同时还有“架起双方的桥梁”“调解者”“沟通者”“中介”“组织者”这一体现民生时政节目特色的媒介角色。

3. 媒介角色建构情境与实践

苏州广播电视总台建设性新闻实践者的媒介角色建构具体来说是在了解媒介角色期望的基础上，根据媒体实际能力与主观期望，最终完成角色扮演的过程。《苏城议事厅》的S记者将角色建构过程描述为“一整套组合拳”，是各个部门人

---

[1] 张志安，吴涛．“宣传者”与“监督者”的双重式微——中国新闻从业者媒介角色认知、变迁及影响因素［J］．国际新闻界，2014（6）：66.

[2] WEAVER D H，WILHOIT G C. The American Journalist：A Portrait of U.S. News People and Their Work（2nd ed.）［M］. Bloomington：Indiana University Press，1991.

员齐上阵、职能分工的产物，“主持人作为‘提问者’和‘沟通者’，负责现场向访谈嘉宾提问并与之沟通；记者作为‘报道者’，负责后期的追踪报道；编辑负责剪辑，呈现节目；政府相关部门作为‘解决者’，负责推动政策落地。同时，政策最终落地需要媒体花时间和相关政府部门配合、沟通，因此媒体还需要履行‘督促者’的角色”。

然而，媒体角色建构的过程并非一帆风顺，媒介角色期望与媒介角色认知之间存在着张力，两方并不是完全对等的关系，存在着冲突与不一致。本书从两个具体的案例及访谈记录出发，以媒体在现实报道过程中的作用、扮演的角色及履行角色的情境为立足点，探究并呈现总台建设性新闻实践中的媒介角色建构过程。

（1）“业委会难产”事件中的媒体“介入”

融媒体中心的W总监以“业委会难产事件”为例，对媒体在社区治理报道中的角色情境进行讲解，“很多地方小区可能存在一些垃圾死角。我们曾经报道过一个案例，有一个20年的垃圾山迟迟没法解决，因为涉及各方利益，我们融媒体中心介入，从问题的分解到后期各个部门的协调沟通，包括与法律专家座谈，做了大量的工作，帮忙解决了问题。但是我们发现其实在整个事情的背后具有社会普遍性，其他社区可能也存在这个问题。除了这个案例之外就是业委会迟迟没有成立，这里面除了物业主观上不愿意让业主成立一个业委会来监督他们之外，还有一些问题是业主缺乏经验所致。这里面有一个社会现实问题就是业主的年龄普遍较大，他们空有一腔热情，对于业委会成立整个流程当中的一些规范、手续可能不太懂，有的时候就是好心办了坏事，不符合流程，所以迟迟成立不起来。外界看这个事情，可能会简单粗暴地认为肯定是物业阻拦，其实不是那么简单。

“再推导一下，整个业委会的人员构成里面还能够折射一些社会现象，为什么年轻人不愿意参与社会治理或者不愿意参与自己所在的这个社区的治理？他们没这个兴趣，这也是一个很大的问题。只能去靠那些老年人解决，但是老年人又不具备这方面的法律常识且不熟悉整个流程的具体操作环节。我们曾经聚焦过一个案例，就是他们跑了很多次迟迟没有成立业委会。最后都公布了，也没有成立，是因为流程不合规被社区驳回了。他们觉得很委屈——成立个业委会怎么就那么难？我们调查之后发现这里面是很多问题的。这样的个例其实普遍存在，因为业委会内部本身就有很多矛盾，业主跟物业的矛盾也不好调和。但是他们有共性，所以我们通过这样的案例可以总结出一个模板或范本，提出一些建设性的解决方案。以后如果再遇到这样的问题，里面可能就有相对比较成熟的社会治理解决方案，各个部门介入的时候就可以从几个方面来着手解决问题，这样可能就会更加顺畅”。（苏州广播电视总台融媒体中心副主任兼节目总监，从事新闻工作13年，访谈编号：20191212）

从“业委会难产事件”中，可以看出媒体的建设性新闻报道主要充当社区治理中的“介入者”与解决问题的“推手”的角色。媒体介入业委会筹建过程之中做客观的记录者，发现问题，纠集社会各方力量参与到问题解决之中，同时，充当小区业主、物业、法律专家等几方力量的调停者，问题的解困者，逐步促成问题的解决。问题解决之后，媒体还充当起问题对策的“推广者”，为政府各部门类似问题的解决提供参考方案。

（2）“立面改造”事件中的媒体“斡旋”与解决

《政风行风热线》的B记者以“小微企业立面改造事件”为例，对热线投诉类案件中的媒体角色情境予以详述，“故事的起源是小微企业主周先生要做沿街店面的立面改造，去政府部门提交申请却被规划局与城管局以‘不负责此事’为由退回，导致问题难以解决。后来周先生在2019年1月4日拨打了栏目的热线电话将这个问题就反映给了我们。我们第一时间就派记者跟着这位周先生一起走了一遍流程，结果发现每一个窗口的说法都是‘你要到对面的窗口去办’，而且这两个局的办理窗口离得还很远。我们的记者跟着来回跑，也是没有结果。记者觉得这个话题必须要推动，因为苏州小街小巷比较多，所以立面改造申请的数量很庞大，如果无法走合法程序申请，这其实存在着管理的巨大漏洞和问题。

“所以，我们第一时间从采访的渠道接触了两局的相关部门负责人，两个部门手中均有一份有效的法律文书指明对方有管理权，但法律文书当中的内容相互冲突。于是栏目组多位主持人和记者分别联系了相关部门做了一档大的专题节目，并对此话题连续报道与跟进，把所有的嘉宾邀请到了一起商量解决方案。

“节目播出之后，规划局与城管局双方的领导很重视，他们共同召开了一个座谈会进行政策研讨，最终在3月11日两个局召开全体会议下发了一个会议纪要，明确了关于店铺的店招改造由城管审核；除店招改造外，其他的立面改造、门窗改造等审核还是由规划局来完成和执行。这样就完全明确了双方的责任，推动了政策更加明细化，让老百姓有合法、合理的渠道办理业务。从1月4日到3月11日将近60天的时间，我们整个工作室的多位记者和主持人分各个条线去跑，很多次深入各个部委办局与投诉者当中调停。但是遗憾的是，在问题解决过程中，由于政策迟迟没有出台，加上房租压力，周先生实在等不及了，做了违规处理。不过好在3月11日政策最终出台了。类似申请制度的不明晰其实已经困扰了苏州多年，在我们节目组的推动下最终得到解决”。（苏州广播电视总台广播节目制作中心“政风行风工作室”负责人，从事新闻工作22年，访谈编号：20191211）

从B记者对“小微企业立面改造事件”的描述中，可以看出媒体在推动问题解决方面起到了重要的作用。媒体先是问题的观察者，在了解事件始末与来由之后，亲身实践并体验民众面临的困境；随后对问题进行了拆解与深化，切身介入事件之中，沟通与联络问题的相关方，向专家等第三方寻求解决方案；之后将相关问题、建议等做成系列报道，引发问题相关方规划局与城管局的重视，推动并促成问题的解决。此事件中媒介角色的社会期待与媒体人对自身角色的认知有不一致之处，例如周先生期望通过向栏目反映问题能直接促成问题的解决，但是正如B记者所言“媒体的作用是沟通方、协调方及斡旋方，并不是职能部门，不能直接解决问题”，只有媒介角色期望、媒介角色认知与媒介功能实力同时达成一致，方能满足受众对媒体的角色期待，但是这样的角色建构在现实中很难实现。因此，对于建设性新闻实践中媒介角色的建构应该结合媒体的实际情境考虑其现实性与可行性。

二、媒体建设性新闻实践中的角色期望与现实落差

此处考察苏州广播电视总台建设性新闻实践中的角色期望与现实落差，即受众期待与媒体实际扮演角色之间的现实差距。在资料分析的基础上，结合新闻文本、深度访谈记录，探究媒体角色建构的效果，角色落差的表现方式及造成受众期待与现实角色之间差距的原因，受众在建设性新闻中的角色。

苏州广播电视总台的建设性新闻实践的宗旨与方向是“立足当下，面向未来”，与社会各界携手共创美好生活，共同进行社会治理。融媒体中心 W 总监将媒介角色定位为推动者、解困者，首先是冷静客观地报道整个事件，然后媒体介入其中，引入智囊团、专家共同商讨提出方案，提供一套基于未来的解决模式或方案。因此，客观冷静报道事件，引发各方关注，与政府相关部门、专家、民众等一道提出解决方案，推动问题解决，协同社会治理是苏州广播电视总台建设性新闻实践希望实现的媒介功能，也是考核其媒介角色建构效果的关键考核指标。本书主要从栏目传播力与引导力、事件解决的比例或结果、受众反馈与参与度、新闻工作者对造成角色差距的看法这几个方面对媒体角色建构效果、媒介角色与受众期待的现实落差、受众在建设性新闻中的角色进行考察。

（一）媒介角色建构效果

媒介角色建构效果即媒介功能的实现程度，是否达到当初的预期。对照苏州广播电视总台建设性新闻栏目立场与定位，本书从栏目传播力与引导力、事件解决的比例或结果、受众反馈与参与这三个方面进行考察。

（1）栏目传播力与引导力

传播力是指媒体将信息传播给尽可能多受众的能力，从三个方面来考察：渠道是否畅通无阻（渠道是否多元）、是否有效覆盖、是否有效传播，有学者将其概括为“传通且有效”[1]。引导力指对公众舆论的引领，导向是否正确，是否符合社会主义核心价值观，是否收到较好的社会反响是前提。

从传播渠道来看，栏目《苏城议事厅》发布渠道较为集中，主要在电视端（每周二晚上 19：30）与官方融媒体平台“看苏州”客户端上发布。该栏目总监表示，自 2019 年 7 月 30 日正式在电视端（新闻综合频道）播放以来到 12 月底一共制作了 20 期，平均收视 3.92%，市场份额 17.76%；2019 年 12 月 24 日，在苏州地区电视节目类型日数据排行榜中，《苏城议事厅》排行第三，仅次于《社会传真》与《苏州新闻》，收视率为 4.08%，市场份额为 18.21%。

《政风行风热线》主要在广播音频端口、“苏州市人民政府网站”、微信公众

---

[1] 丁柏铨．论新闻舆论传播力、引导力、影响力、公信力［EB/OL］．（2018-03-29）［2020-02-10］．http：//media.people.com.cn/n1/2018/0329/c418769-29896422.html.

号“苏州新闻广播”进行信息发布，在“看苏州”客户端上有部分图文报道并开辟有图文、视频直播专栏“有事问局长”。据B记者反映，2019年度《政风行风热线》栏目按计划完成了45期，上线单位共计53家，节目组共接收市民投诉、咨询、求助等民生问题8700多件，有效解决问题8400多件，办结率约97%。由单位主要负责人上线共计29家，委托分管负责人上线共计24家，47家单位年度满意率达90%以上。

其他两个“有事问”专题《这事我来管》《有事问食药监·周四查查吃》主要在“看苏州”客户端上发布，具体数据如表6–1所示。

表6–1　2018年3月至2019年1月“有事问”系列直播节目数据汇总[1]

栏目名	场次	总评论数	总点击量
有事问局长	42	1 693	771 757
这事我来管（又名“有事问城管”）	24	609	622 278
有事问食药监	29	707	784 238

《一槌工作室》则渠道较为多元，除了有“看苏州”客户端这一发布平台外，还在其他媒体平台开设“端口”传播内容，如在微信开设有公众号“一槌”，在抖音开设有抖音号“一槌视频”，定期发布内容。

据“新榜”数据显示，微信公众号“一槌”于2013年3月14日注册该号，账号主体为苏州广播电视总台，除该号外，苏州广播电视总台还有25个公众号。类型为媒体，新榜分类为企业。该号的收藏热度超过96%的企业公众号。预估活跃粉丝数为82 635。

据“新榜”对公众号“一槌”2019年年度数据报告显示，该号最长持续更新天数为223天，战斗力超过96.36%的运营者，获得10万以上阅读数的文章为1篇，在看数为4592，传播最广的内容是《烈士刘磊伯父接受看苏州专访：父母获知后在机场大声痛哭，他是真正的男子汉》；单日最高新榜指数为3月21日的859.95；传播力超过92.03%的运营者，101万累计阅读数，9848累计在看数；2019年写的总字数为93.4万，对应阅读时长为1947分钟；从发布频率来看，发布次数为327天，发文数为682篇，声明原创的是38篇，勤勉度超过91.75%的

[1] 表格由笔者在《这事我来管》的M记者提供数据的基础上绘制而成。

运营者；从延展力来看，10篇阅读原文处跳转6个站点，延展力超过64.94%的运营者；热点覆盖率超过97.02%的运营者，关注过“嫦娥四号着陆月背”“黑洞照片曝光”“上海实习垃圾分类”等15个热点，热点关键词为“苏州人”“轨交”“全国”“公布”“重磅”“权威部门”等；累计219篇占总数32%的内容集中在18点。❶

根据抖音客户端数据显示，截至2020年2月11日，“一榿视频”在抖音号共获得4365.5万个赞，关注了13个媒体，粉丝数为127.5万人，作品共574个，发布动态消息574篇，获得818个“喜欢”。据2020年2月3日至9日的周新榜显示，该号指数为675.8，超越92%的公众号，是最近30天最高指数；据2月9日的日新榜显示，该号指数为627.2，排名为第791名。

从“一榿”公众号的发布规律来看，通过对2020年1月11日至2月10日近31天的全部推文进行统计，总推文为30篇，其中头条有24篇；平均每次推文1篇，推送次数为24次，日均推送0.8篇。其中7篇文章的阅读数在4900~8000之间。发文内容形式是视频、纯图文及留言。发文时间为早上8点到10点以及17点到19点之间；公众留言5篇，互动留言3篇。❷

根据“新榜”对抖音号“一榿视频”数据统计显示，2020年2月3日—9日一周时间内，该号新榜指数为840，位居第249名。粉丝数为112.13万人，男女粉比为2∶1，总获赞数为4149.99万个，赞粉比为37.01，作品数为555条，直播、长视频是其主要展现方式。2020年1月12日至2月9日这29日的传播力-影响力-勤勉度数据显示，新增获赞数2400.38万个，传播力超过99.9%的账号；新增粉丝数68.3万人，影响力超过99.66%的账号；新增作品数为299篇，勤勉度超过99.86%的账号。

概言之，从“有事问系列”直播节目及《一榿工作室》的微信公众号与抖音号数据统计结果来看，苏州广播电视总台的建设性新闻栏目具有较强的传播力，部分栏目实现了对于微信、微视频及客户端的覆盖，形成“两微一端”传播格局，整合各个渠道建成传播矩阵，走向公众，较早地占据了舆论的中枢平台。

---

❶ 数据来源于“新榜”对2019年“一榿”公众号的回顾报告，https：//cu2019.newrank.cn/h5.html? n=09b7391.

❷ 数据来源于“新榜”，https：//www.newrank.cn/new/? account=suzhouguangdian.

例如，“有事问”系列直播节目在不到 1 年的时间里举办了多个场次的直播节目，获得较高的点击率。栏目《一槌工作室》无论是全年数据抑或是近一月的数据显示，公众号、抖音号保持不定时更新，更新次数较高，发文次数与发文总量、作品数均较高，及时追踪热点事件；阅读数、在看数、粉丝数均较高，这说明有较多受众观看并转发该号推文，做到了有效传播。总之，苏州广播电视总台的建设性新闻实践活动体现了媒体的传播效率与能力，在新媒体端再度将受众的注意力引导到媒体身上来。从传播内容来看，栏目《一槌工作室》的微信号与抖音号发布信息有所不同，微信号发布的内容主要是事实类的讯息，抖音号除此之外还有娱乐类、搞笑类等偏轻松的内容，这也与该客户端的“调性”相匹配；从主题来看，与建设性新闻栏目相关的并不多，苏州本地简讯、国内外热点事件等占据较大比例；从更新时间来看，保持不定时更新，有空档的出现，例如在 2020 年 1 月 6 日至 12 日，公众号“一槌”没有发文。

从舆论引导力来看，苏州广播电视总台所有的建设性新闻栏目无论是主题还是阐释方式均以正确的导向实现对公众舆论的引领。例如，《苏城议事厅》的报道主题围绕苏州市“十二项三年行动计划”展开，对政策的宣传、推广及议题热点的延续起了很重要的作用。《一槌工作室》则围绕苏州各法院庭审、行动展开，对涉及民生、社会的重大事件进行报道、案件分析和讲解，为百姓答疑解惑。例如对于“长江口垃圾倾倒案件”的报道，一方面促使垃圾得到有效的处置，生产生活秩序得以恢复，生态得到了一定的修复；另一方面，案件的被告方也得到了依法公正的裁决，受到了惩罚。该案件在“看苏州”客户端第一时间报道后，央视随后跟进报道。此外，融媒节目《一槌工作室》《有事问食药监：星期四查查吃》分别获得市法治办、财政局、食品药品监管部门的好评，其中《一槌工作室》还获得财政奖励资金扶持，《有事问食药监：星期四查查吃》与新华网、中国食品安全网、人民论坛网、龙虎网、紫金山新闻客户端等同台竞争，凭借强劲实力胜出，获得江苏省食品药品监管优秀新闻作品（新媒体类）一等奖，这也是江苏全省新闻客户端中，唯一一个获得一等奖的新媒体栏目。[1]这从侧面反映了社会各界对该台建设性新闻实践正确引导舆论及舆论引导能力的肯定。

---

[1] 苏州广播电视总台．这档融媒栏目厉害了，上线半年就拿下一等奖！［EB/OL］.（2018–11–07）［2020–02–11］.http：//www.csztv.cn/doc/2018/11/07/360328.shtml.

（2）事件解决的比例或结果

苏州广播电视总台建设性新闻栏目的宗旨是促成问题的解决，从推动或促成事件解决的比例来看，栏目获得了较为不错成果。据《政风行风热线》的B记者反映，“节目从2019年1月至该年11月底共接到8000多个投诉，解决率从年初的88%到11月已达到92%，提高了4个百分点”。从新闻报道方面来看，形成了一些典型的案例以及解决问题的模式。例如，从栏目《苏城议事厅》“已解决”专区[1]内容显示，共有六大项问题得到解决并形成经典案例，具体到文化旅游方面有一项，城市管理方面有两项，法治建设方面有三项，内容分别是苏州本地游的“分时预约”问题、别墅区里违建的整治问题、垃圾“围城”的环境治理问题、“苏州大学生状告轨道交通公司案”“物业被罚30万案”。除以上六项问题外，还有两个典型案例“上海迪士尼翻包事件”与“业委会难产事件”的报道也获得了较为完满的解决，并有一定的启示意义。《一槌工作室》的R记者认为以上两个案件连同“苏州大学生状告轨道交通公司案”的报道，媒体发挥了“解决力”“介入力”与“积极力”，“例如通过对‘上海迪士尼翻包事件’的报道，体现了媒体推动解决问题的潜力和威力巨大；为防客观性受影响，我们可以以法律为边界进行报道；在互联网时代下，这为地方媒体推动异地问题解决提供路径[2]”。

（3）受众反馈与参与度

调动民众的力量参与社会治理是苏州广播电视总台建设性新闻栏目的宗旨与目标。信息获取是实现目标的第一步，议题引发受众关注并使其参与讨论是第二步。实现目标的第三步是引发其观点表达，从而接受新闻报道的影响，对所报道内容产生认同，愿意听从其理，或强化自身正确观点，或改变原先可能有所偏狭的观点是建设性新闻目标实现的较高层次。

从前述的数据结果来看，《一槌工作室》的微信公众号“一槌”与抖音号“一槌视频”及“有事问”直播系列报道均分别获得较高的“在看数”“点赞数”“评论数”，收获了众多网友的“喜欢”。可见，报道较大程度上引发了受众

---

[1] 内容来源于“看苏州”客户端《苏城议事厅》的专题页面，2020年2月12日访问于https：//html.kan0512.com/index.php? _hgOutLink=special/specialDetail&id=567#%E8%AE%AE%E4%BA%8B%C2%B7%E6%AD%A3%E8%A7%A3%E5%86%B3.

[2] 内容来源于R记者在2019年11月9日“建设性新闻：理念与实践”的中国社会科学论坛上对《用“媒体＋法治”思维 推动社会问题解决——看苏州在建设性新闻上的探索与实践》的汇报演讲。

的关注与参与，因此第二步目标得以实现。

对于第三步目标，本书以“苏州大学生状告轨道交通公司案”及“刘智超诉同房知网（北京）技术有限公司买卖合同纠纷案”这两个经典案件中的受众参与讨论为例进行展现。以上两个案件在报道后，立即引发众多网友围观、评论，网络上出现各种言论，众多网友表达了支持和赞赏之情，认为低于 7.6 元不能进入地铁以及知网施行的是霸王条款，赞赏当事人的勇气，其实是没有用情绪主张权益，而是实事求是，公平公正，用法律武器保护了自己，有网友将其概括为“懂法、知法、护法”。更难能可贵的是网友对类似这种“霸王条款”报道的讨论激发了对于民主协商、法治建设的理性探讨。例如，“红网第四届全国大学生‘评论之星’选拔赛”参赛作品《女学生状告地铁胜诉，别只看到个体的力量》，以该案件为例对于公民在推动社会治理的作用，以及政府在其中的关系进行了评论，“面对不合理的规则，每个勇于反对和改变的人都值得称赞，但推动社会这个大齿轮前进，还需要政府这只大手掌的力量”[1]。

此外，苏州广播电视总台的建设性新闻栏目还积极开发周边产品、服务平台，为受众提供服务。例如“一槌工作室”开发了“一槌・问法”“一槌・课堂”等法律咨询专题、直播与民众展开互动，还每两周举办一次“一槌进社区”活动，偕同法律专家、律师一同为民众普及法律知识，解决疑问。《政风行风热线》的微信公众号“苏州新闻广播”设置了如“投诉维权”“满意度调查”多项互动窗口，与民众展开互动。据《一槌工作室》的 R 记者反映，栏目还有专门与受众互动的运营团队，在线上与受众交流，在线下通过做活动的方式与受众进行沟通，“比如做一些爱心的公益行动——全市的大义诊，邀请到一些非常有名的医生，将宝贵的资源组织起来然后服务于老百姓。线上沟通时，运营人员要紧盯‘看苏州’客户端平台上每一篇稿件下面的用户评论留言，针对老百姓的疑问和诉求予以及时地解答和沟通”。《这事我来管》栏目在直播中设置聊天室，与网友展开互动，完成信源的补充与上报，并与苏州市城管管理局后台系统贯通起来，用户在观看节目过程中就能将投诉信息上报至主管部门，提升了信息传达的效率。同时，该栏目还做过许多线下节目，下沉到社区。据栏目的前负责人 M 记

[1] 周萌 . 女学生状告地铁胜诉，别只看到个体的力量［EB/OL］.（2018-12-24）［2020-02-12］. http：//views.ce.cn/view/ent/201812/24/t20181224_31094982.shtml.

者反映，做垃圾分类专题时跑了100多个社区做宣传，加强了与民众的交流与互动，同时，这些线下活动还可以带来流量，吸引商家入驻（平台），也能带来一定的经济收益。

概言之，苏州广播电视总台的建设性新闻栏目的角色建构取得了良好效果，传播渠道多元且通畅，较为全面覆盖了各个终端与平台，做到了有效传通，以社会主义核心价值观引领公众舆论，新闻舆论引导力较强；媒体在问题解决方面起到了一定的推动作用，促成一部分问题的解决并形成经典案例与解决问题的模式；制造一些议题与专题，引发了网民参与讨论，一定程度上调动起民众参与社会治理的热情。此外，丰富多彩的线下活动，扩大栏目知名度的同时，增添了用户的"黏性"。

（二）媒介角色与受众期待的现实落差

苏州广播电视总台的建设性新闻栏目试图在"观察者""提问者""报道者"的前提下，做好"沟通者""社会事务的参与者""问题解决的推动者""解困者"等角色。然而，根据该台受访者的访谈笔录分析发现，栏目的媒介角色建构与受众期待之间还存在着一定的现实落差，具体表现主要归结为三点：其一，受众对媒体所扮演的角色存在分歧；其二，受众对媒体能直接解决问题存在误解；其三，受众对于迅速解决问题抱有较高期待。对应的原因分别是：①受众观点各异，信息不匹配，舆论环境复杂；②受众对媒介功能认知存在误解与偏差；③问题解决需要一定周期与相关部门配合。

> R记者认为媒体角色与受众期待整体方向、目标上是一致的，但是存在一定的偏差，"比如2016年对物业被罚30万的报道，网上声音很杂，有人认为记者不应该充当'放大器'，用直播报道这件事；还有人认为媒体所持的立场有偏差，未承担起公正客观报道的'记录者'职责，有偏袒法官之嫌，甚至有人直接认为记者报道不属实。造成这种差距的原因一方面是记者是现场的亲历者，而受众隔着屏幕，不能像记者感同身受，真切体会事件情境，容易出现信息偏差。有句话叫'新闻是缺憾的艺术'。按理说是需要把事件的全貌展现给受众，但因为版面、技术、设备各方面的限制，媒体记者不能完全把所有信息提供给受众和用户。另一方面，这是个观点多元的社会，受众观点各异，而每个新闻记者内心的价值观也不是完全相同的。当然

不排除有些自媒体不怀好意地造谣、混淆视听，让不明真相的受众与媒体对立，造成真相传递产生偏差”。（“看苏州”记者，《一槌工作室》负责人，从事新闻工作 13 年，访谈编号：20191204）

W 总监认为受众对媒体功能与角色的“误解”是造成差距的主要原因，“当一个受众遇到问题，比如说遭遇不公或受到侵害，他找到媒体并寄希望于媒体可以直接解决问题。其实这是对媒体认知的误解，他们将媒体等同于职能部门。媒体没有权力和能力解决（问题），只能反映问题，协调沟通各方推动方案制定，主要由主管部门实行和推动落实”。（苏州广播电视总台融媒体中心副主任兼节目总监，从事新闻工作 13 年，访谈编号：20191212）

S 记者反映，“比如说一期话题你这个月谈了，过了一两个月可能有进展，并不是立即能解决，问题解决需要一定周期与相关部门配合是造成差距的主要原因”。（栏目《苏城议事厅》前线记者和编导，从事新闻工作 7 年，访谈编号：20191211）

M 记者观点与 S 记者类似，认为“百姓迫切希望问题解决的心理与媒体实际角色存在落差，尤其是城市管理这块，很多工作需要政府调配，是系统性管理工程。媒体的职责是报道并反映事实，如果将媒体与职能部门等同起来，很容易产生偏颇”。（“看苏州”记者，《这事我来管》前负责人，从事新闻工作 3 年，访谈编号：20191212）

B 记者认为受众的喜好与心理是造成两者差距的原因，“有时候人们喜欢挑战性的东西，有些猎奇心理，如果节目一味迎合受众，可能旁观者痛快了，也满足受众期待了，但是理性缺失了，所以栏目还是不能有太多倾向性”。（苏州广播电视总台融媒体中心副主任兼节目总监，从事新闻工作 13 年，访谈编号：20191212）

（三）受众在建设性新闻中的角色

受众作为信息的接收者是传播领域的重要一环，是建设性新闻效果的检验者。建设性新闻作为媒体主导的一场新闻改革运动，媒体固然是主体及主要执行人，但是细究新闻事件来源、报道、问题呈现、回应及解决的整个过程，受众也在其中扮演关键性角色。受众既是新闻素材的提供者、问题的提出者，又是建议者、亲历者，同时扮演着出卷人与阅卷人的双重角色，还是事件、问题解决的推动者和方案的验收者。

对受众在建设性新闻中的角色，苏州广播电视总台的新闻工作者提出的不同的理解。S记者认为受众主要扮演提问者、建议者的角色，“受众应该是一个提问者，提出问题，作为事件亲历者的受众，有可能给出一个合理建议。比如交通出行，只有当你真正在那段路走过，才能说出更实际的一些东西。这些最真实的体验与想法，提出的建议可能更可行”。对于践行受众角色的方式，S记者反映主要有两种，“一种是记者到现场采访（民众），另一种是把他们请到演播室来参与访谈。由于场地有限，可能演播室不可能坐太多的人，所以我们更多的是与观众线下互动，回答其问询。这个环节不可少，因为所请的那一小部分观众，不能代表所有人。另外，还有一些特殊的‘观众’，比如说专家也要请到，当然邀请的人员有一定的选择性，可能正好参与过相关政策制定，或者被相关部门或领域认可，这样他提出来的问题可能更有代表性，更贴合实际。同时，如果邀请到的专家眼光长远，视野宽阔，兼具高度和广度，那么他更可能提出合理建议。有时候专家还可能扮演市民的角色，比如图书馆那期，专家除了从专业视角进行解读外，还扮演读者的角色，从读者体验出发提出问题与建议”。（栏目《苏城议事厅》前线记者和编导，从事新闻工作7年，访谈编号：20191211）

W总监认为受众应该是建设性新闻的主体，是出卷人，也是阅卷人，不仅是问题的提出者，也应该是问题的检验者。（苏州广播电视总台融媒体中心副主任兼节目总监，从事新闻工作13年，访谈编号：20191212）

B记者表示，作为一档热线投诉类问政节目，受众担任非常重要的角色，是新闻素材的缔造者，是问题解决的重要一环。通过网上“爆料”，不仅能满足个体诉求，还有可能带动块面，推动相关议题，有利于拓展建设性新闻的广度及深度。概言之，受众和政府相关部门一样是节目非常重要的两级，两者缺一不可。（苏州广播电视总台广播节目制作中心“政风行风工作室”负责人，从事新闻工作22年，访谈编号：20191211）

M记者认为受众既是消息的提供者，又是发布者，经过人与人之间的二次传播，扩大事件的影响力，引起社会关注，加速问题的解决。（“看苏州”记者，《这事我来管》前负责人，从事新闻工作3年，访谈编号：20191212）

> L记者认为作为一档执法类节目，受众的角色多元，一方面是问题的爆料者，比如之前曾经设立了一个微信群，有100多人，群里有普通民众，还有部委办局的人，专门接受群众投诉；另一方面是意见的反馈者和推动者。（“看苏州”记者，《有事问食药监·周四查查吃》前负责人，从事新闻工作9年，访谈编号：20191214）

综上所述，苏州广播电视总台建设性新闻实践中较为成功地实现了对角色的建构，实现了有效传通，具有较高的解决率与民众参与度，收到良好的社会反响。但是媒介角色期望与受众期待之间仍有一定落差，表现为双方观点分歧、误解、高期待。造成差距的原因有受众本身原因：受众价值观多元，对媒介功能认知存在误解与偏差，受众喜好及倾向；还有社会原因：复杂的舆论环境，问题解决需要一定时间及相关职能部门配合。此外，受众作为建设性新闻的主体也是不可忽略的重要一环。受众的角色多元，既是信息的提供者，又是问题的提出者、建议者、亲历者，同时扮演着“运动员”与“裁判”的双重角色。受众对问题的深度参与，有利于推动问题解决。他们还是解决方案的验收员与裁定者，最终是否解决了问题还需要受众来检验、评估。

三、媒体履行媒介角色面临的困难与选择

在此考察苏州广播电视总台建设性新闻实践过程中履行媒介角色面临的困难及各媒体的应对之道。通过对新闻工作者的深度访谈记录，探究媒体在实际报道过程中遭遇的角色困境、从业者的选择及组织层面的解决举措。

虽然建设性新闻的核心理念及类似的新闻作品、栏目在我国早已存在，但切实践行该理念的媒体在国内尚属罕见，更无成熟的实践经验可资借鉴。正如苏州广播电视总台的被访者们所言，“总台的建设性新闻实践更多是在摸着石头过河”，媒介面临的角色困境好比河中的“暗礁”与“险石”，需要媒体的工作者亲身实践，一一分析、鉴定，并在组织的助力下做出符合当下情境的抉择。具体而言，媒体工作者面临的角色困境与抉择主要体现在以下几个方面：

其一，路径依赖与“越界”之惑，中立者、旁观者抑或参与者、介入者。

受访的新闻工作者普遍反映对媒体角色的界限存在疑惑，有“越界”之感。以往媒体主要履行记录者的角色，对新闻事件进行客观、中立的报道是新闻本职

也是基本的新闻价值信念。建设性新闻的宗旨和目标是促进公众参与社会治理，媒体的角色也发生了转变，不再仅对事件进行报道，还要求参与、介入其中，推动或促进问题的解决。这对新闻工作者提出了新的职业要求。正如《一槌工作室》的R记者所言，“随着时代进步，我们不能沉浸在过去理论和系统之中，需要用全新的理念和视角来审视当下的新闻环境与新闻工作，必须大脑归零，重新出发。抛弃原先观念束缚，建立起新的规则和操作规范并运用到现实新闻采访中，这当然需要勇气”。

据笔者访谈发现，苏州广播电视总台的受访者在思想意识层面均已完成对新的媒介角色的认知。融媒体中心的W总监表示，“记者、编辑等做到了思想统一，认识到（角色转变）这件事的重要性，认识到该转变新闻采访的方式”。但是仍存在一些问题，一方面，在角色履行过程中由于“惯性”驱使，实践者会不自觉沿袭原有的报道模式，很多受访者就将其归纳为“路径依赖”，媒体多年来的实践操作经验使得“报道者”的媒介角色实践根深蒂固。另一方面，记者在实践“参与者”“介入者”“推动者”的媒介角色时，也会面临来自社会各界的质疑。正如R记者所言，“无论是受众抑或是政府相关职能部门都存在固化的思维方式，认为媒体作为第三方观察者就够了，不该直接介入推动事件解决。但是这种看法有些过时。作为媒体，更应承担社会责任，任何有正义感、良心的公民，面对不合规范的要求，都会主动拿起法律武器，走正常的渠道去维护其合法权益。通过对案件进行报道并参与、介入事件之中，推动问题解决，便是媒体人手中的‘武器’。比如说在追踪“苏州大学生状告轨道交通公司案”时，有些人就质疑，认为媒体应该公正、公平地报道，不应该主动去推动或参与”。

对于以上“路径依赖”问题及“越界”的质疑，R记者提出自己的应对之道，“一方面，记者要坚定内心，做好角色转变工作，改变原有的报道模式；另一方面，记者要做好解释工作，衡量自己的行为，不突破法律的底线，运用媒体的力量促成问题的解决。遇到一些部门的质疑和不配合，可以从其他的部门，如其主管上级或平级部门、政府的信息公开披露渠道、新闻发言人等处寻找突破口。总之，需要有咬定青山不放松的精神，推动问题的解决”。

其二，政府相关职能部门的配合度不高，观念障碍与运行“阻滞”。

如果说媒介角色的界限困惑主要体现在认知层面，那么政府相关职能部门的配合问题则不仅体现在认知层面，还体现在态度、行为层面。据笔者访谈发现，政府相关职能部门的配合问题是受访者履行媒介角色时面临的最主要的困难。对于职能部门不配合的原因，访谈者认为有两种：基于宣传思维之下对负面事件本能的恐慌（W 总监），无形中增添工作负担（S 记者）。

对于“本能恐慌”问题，融媒体中心W总监举例来说明，“之前有市民爆料苏州有‘翡翠河’，其实就是蓝藻。苏州河流很多，河湖交叉，河水被厚厚的蓝藻覆盖了，看上去特别像翡翠河。刚刚发出第一篇现象呈现的文章，当地的相关部门就马上来沟通，说这个事情不能报道，因为太敏感了。显然他们没有了解我们的意图，其实我们是想把这个问题解决掉，探究问题生成的原因，是否因为缺乏监管造成的？如果是，到底是哪个部门出了问题？苏州人对蓝藻很敏感，基于前两年太湖曾经暴发过蓝藻事件，在全国引发大的舆情。大家可能觉得出现蓝藻很可怕，其实如果说能把事情条分缕析地去呈现出来去找出问题解决问题，就可以把负面的新闻做成正面的引导。我们的出发点也是本着建设性去报道，其实还是遇到这个问题，职能部门一开始还是本能地基于宣传思维，报喜不报忧，对负面事件报道本能的恐慌。经过各方的协调和深度沟通，按照我们的思路进行报道，最后取得了很好的成效。我们找寻各方到底是什么问题，还联系了当地检察院，用相应的监测仪器来监测，对于水质，我们进行了第三方客观公正的检验。这套流程下来都是非常科学严谨的，最终推动了问题的解决。主管部门也积极配合，第一时间打捞了蓝藻，还原了河应该有的模样，周边的一些问题也及时得到解决。我觉得这个报道出去，有利于塑造有为、讲求实事求是的政府形象”。

与 W 总监观点类似，《政风行风热线》的 B 记者反映，“有些政府部门对媒体怀有戒备心，认为媒体可能是挑事儿，寻找政府缺失，造成理解和支持不够。而老百姓认为问题反映了为什么不能及时解决，从而产生误解。媒体有时是吃力不讨好，本着给两头添砖加瓦的初心，有时难免要受一些夹板气”。对此，B 记者表示，一方面认清媒体自身的角色定位，“媒体应是矛盾的调解员，面对政府部门、百姓诉求，要像调解员一样去寻找问题的解决办法，这些办法最好能得到双方认同。在建设性新闻的报道过程当中，我们可能是建设性意见的设计和构思者或是推动者，而不是最终的执行者。另一方面，还是要通过日常的报道来获得老百姓及政府部门的认可，工作室 2016 年 9 月份成立到现在（采访时间 2019 年）大概三年多的时间，在积累解决办法过程中积累了口碑，给更多政府部门做了舆情统计与解决方案，我们的初衷绝不是去制造矛盾，而是希望能够事件能建设性地发展，最终问题得到解决。从市民方面来看，在我们的推动下问题正在被解决，合理合法的情况下最终得到了一个他们想要的结果，那么更多的市民面对我们节目的时候可能会更加理性，信任感也会增强。当然，这信任不是一朝一夕就可以取得的，而是需要长期积累”。

此外，除了观念障碍外，媒体履行新的媒介角色过程还面临一些现实问题，如无形中增添政府工作负担，一定程度上影响其日常职能任务分配，增加了工作量，这也使得职能部门配合媒体的意愿下降。《苏城议事厅》的S记者反映，“相关职能部门的工作本身比较繁杂，内容呈现或者节目相关政策落地的时候，可能需要他们花精力、时间去参与，这相当于额外增加了其工作量，那么他们可能不能做到完全配合。特别是年底（职能部门）忙着年终总结的时候，我们节目制作困难也较多。不像平时的新闻采访节目，不是说你把一位领导拉到现场就行了，而是要在黄金时间段去呈现节目，节目时间也比较长，他对自己说的话要负责任，肯定是先要做准备，讲到点上，而不是敷衍。我们也正在想办法去找领导们沟通，看看政府部门能不能设立奖励机制或考核机制去推动这件事，可以让我们节目录制更加顺畅。还有就是尽量把节目做好，让相关部门满意，让老百姓满意。节目本身做好的话，让政府相关部门感觉起码能起到一定的宣传效果。其实政府部门所面临的困难是自己做的事情，老百姓不理解不知道。有媒体这个展示平台，不单是解决老百姓的问题，同时是把政府的工作告诉老百姓，两者相结合能让双方都满意的话，那么政府部门也更有积极性去参与”。

《苏城议事厅》的Y记者表明了类似的观点，“我们的工作目标是如何能够说服他们‘多一事’。作为官员，一个星期有ABCD这四项事务要处理。现在加了个E：星期四参加录制，肯定是增加了日常的工作量。目前来说，首先要找到他，搭上话，建立良好的关系，站在他们的角度去看问题，说动他们，有利于推进工作。有时候政府相关部门的配合度也和负责人的个人态度和性格有关”。

其三，客观因素制约，制作时间紧张、人员略有短缺与较高的沟通成本。

除了以上主观层面的因素外，苏州广播电视总台建设性新闻栏目媒介角色的履行还受诸多客观因素的制约。具体分别是制作时间紧张，与相关部门在时间点上相配合压力较大；专职人员略有不足，人均工作量较大；与职能部门沟通成本较高，需要协调、平衡各方关系。

《苏城议事厅》的S记者反映，“由于节目播出周期是一周一期，每期节目开播前需要做一定准备工作，时间较为紧张。前11期节目围绕‘十二项三年行动计划’话题较为固定，可以提前准备，但后期很多话题没有时间准备，像突发新闻没法着手准备，制作时间比较紧张，一般是加班加点制作。政府相关部门也有时间点，不一定能和节目对得上，所以我们一般在前期会准备两到三个话题，到时再具体沟通，如果这个部门时间点无法很好配合的话，会转换其他能配合的部门去做。还有记者对于很多话题可能是外行，比如联合整治超限超载那期，高架桥有很多专业的内容，这与造成事件的原因高度相关，我们前期去了解只能是通过网络搜索或做一些资料搜集。如果相关部门不能提供资料、不能提供和我们事先沟通的时间的话，那我们写出来的台本可能不能切合他们的实际工作情况。所以相关部门的时间点配合度对于节目录制、播出很重要，这都要记者去协商解决”。

《政风行风热线》的B记者反映，“我们节目播出密度较高，一周有10档节目，每月还有专题节目，主持与记者加起来一共5人，工作量较大，工作室偶尔会出现人力、物力、精力捉襟见肘的情况。如果个别人员有事，就不太‘转得开’，计划2020年向台里反映一下，寻求些人力与物力的帮助”。

《这事我来管》前负责人M记者反映，“主要困难在于政府相关职能部门不太配合，沟通成本较高。比如有次跟某个区聊选题，准备了5个选题，1个都不让做。其中涉及的原因是多方面的，有些问题不是一部门就能解决，需要多部门联动，导致解决起来比较困难。对于可能出现的舆情，各区对接的政府部门对于尺度的把握也有自己的想法，作为合作方我们每天也需要投入较高的沟通成本”。《有事问食药监·周四查查吃》前负责人L记者反映，作为执法类节目，需要协调和平衡各方的关系，与部委办局沟通协调取得对方信任很重要。

此外，受访者还反映在建设性新闻报道与栏目运行过程中面临一些困惑与难点亟待解决。建设性新闻报道的操作模式、流程还不清晰，需要实践中探索，对于如何走，存在方向性困惑；在具体的业务实践中，寻找符合建设性新闻的选题有一定难度，毕竟不是所有内容都适合做建设性新闻，既能达到传播目的，提高栏目影响力，又能带来流量的话题更是有难度。新闻报道存在一定“重复性”，专注于表面现象的报道较多，新闻背后的逻辑和规律及背后的机制有待深挖。政策允许程度、城市的定位与相关政策在省会（南京）的成效如何，这些方面都影响问题的解决进程。面临上述实际困难，受访者认为从领导层面来看，需要总台创造良好的环境，让新闻工作者去探索空白领域，顶住压力，思想统一，贯彻习近平新时代中国特色社会主义理论，在涉及民生等重大问题上达成共识；从新闻工作者自身做起，在对自己所做的建设性新闻进行回看的过程中进行复盘，总结其中得失。重点深挖新闻背后的逻辑与规律，追问规律背后的漏洞，例如是人的问题还是体制问题，探索并归纳出一套符合本台特点的建设性新闻报道模式。

四、小结

本章旨在通过对苏州广播电视总台的建设性新闻栏目的媒介角色建构与呈现来探究中国媒体建设性新闻中的媒介角色问题。首先，在前人研究的基础上归纳出可适用于建设性新闻实践的媒介角色建构的理论框架。媒体的角色建构是在角色期望的基础上，根据对于媒介角色的认知，最终完成角色扮演的过程。其次，展现并分析媒体建设性新闻栏目的受众期待与媒体实际扮演角色之间的落差及其原因。随后，结合实际，对媒体履行角色面临的困难及新闻工作者的抉择与应对进行呈现。

媒介角色建构是社会期待、媒介角色认知的统一。从总体来看，媒体在建设性新闻实践中的媒介角色建构都较为成功。在新闻工作中，苏州广播电视总台严格遵守与贯彻社会主义制度下的媒介规范，立足苏州本地，弘扬正能量，竭力满足社会各方面对媒体的期待。在角色认知方面，全体新闻工作者达成思想共识，媒介角色多元而又统一，既是“社会事务的参与者”“问题解决的推动者”“解困者”，又是“观察者”“提问者”“报道者”，还是“调解者”“沟通者”“中介”“组织者”，不同的角色命名，代表着不同的角色担当，但是它们的宗旨是一致的，与公共传播的目标相似，即推动多元协商与公共讨论，参与社会治理，提高政府工作效能。

从媒介功能的实现程度与角色建构效果来看，媒体的建设性新闻栏目取得良好的社会反响。苏州广播电视总台各个平台之间相互联动，自有平台集中传播与多元传播渠道相互协调与组合，有效提升了传播力，围绕政府政策、报告弘扬主旋律与正能量，为百姓答疑解惑，增强了舆论的引导力；较高的事件解决率、典型案例的示范效应与广泛的受众参与，线上、线下的互动与活动组合，提升了媒体的“解决力”与“受众参与力”。

但是不可否认的是媒体建设性新闻栏目的角色建构与受众期待之间仍有一定落差，苏州广播电视总台的现实落差表现为受众对媒介角色的分歧、误解与较高期待，造成差距的原因既有受众价值观、认知偏差、偏好等主观原因，还受舆论环境、政府相关部门解决效率与配合度等相对客观因素的影响。这说明了建设性新闻实践中媒介角色建构的复杂性与多变性，需要结合媒体的实际情境考虑具体角色建构的现实性与可行性。针对受众期待与媒介角色差距的问题，新闻工作者从自身实践提出解决之策、通过沟通来增进理解，加强互动感，比如观看受众评论留言，与其展开及时互动；从各个渠道多方验证信息真伪，透彻说明问题，相信真理越辩越明；恪守媒体的本分，发挥媒体的长处，增加解困手段，提升服务品质，勤于沟通协调，诚意打动受众。

对于受众在建设性新闻中的作用与角色，苏州广播电视总台的新闻工作者认为受众是建设性新闻实践中不可或缺的一环，担任着重要的角色。技术赋权下，多元化的传播平台给予了民众信息传播的权利，受众可作为信源，是信息的提供者；为了维护个体利益或是出于公众共同利益诉求，受众还可作为问题提出者、建议者，进行意见表达，参与社会治理；同时，受众还作为解决方案的检验者，是建设性新闻实践效果的“验收人”。

在角色履行过程中苏州广播电视总台的困难主要有三方面，媒介角色的认知困惑，政府相关职能部门的配合度问题及诸如制作时间、人员调配、双方沟通成本等客观制约因素。对此，新闻工作者结合自身栏目实践情况，提出应对之道。具体而言，统一思想认识，提升职业认知，坚守法律、道德底线，衡量审视自身行为，从多个渠道寻找突破口；对于政府相关职能部门的误解与本能恐慌做好解释工作，认清媒体角色定位，表明媒体解决问题的初衷与意图，取得相关部门的理解与支持，寻求共识，积累栏目口碑，赢得政府与百姓理解与信任；加强与各部门的沟通，尝试与相关部门沟通建立考核机制、奖励机制解决政府官员参与的动力问题。与此同时，用心做好节目，搭建政府与民众沟通的桥梁，促进双方互相理解，从而激发政府部门配合媒体的积极性。提前做好准备与相关预案，在时间点上与政府相关部门协调配合，避免时间冲突，向上级反映要求增添人手，协调、平衡政府、民众等各方关系，争取各方支持与理解。

综上所述，媒体在建设性新闻实践活动中媒介角色发生了嬗变，原有的媒介角色被重构，媒体的角色认知与社会期待也随之被重塑与重建，从客观、中立报道者、记录者的单一身份逐步转变为参与者、建构者、建议者、推动者、解读者、提供商等多元身份，媒体承担的社会责任从单纯的信息传达、客观记录到参与社会治理、进行权威的政策解读、促进政府与社会良性互动。这对新闻工作者与评论员、编辑提出了更高的要求，不仅需要具备基本的新闻素养，如敏锐的新闻嗅觉，良好的沟通协调能力与文笔，准确的政策分析与解读，还需要具备脑海中浮现最优的解决方案及进行价值深度挖掘与提供高质量的信息服务等综合能力。具体在报道过程中，需要记者具有拆解问题、分析问题、解决问题的思维逻辑，迅速进行类别划分、联络问题的回应方，最终出具方案的业务能力，与此同时还要有持续追踪问题、直至问题解决的恒心与毅力。这对于媒体的新闻工作流程与规范、人力配备、智力保障、机制保障等方面提出不小的挑战。媒介角色的转变对于社会期待也会产生影响。因此，协调、平衡好社会预期与媒介功能实力之间关系，使双方完好对接，是今后的努力方向。

第七章　结语、建议与展望

在当今世界格局风云变幻，中国媒体格局面临重整的时代大背景下，“建设性新闻”为媒体应对环境变迁提供了一种路径选择。目前，中国的建设性新闻实践还处于起步阶段，一切正待“建设”。在做具体实践探索时，必须考虑中国的新闻语境，不可简单复制西方模式。在理论探讨方面，不能简单地用建设性新闻既有的或知识生产层面的概念和模型去套用现实的案例，而应该立足这些案例本身，考察哪些地方暗合了理论的叙述和逻辑模型，哪些地方是目前的学术概念所无法承载或无法包含的。[1]本书认为需要建构建设性新闻的中国传播范式，从中国语境理解媒体的建设性新闻实践，在本土化的意义阐释基础上，为媒介角色重构找寻突围之路。接下来本书将从以上三个方面进行探讨并对中国建设性新闻的实践与研究进行展望。

一、建构建设性新闻的中国传播范式

传播学者陈卫星曾言：“有关新闻传播的学术史告诉我们，在历史上能够被沉淀下来的有关学术思维都是和当时所思考的传媒的使命、责任及其功能相关的。”[2]建设性新闻被国内媒体关注并引发部分媒体积极投入实践，正是出于时代对“建设性”报道的“召唤”，促使媒体转型，为人们“排忧解难”，为社会顽疾提供解决方案。2019 年建设性新闻在国内兴起研究热潮，纵览相关文献发现，

---

[1] 高明勇．论“建设性新闻”的四个基本问题［J］．青年记者，2020（3，下）．

[2] 陈卫星．新闻传播理论创新的媒介学思考［J］．青年记者，2014（6，上）．

大多数文章属于“本体论”式的引介、阐释与概念辨析，少量文章展开中西方的对话及本土实践。2019 年 11 月 9 日，在“建设性新闻：理念与实践”的国际学术论坛上，学者就中西方语境下的建设性新闻进行了对话，从各个维度深化并拓展了相关研究。然而整体来看研究相对零散、经验式的个案研究占主体，学界同仁“各持己见”的观点抒发式的研究多，学术层面的对话相对较少。对于建设性新闻有一些难题亟待解决，例如“建设性新闻”的概念是否足够严谨？建设性新闻有何本质性特征？建设性新闻是一种新闻理念，新闻类型还是表现形态？西方的建设性新闻实践是否适应中国？本书认为“建设性新闻”作为一种新的传播范式，亟需在厘清以上问题的基础上，建构中国特色的传播范式，以适应中国语境。

建设性新闻的提出者凯伦·麦金泰尔认为，“建设性新闻将积极心理学的技巧运用到新闻工作中，从而在忠实于新闻的核心功能的同时，创造出更有成效、更吸引人的报道”。但是如果从科学范式的角度来看，上述概念界定并不严谨，正如有学者曾言对于什么不是建设性新闻的论述多于对此概念的准确描述。目前，国内科学共同体对“建设性新闻”这一术语的概念、价值观、范例所构成的实践模式与理论模式也未形成统一可供遵循的范式。作为一种新的新闻传播范式，“建设性新闻”在我国具有多义性，前有国内“正能量叙事”“建设性报道”“建设性舆论监督”的历史遗产，后有以积极心理学及佛学为理论基础[1]的建设性新闻或建构式新闻。笔者认为建设性新闻的内涵应该包含以下几点：①新闻选择标准更偏向于选择社会重大公共事务，直面社会重要问题并对此回应是建设性新闻与较为关注细小、琐碎话题的民生新闻的主要区别；②报道立场的受众视角，建设性新闻设法促进公众就重要问题的可能解决方案进行辩论[2]，用平视而非俯视的视角看待受众，强调与受众的沟通、互动与对话，这与平民视角及公民视角的“民生新闻”及“公共新闻”相区别；③新闻内容注意积极向上与方案导向，这是建设性新闻与其他类型新闻的本质区别；④报道主体以主流新闻媒体为主，强调新闻的专业性，以民间话语作为补充。建设性新闻作为严肃新闻的代

---

[1] 郭毅．建设性新闻：概念溯源、学理反思与中西对话［J］．现代传播，2020（1）：72-77.

[2] Constructive Journalism［EB/OL］．［2019-12-20］.https：//constructiveinstitute.org/Constructive-Journalism/Constructive-Journalism.

表，一方面，强调履行新闻的社会责任，承担起社会的瞭望者的角色，在新闻话语表达方面秉承专业主义与职业精神，例如真实、客观、公正、平衡，不同以往在新闻制作过程中以方案为导向，但是本质上仍强调媒体坚守新闻的核心职能；另一方面，在表达方式上适度地做出调整，考虑受众的接受心理与能力，加强新闻的亲切感与感染力，同时，为民众赋权，给予其表达观点的机会，以共同参与社会公共事务，协同社会治理。

厘清建设性新闻内涵并肯定其作为一种新的新闻传播范式是事实层面的判断，在此基础上还需向前迈一步，从价值层面对其进行判断。对于建设性新闻是否为在严格意义上具备独立内涵的新闻学概念，学术界存在两种极端的态度。反对者认为从建设性新闻出现社会背景来看是对媒体现行功能、角色的反思与修正；从西方新闻实践的历史长河来看，建设性新闻包含的基本特征与反思精神是“全新的”和“革命性的”❶。赞成者则认为建设性新闻更新了新闻界对好新闻的认知，引发媒体界的新闻变革。对此，笔者认为需要结合中国新闻实践语境对建设性新闻进行本体论意义上的考察与关照，以确认其价值。

首先，建设性新闻促成了中西方新闻界的对话，有利于促进双方理解与互信。虽然中西方在建设性新闻理论研究与实践方式上有明显差异，但是对于正面发挥媒介社会功能的认识双方达成了共鸣。无论是北欧民主法团规范下的多元协商，美国重建民众信任的新闻诉求，抑或是中国社会进步与民众福祉的追求，都体现了建设性新闻的多元性、开放性及与现实的紧密相连。建设性新闻理论具有旺盛生命力之源泉也正体现于此：明晰的价值内涵与开放性的边界组合，为不同国度与情境的新闻实践提供了有效的指引。❷

其次，建设性新闻与中国新闻语境相符，有利于新闻实践创新。习近平总书记曾反复强调开展新闻舆论监督，在准确报道个别事实的基础上从宏观上把握和反映事件或事物的全貌；应该始终坚持重在建设，站在维护国家和人民利益的立场上，以改进工作、解决问题为目的❸，发挥新闻舆论监督在统一思想、凝聚

---

❶ 郭毅．建设性新闻：概念溯源、学理反思与中西对话［J］．现代传播，2020（1）：72-77.

❷ 史安斌，王沛楠．多元语境中的价值共识：东西比较视野下的建设性新闻［J］．新闻与传播研究，2019（S01）：53-59.

❸ 开展舆论监督报道，这8个字至关重要［EB/OL］．（2018-10-23）［2020-03-19］.http：//www.xinhuanet.com/comments/2018-10/23/c_1123596129.htm.

力量、促进改革发展、维护社会稳定[1]中的积极作用。可见，坚持新闻真实准确报道核心功能与全面均衡、解决问题为导向的新闻理念与实践方式，同我国新闻政策与方针是完全匹配的。苏州广播电视总台的建设性新闻专题栏目《苏城议事厅》的宣传语是“共筑美好生活”，关注民生热点，回应百姓关切，推进社会治理，加强党委、政府和民众的沟通互动，打造畅通民意的表达渠道；《杭州日报》“政在参与”栏目的围绕时政热点、社会焦点、重大决策和重要事项，面向社会各界借智借力，问计问策；凤凰网栏目《政能亮》的“好政策，亮中国”等建设性新闻实践将党和政府改进工作、进行社会治理的工作目标与民众解决社会问题的诉求相融合，为新闻创新找到了突破口。

再次，建设性新闻与中国文化内涵与价值追求相一致，有利于建构本土建设性新闻理论。“建设性新闻”这一术语虽然由西方学者所提出，但是其思想观念与中国善念文化有共通之处。中国自古以来强调为人要存善念、行善举、扬善德，注重明礼崇德，通过小善积聚成社会风气的“厚德”。《易经》有云“积善之家必有余庆”，媒体若心存善念并有行善的“愿力”，则可为社会注入温暖、善良和正义的力量。[2]何日生根据中国传统文化与佛教理念提出报道要留下美善，以同理、关怀甚至是疗愈的方式报道，媒体的功能不应该只是记录，而是一种典范的选择及彰顾，它应该表达群体社会良善的典范，唯有如此，才能使媒体照见人心的本善，为社会创造更光明美好的未来。[3]他将中国的“善念文化”与新闻学相嫁接，体现出国人“去西方化”的学术意图及建构本土建设性新闻理论的决心。

总之，建设性新闻将社会主义制度文化、中国传统文化及政治导向、受众心理需要相融合，并在其中找到了平衡点，平衡了新闻理念和报道内容，立足现在又放眼于未来，直面社会问题，揭露监督与建设发展并举、中立观察与介入参与并举，淡化了民间舆论场与官方舆论场之间的缝隙，深化了社会改革，推进了社会进步。此外，对于建设性新闻的作用也不可过分夸大，建设性新闻确实为中

---

[1] 杭州日报“政在解读”报道部．时政新闻如何创新？杭州日报“政在参与”探路建设性新闻［EB/OL］．（2018-10-12）［2020-03-17］.https：//www.sohu.com/a/259211714_782597.

[2] 邹明．从暖新闻到善传播，重构新媒体时代的传播价值［EB/OL］．（2019-08-01）［2020-03-14］.http：//news.ifeng.com/c/7okuufzOz8i.

[3] 何日生．建构式新闻［M］．台北：五南图书出版股份有限公司，2017.

国新闻改革寻找到了突破口，为新闻报道实践提供了一条路径。但是这不意味着所有媒体及报道都适合走建设性新闻之路，建设性新闻不能取代其他新闻报道形式。因此，因时制宜、因地制宜地开展建设性新闻实践，充分考虑到语境对接的程度与面相[1]显得非常必要。

二、从中国语境理解媒体的建设性新闻实践

中国与欧美国家的建设性新闻理论及其实践虽然分属不同的地理区域，理论内涵有所不同，实践方式各异，但是从探索时间与核心内涵来看，两方属于并行与共振[2]的关系。学者麦金泰尔曾言未来的研究还应该继续探讨解决方案和建设性新闻在不同传媒体系国家中的概念化问题，以便更好地了解各国如何定义和实施这种做法。[3]可见，建设性新闻实践需要与当地政治、经济、文化及传播制度相适应并需从当地情境出发去理解，运用中国特色社会主义新闻理论，以做出合乎常理、情理与情境的阐释。

通过对苏州广播电视总台的建设性新闻实践分析发现，媒体对西方建设性新闻理念主要表现为借鉴，更多的是发挥本土新闻实践的主观能动性，延续先前新闻制作或运作的相关办法，弘扬其成功经验，解决现实面临的具体问题。《苏城议事厅》的新闻理念与运作方式与问政栏目《对话苏州》有诸多相似之处。

具体而言，以苏州广播电视总台为代表的中国媒体的建设性新闻实践的特色表现为以下几点。

第一，节目内容以政府工作议程与民生议题为主，积极建构社会现实，以方案为导向，面向未来。从苏州广播电视总台的建设性新闻栏目的议题设置来看，前者以苏州市“十二项三年行动计划”与时事热点、民生事件为主，社会治理、城市管理是其关注重点；后者以国务院常务会议重大议题、时事事件为主，关乎行政改革、国计民生等的重大事项是其焦点所在。直面社会问题，不回避，不诿

[1] 李金铨．“媒介专业主义”的悖论［J］．国际新闻界，2018（4）．

[2] 殷乐．并行与共振：建设性新闻的全球实践与中国探索［J］．新闻与传播研究，2019（S01）：33-41．

[3] 凯伦·麦金泰尔．建设性新闻：概念的界定与实验［J］．林晓平，译．新闻与传播研究，2019（S01）：42-45．

过，激浊扬清、针砭时弊，注意事实的准确性，以客观的分析进行报道或评论。同时，以解决问题为宗旨，积极建构对于“社会问题”认识，而非一味批评、揭露，新闻编排上注意“导向解决方案”，阐释问题产生的原因、背景等资料，提供关于问题现状的“完整画面”，关注事件或问题的未来与走向。

第二，节目形态多样，糅合问政新闻、民生新闻、公共新闻要素。从苏州广播电视总台建设性新闻栏目的形态来看，包含了时事访谈、法制新闻、政务解读、政务访谈四种形式，糅合了多种新闻类型要素。例如，栏目《苏城议事厅》由政府、媒体和专家或企业代表组成，这与“问政新闻”的“政府、媒体、公众”三要素相似；该栏目采用“一问一答”的方式，由主持人发问，政府代表与专家（或企业代表）做出解答并提出解决方案，这与“问政新闻”中政府代表现场回应给出方案，特约访评论员之后现场评议并提出建议在形式上大体相似。在议题选择与切入方面，该栏目选择社会治理、城市管理等议题，聚焦于民众关心的现实利益问题，在这一点上与“民生新闻”有诸多交集。在发起讨论、推动社会各界参与、共促问题解决方面与“公共新闻”的旨趣、目标相一致。值得注意的是栏目《苏城议事厅》虽然从形式上与上述三类新闻有重合交叉之处，但是从精神内核上看，与三者有明显的区别，是一种全新的新闻传播范式。方案导向的新闻内容与持续的问题追踪报道是该栏目与“问政新闻”的差异所在，后者重在“问”与“答”，未形成问题解决的长效机制；该栏目以社会治理、城市管理等系统性问题为主，问题偏向宏观，而民生新闻偏向于个人化的具体、细碎的问题解决；该栏目重在多方参与对话，聚焦问题，促成问题解决，而非寻求政治领域的公民行动或立场表达。

第三，政府主导，多方参与，讲求党性原则与群众性原则的统一。从苏州广播电视总台建设性新闻栏目的创办主体或参与、合作主体来看，政府或是节目的创办者、管理者或是栏目的重要参与方、合作方，很少由媒体独立承担制作。例如，苏州广播电视总台舆论监督类直播栏目《政风行风热线》原先由市纪委监委负责，后由市行政审批局（市政务办）接替日常节目直播管理工作。该栏目在苏州市政府官网设有专题页面，频率（节目组）的任务目标与市政府目标相一致。具体包括落实市委市政府舆论监督要求，会同各地区、部门和单位全面推进法治政府、服务政府建设，认真解决群众身边的“四风”问题，促进部门行业作风持续好转，以群众看得见、摸得着的实际成效取信于民、树立良好形象。

在栏目《苏城议事厅》中，苏州市委、市政府及市职能部门则作为栏目的重要的参与方与合作方，作为栏目嘉宾参与话题讨论，是解决方案的提出者与践行者。在该栏目成立之际，江苏省主要领导对节目开播表示祝贺，这某种程度上表明了党政领导对节目的支持与重视。其他栏目如《一槌工作室》《这事我来管》（又名《有事问城管》）和《周四查查持·有事问食药监》《有事问局长》等，政府相关职能部门或作为栏目的合作方，或是被报道主体，掌握着一定的话语权。

概言之，在中国媒体的建设性新闻实践中，政府相关职能部门的角色至关重要，这是由我国现实政治体制与媒介管理体制决定的。与西方国家不同，我国实行社会主义制度，党和政府在政治、经济、文化中的权威地位不可撼动，是社会治理的主体，社会问题的解决离不开政府相关部门的推动与介入。同时，我国奉行集体主义精神，讲求集中力量办大事。此外，我国实行新闻事业国有制与党管新闻的机制，将涉及社会重大事务的信息发布与舆论监督纳入党和政府统一领导下，有步骤、讲纪律地进行。[1]这决定了我国的建设性新闻实践必然与北欧等国的碎片化多元主义的民主法团[2]式协商及西式“新闻自由”与“民主”有显著差异。同时，这也是我国建设性新闻的生命力之所在，在强有力的行政力量推动下，调动相关利益方、专家、公众代表参与社会治理，形成问题解决的合力，促成问题的解决。如此一来，做到了党性原则与群众性原则相统一，拉近了与民众的距离，推动了社会进步，增进了民生福祉。

第四，媒体协同参与社会治理，起整合鼓励、监督协商、介入推动作用。在当今社会，媒体面临着“双重压力”，一方面，社会结构与权力格局发生了变化，出现了多元利益群体，如何满足不同利益群体观点表达及话语权成为新的时代问题；另一方面，新型媒介技术带来媒介形态变革，在技术赋权下，不同利益群体“人声鼎沸”，各抒己见，难免会有不一致的声音，如何统合这些观点，达成共识成为难点。学者李良荣称此为传媒“公共性”建设的时代机遇与契机。[3]建设性新闻正是在新闻传播格局变化的时代背景下“应运而生”，通过直面社会问题，聚焦问题的回应与解决方案及面向未来与公众的新闻理念和报道方式，实现了理

[1] 彭菊华．新闻学原理［M］．北京：中国传媒大学出版社，2014：138.

[2] 史安斌，王沛楠．多元语境中的价值共识：东西比较视野下的建设性新闻［J］．新闻与传播研究，2019（S01）：53-59.

[3] 李良荣，张华．参与社会治理：传媒公共性的实践逻辑［J］．现代传播，2014（4）：31-34.

念与内容、权力与时间的再平衡。总之，在建设性新闻理念的指引与实践的操作下，国内媒体为参与社会治理找到了一条可行路径。具体而言，媒体发挥的作用如下：

1. 整合各方观点，营造社会共识，鼓励多方参与社会治理

在建设性新闻报道中，媒体通过对社会公共事件的积极建构与观点整合，为报道营造了积极向上的情绪与氛围，以方案导向，让公众看到问题可能得到解决的“曙光”，营造了社会共识，从而激发社会各界积极投入其中，有利于促成多元社会主体协同治理局面。例如，栏目《苏城议事厅》对政治议程“十二项三年行动计划”的建构，通过民生议题切入，聚焦社会现实问题，拉近了与民众的距离，为政府议程与公众议程之间建立了关联；与此同时，通过政府相应解决方案或发展方向的陈述，为相关的问题解决建立了参照样本，促成公众达成内在一致性，最终促成各方采取共同行动。

2. 监督政府权力运行，疏导负面情绪，促进协商沟通

通过监督政府权力运作，询问导致社会问题的原因、背景，现有政策的不足，媒体建构起与政府展开对话的场域，解答着民众疑问，纾解着负面情绪，推进各方冷静、理性的协商与沟通。例如，在栏目《这事我来管》与《周四查查吃·有事问食药监》中，记者与普通民众参与到城市管理与食品安全监督检查的执法过程之中，行使了监督权力的同时，对其工作遇到的困难、执法的难度等问题有了切身体会与认知，有利于扭转刻板印象，疏导负面情绪，促成民众与政府之间的理解。《这事我来管》在栏目专题页面内还设置了信息反馈的入口，可直达城市管理职能部门的后台，构建起了持续、有序的互动机制，促进了社会协商与沟通。

3. 介入事件解决过程之中，促进多元利益群体的话语表达，寻求政府回应

与以往其他新闻形式不同的是建设性新闻的实践者积极介入社会问题解决过程中，从旁观者、记录者转变为参与者、推动者，推动问题解决。但是媒体并非政府职能部门，不能直接解决问题，因此，媒体主要通过开放多元群体利益表达的渠道与话语表达的机会，促成民众与政府对话，寻求政府回应来解决问题。例如，舆论监督类直播节目《政风行风热线》开放并丰富了民众话语表达渠道，民众可通过在线、电话等形式反馈意见表达诉求。接下来计划开启舆论监督新板块政风行风“马上办”，针对各部门负责人在《政风行风热线》上线直播时的百

姓合理监督诉求，当天“马上办”，体现办理市民监督诉求时效，及时回应市民关切。

总之，在推进国家治理能力与治理体系现代化的时代背景下，媒体作为多元主体参与其中协同治理的趋势已势不可挡。学者荆学民认为政治传播有意识形态管控的工具性功能与社会政治生活意义引导性的价值性功能，认为要坚持以党和国家的宣传为本位，同时把政治传播放到社会历史进程中去加以考察，研究政治传播对社会总体的意义。[1]建设性新闻作为一种新型新闻传播范式弥合了行政话语表达与民众话语表达之间的缝隙，既包含官方的权威话语，也内嵌专家、民众的协商话语，捍卫了意识形态合法性的同时，对社会进行积极引导，促进了工具理性与价值理性的良性互动。

三、多元媒介角色建构的突围与路径

伴随着国内媒体建设性新闻实践的开展，媒介角色在发生嬗变与不断演进的过程中，也面临着角色困境与冲突，影响了建设性新闻的生产与传播效果，因此，亟须对媒介角色进行重构。本研究认为可从相关利益方：政府、媒体、民众三个方面找寻解决之道。

首先，政府作为中国建设性新闻实践中的参与者、方案的提出方、践行者，可为建设性新闻实践提供在制度层面与政策层面的指导与保障。苏州广播电视总台的建设性新闻实践者称目前政府层面仍存在观念与机制障碍。对此，需要打破固有的行政思维，建立政府与媒体之间的双向互动机制，保障长效沟通，平等交流观点，消除彼此之间的误会，在信息层面能互通有无，彼此信任。考虑到政府各职能部门的实际工作情况，要确保在不影响正常工作开展下，将社会治理工作纳入常态化的考核机制，不定期地“回头看”，确保民众反映问题解决落到实处、经得起检查。同时，需要完善激励机制与政策，对积极解决问题的政府职能部门及相关人员给予奖励。此外，正如习近平总书记强调的那样，各地区各部门各单

---

[1] 荆学民，施惠玲．政治与传播的视界融合：政治传播研究五个基本理论问题辨析［J］．现代传播（双月刊），2009（4）．转引自朱天，姚婷．中国电视新闻传播实践中“两种话语”现象辨析［J］．西南民族大学学报（人文社科版），2015（11）：156-160.

位坚持敞开大门，请群众参与、监督、评判，对群众不满意的及时“返工”“补课”。坚持正面宣传和舆论监督，营造良好氛围。[1]因此，政府的下一步工作是为媒体舆论监督的顺利进行提供体制保障，营造协商民主对话氛围，以促成社会多方协同参与社会治理。

其次，媒体作为建设性新闻实践主体，政府与民众之间的桥梁，问题的解困者、价值的挖掘者、服务的提供者，可从记者编辑人员建设与行业规范、报道内容、传播方式与效果、权力界限的把控这四个层面进行提升与改进。

记者、编辑等新闻从业人员作为新闻的生产者与把关者，很大程度上决定了新闻质量。建设性新闻作为一种严肃的新闻，正如学者麦金泰尔所言其目的是维护新闻业的核心功能，比如充当监督者向政府问责，提醒公众潜在的危险或者提供有用的信息[2]，强调新闻专业主义，在捍卫真实、客观、平衡等职业精神的基础上，聚焦公共议题，以社会公共利益为依归，找寻解决方案，寻求社会共识。概言之，建设性新闻记者需具备四个方面的能力，分别是具有主流价值观、文化自觉、客观报道与建设性表达能力。[3]最为接近此能力的人选是从事深度调查报道的记者。报道经验丰富的调查记者是建设性新闻专业性的保证。可将已有的调查记者部分划拨到建设性新闻小组之中，培养有潜力的记者，在待遇、机制等方面向建设性新闻记者倾斜，以鼓励其加入，从而扩充建设性新闻队伍。

与此同时，为了保证新闻规范性，需要对从事建设性新闻的人员进行组织培训，以明确行业规范与具体操作细则。例如，对于何谓“建设性新闻”这一问题，从业者有着不同的解读，概念本身模糊性可能给从业者带来困惑，影响其新闻生产。需要明确建设性的指涉性，将其置于一定的观念坐标和解释框架中去理解与运用。[4]在具体的操作方面，可制定一些细则，如客观性原则，避免个人情绪与价值取向；回应社会问题，讲求深度而非浮于皮毛的现象描述；提供背景信

---

[1] 习近平．在“不忘初心、牢记使命”主题教育总结大会上的讲话［EB/OL］．(2020-01-08)［2020-03-21］．http：//www.gov.cn/gongbao/content/2020/content_5471422.htm.

[2] 徐敬宏，郭婧玉，游鑫洋，等．建设性新闻：概念界定、主要特征与价值启示［J］．国际新闻界，2019（8）：135-153.

[3] 漆亚林，刘静静．建设性新闻的生成逻辑与现实困境［J］．新闻与传播研究，2019（S01）：106-113.

[4] 高明勇．论“建设性新闻”的四个基本问题［J］．青年记者，2020（3下）．

息，以事实与证据为依据，多方信源与方案，并进行核实。

在具体的报道内容方面，以一丝不苟的科学精神对待之，加强对事实的核实，以客观、系统、严格的假设与论证查证建设性新闻中的解决方案科学与否。学者安·阮提议用“知识型新闻”对科学新闻的报道方式来考察建设性新闻，列明了五条实用性建议：深究方案来源、提出目的、科学性；报道前向业内专家请教并对方案做专业审查；将解决方案置于宏观社会背景中，避免得出孤立性结论；考量受众社会文化背景、政治环境、社会心理与价值观等因素；保持怀疑精神，留意非科学性信息的夸大效应。[1]总之，建设性新闻从业者需要如科学家一般，对解决方案持审慎态度，保持中立客观，小心求证，探寻社会问题的“未知领域”。

建设性新闻的效果与影响可从个人、中观、宏观三个层面衡量。从个人层面来看，提升个人福祉，促进个人心理健康；从中观层面来看，挽救媒体组织危机，为重新获取民众信任提供契机；从宏观层面看，推动社会进步。为此，需要满足受众的信息需求，改善传播方式，以实现传播效果的最大化。有学者提出对建设性新闻生产与发布、中期的信息处理与解读及后期的传播效果问题进行实证研究[2]，以考察建设性新闻及其内含的方案是否起到正向效果。

具体而言，媒体需要对受众的信息需求做到深入感知，提供核心、重要信息，不可主观预设公众的信息需求；对受众的可能反应展开实证研究以进行科学预判，避免没有依据的主观臆断；在如实反映社会现实的基础上，通过对事件长期的报道，引发受众的持续关注，避免“断头”新闻；新闻报道考虑当地政治文化背景与人伦道德规范与准则，避免引发争议或舆情；以多样化的媒介表达方式，吸引受众关注。例如，可充分利用短视频等新媒体表达方式，助推栏目内容向受众年轻化、内容多样化、形式互动化延伸发展，用新媒体手段为转变报道形式增添强劲。

此外，媒体要注意把握好自身定位，划定权力的界限。虽然建设性新闻的报道者比起一般新闻记者而言，更深入参与到事件报道之中，作为事件的介入者与

---

[1] 安·阮．携手科学：作为知识型新闻的建设性新闻［J］．曾昕，译．新闻与传播研究，2019（S01）：114–119.

[2] 李喜根．用媒体效果理论审视建设性新闻［J］．新闻与传播研究，2019（S01）：120–128.

推动者，推动问题解决，但是媒体的主要职责还是揭示事实，最多是解决方案的促成者。问题的解决最终需要政府相关职能部门解决，它们作为方案的提出者，有着行政与司法职权。因此，建设性新闻记者在报道过程中，要注意把握好角色的边界，不可越权，让受众产生找媒体比职能部门更管用的错觉。[1]媒体要协调好政府职能部门、专家学者、民众等社会各界的力量，充当好桥梁作用，达成社会共识，形成解决问题的合力。

最后，民众作为问题亲历者与解决方案的验收人，需要两个方面着力提升分别是培养民众的公民意识和提升媒介素养。前者涉及意识精神层面，后者涉及操作层面。本书认为培养公民意识，需要增强民众的主人翁精神，所谓“社会是我家，问题解决靠大家”，社会协同治理需要民众积极参与公共生活，需要每位民众将自己作为社会的一分子，有较为明确的权利与义务观念。民众公民权利责任意识的培养非一朝一夕之事，需要整个社会共同努力，需要国家提供制度保障，做出合理的程序安排，民意与个体的权利被尊重，理性的舆论表达与讨论氛围等。

在“思想武装”之后，需要提升民众的媒介素养，可谓“工欲善其事必先利其器”，基本的媒介知识了解与熟练的媒介使用是第一步，它保证了民众能接触到建设性新闻报道内容；第二步则需培养民众利用媒介工具与平台，与政府职能部门、媒体等进行对话沟通的能力；第三步也是最关键的一步，即培养民众的批判性思维，对新闻包含的方案能独立思考，例如不盲从不盲信，当各方案彼此之间出现冲突后，而不至于迷惑。

综上所述，厘清“政府—媒体—民众”各自扮演的角色，处理好三者的关系，对于建设性新闻的可持续发展至关重要。伴随着多元利益主体格局的形成与媒体技术变革的到来，政府作为规则的制定者，方案的主要提出者与实行者，如何配合好媒体报道，如何调动社会各界参与社会治理；媒体作为“策展人”，如何建构新闻，如何保证新闻的客观性、真实性，方案的科学性，采用怎样的传播方式，如何达成最佳的传播效果，如何把握好介入的“度”，协同社会各界力量形成问题解决的“合力”；公众如何当好问题的提出者，如何当好方案的验收者，都显得尤

---

[1] 陈力丹，翁巍巍．“以改善民生为重点的社会建设”与民生新闻［J］．新闻传播，2008（2）：17–19.

为重要。这不仅关乎建设性新闻实践的开展，而且影响着社会治理的整体效果。

四、对于中国建设性新闻实践与研究的未来展望

虽然中国建设性新闻的相关探索还处于起步阶段，但是随着相关实践的正向效果逐渐显现与媒体协同社会治理的推进与深入，可以预见，未来中国建设性新闻的实践范围与研究半径将不断扩大，相关的体制建设与理论研究也将进一步发展。具体而言，笔者认为中国的建设性新闻实践与研究可以从以下几个方面进行推进。

从实践层面来看，可从短期、中期、长期三个方面着手深化。在短期阶段，着力于提升个人福祉。建设性新闻通过报道理念与内容的再平衡，实现对社会的积极建构。那么报道哪些信息能最大程度地提升人们幸福感与获得感？笔者认为需要对准重大问题，尤其是那些与人民切身利益密切相关的话题，民众最期望获得或密切关注的信息。这些信息需要被优先报道并以民众所能接受的话语表达方式进行报道。从这个角度来看，可看作是民生新闻“公共化”与“建设性”的尝试，以民生小切口探讨公共大议题，导向解决方案，促成问题的解决。

在中期阶段，着力于媒体品牌建设，内容层面，以严谨的深度调查报道与科学的解决方案作为“重要抓手”，对社会问题的产生、背景、原因作为深入的阐释，参照相关行业专家及业内同行的意见，提出科学的解决方案。深入探掘受众心理与社会化文化环境，“投其所好”地有针对性地进行信息传播，以尽可能影响受众认知，改变受众态度，劝服受众采取行动，参与到问题解决过程中来。与此同时，媒体需将人文精神、情感温度、德善伦理等人本价值[1]注入技术话语中，充分利用短视频等表达方式，将智能算法、大数据、虚拟现实等技术手段与“建设性导向”的报道结合起来，运用于人机协同新闻生产与用户生产内容方面，发挥媒体舆论引导功能，平衡处理媒体与公众关系。[2]

从长期来看，建设性新闻的宗旨是推动社会进步，要实现此宏愿，非单凭媒体一己之力得以实现，需要媒体协同社会各界力量，形成问题解决合力。需要在政府与民众之间充当桥梁，做好上情下达与下情上传工作，但是如何把握其中的

---

[1] 漆亚林，刘静静．建设性新闻的生成逻辑与现实困境［J］．新闻与传播研究，2019（S01）：106-113.

[2] 殷乐，高慧敏．建设性新闻：溯源、阐释与展望［J］．新闻与写作，2020（2）：13-20.

“度”而不越权，是一个较难“拿捏”的问题。笔者认为未来可通过健全相关机制，组织协商沟通加以解决。首先，增进媒体与政府之间沟通，建立互信机制。让政府知晓媒体的意图是解决问题，而非问题的“制造者”，推进双方互信与合作。其次，调动多元主体参与，形成民主协商氛围。媒体作为协调者、调节者，将社会问题的相关利益方统合调动起来，在互相尊重各自立场与诉求的基础上，促成多方协商与平等对话。最后，监督政策的执行，确保方案的“落地”。在多方协商形成问题的解决方案之后，媒体充当“监督员”，持续关注跟踪报道政策与方案的执行过程并积极反馈，以便有关方随时调整。

从理论层面来看，中国建设性新闻研究方才“起航”，有诸多“未知”领域有待探索。首先，从本体论来看，对于建设性新闻的概念认知的模糊之处，有待进一步厘清与界定。对于中西方建设性新闻理念与实践的对比研究，中国建设性新闻实践与以往新闻实践如民生新闻、问政新闻、调查新闻等的关系探究，还有待进一步深化；其次，在认识论方面，从跨学科的视角对中国建设性新闻进行探究，例如媒体社会治理方面与受众认知与心理方面，可分别参考政治学、行政管理以及认知神经科学、心理学等相关理论；最后，在方法论方面，目前国内以思辨类的研究为主，伴随着研究的深入，实证类的研究成果可能逐步增多。

本书的主体是中国媒体的建设性新闻实践，今后研究范围可进一步扩大，例如对中文媒体或自媒体的建设性新闻实践展开探究；此外，可对影响建设性新闻生产的因素、新闻内容、媒介方式与手段、受众反应与传播效果这“5 个 W”展开探究。

参考文献

一、中文著作

[1]本书编写组.新闻学概论（马克思主义理论研究和建设工程重点教材）[M].北京：高等教育出版社，2009.

[2]丹尼斯·麦奎尔.麦奎尔大众传播理论[M].崔保国，李琨，译.北京：清华大学出版社，2010.

[3]郭庆光.传播学教程[M].北京：中国人民大学出版社，2008.

[4]何日生.建构式新闻[M].台北：五南图书出版股份有限公司，2017.

[5]黄旦.传者图像：新闻专业主义的建构与消解[M].上海：复旦大学出版社，2005.

[6]黄永，林礼贤，孔慧思，等.解困新闻学：后真相时代的答案[M].香港：商务印书馆（香港）有限公司，2017.

[7]迈克尔·舒德森.新闻社会学[M].徐佳权，译.北京：华夏出版社，2010.

[8]彭菊华.新闻学原理[M].北京：中国传媒大学出版社，2014.

[9]唐绪军，殷乐.建设性新闻实践：欧美案例[M].北京：社会科学文献出版社，2019.

[10]肖伟.新闻框架论[M].北京：中国人民大学出版社，2016.

[11]休梅克.GATEKEEPING 大众传媒把关（中文注释版）[M].张咏华，注释.上海：上海交通大学出版社，2007.

[12]臧国仁.新闻媒体与消息来源——媒介框架与真实建构之论述[M].台北：三民书局，1999.

[13]周榕.中国公共危机传播中的媒介角色研究——以 2000—2013 年重大公共危机事件

为例［M］. 武汉：华中科技大学出版社，2014.
［14］周翔 . 传播学内容分析研究与应用［M］. 重庆：重庆大学出版社，2014.

二、中文编著与论文集

［1］陈怀林 . 媒介框架分析法的变化趋向［M］// 洪浚浩 . 传播学新趋势 . 北京：清华大学出版社，2014.
［2］董天策 . 民生新闻：中国特色的新闻传播范式［G］. 新闻学论集 . 北京：中国人民大学新闻与社会发展研究中心专题资料，2007：150–165.
［3］郭全中 .2018 年中国传媒企业资本运作发展报告［M］// 周逵，杭敏，丁迈，徐立军，崔保国 . 传媒蓝皮书——中国传媒产业发展报告（2019）. 北京：社科文献出版社，2019.
［4］黄成炬 . 媒介社会学［M］// 鲁曙明，洪浚浩 . 传播学 . 北京：中国人民大学出版社，2007.
［5］迈克尔・舒德森 . 新闻生产的社会学［M］// 詹姆斯・库兰，米切尔・古尔维奇 . 大众媒介与社会 . 北京：华夏出版社，2006.
［6］王月 . 新传播形态下新闻生产实践的变革［M］// 焦雨虹，强荧 . 上海蓝皮书——上海传媒发展报告（2019）. 北京：中国社科文献出版社，2019.

三、中文期刊论文

［1］安・阮 . 携手科学：作为知识型新闻的建设性新闻［J］. 曾昕译 . 新闻与传播研究，2019（S01）.
［2］蔡雯 . 从当代西方新闻改革运动看职业观念转变——"建设性新闻""方案新闻""公共新闻"评析［J］. 新闻与传播研究，2019（S01）.
［3］蔡雯，郭浩田 . 以反传统的实践追求新闻业的传统价值——试析西方新闻界从"公共新闻"到"建设性新闻"的改革运动［J］. 湖南师范大学社会科学学报，2019（5）.
［4］蔡雯，凌昱 ."建设性新闻"的主要实践特征及社会影响［J］. 新闻与写作，2020（2）.
［5］陈力丹 . 美国传播学者休梅克女士谈影响传播内容的诸因素［J］. 国际新闻界，2000.
［6］陈力丹，孙曌闻 .2019 年中国新闻传播学研究的十个新鲜话题［J］. 当代传播，2020（1）.

[7]陈力丹，翁巍巍．“以改善民生为重点的社会建设”与民生新闻［J］．新闻传播，2008（2）．

[8]陈薇．建设性新闻的“至善”与“公共善”［J］．南京社会科学，2019（10）．

[9]陈薇．智媒时代下建设性新闻的价值理性与实践路径［J］．编辑之友，2020（3）．

[10]陈卫星．新闻传播理论创新的媒介学思考［J］．青年记者，2014.

[11]陈旭钦．建设性思维在新闻报道中的运用与探索——以 2013 年浙江余姚特大水灾报道为例［J］．宁波大学学报（人文科学版），2014（5）．

[12]陈卓琼．暖新闻走红的背景与社会功能［J］．视听，2017（7）．

[13]丁继南，韩鸿．基于建设性新闻思想的媒介社会治理功能［J］．青年记者，2019（12）．

[14]葛明驷，何志武．电视问政十年：文化效应与反思［J］．中州学刊，2015（3）．

[15]勾晅．为生命倾注力量，给心灵点盏明灯——凤凰网暖新闻栏目的创想和实践［J］．青年记者，2016（22）．

[16]谷羽．语义网络分析方法在传播学中的应用及批判［J］．现代传播，2019（4）．

[17]郭韶明．关于暖新闻的探索与思考——以中国青年报《暖闻周刊》为例［J］．青年记者，2016（22）．

[18]郭毅．建设性新闻：概念溯源、学理反思与中西对话［J］．现代传播，2020（1）．

[19]河崎吉纪．日本报业史：基于建设性新闻的类比视角［J］．彭永成译．新闻与传播研究，2019（S01）．

[20]贺岭，李敏．建构式新闻如何引导西方新闻业的价值重寻与功能救赎［J］．出版广角，2019（22）．

[21]胡百精．概念与语境：建设性新闻与公共协商的可能性［J］．新闻与传播研究，2019（S01）．

[22]胡智锋，李刚．变革、困境与开拓——由《零距离》升级改版看中国民生新闻的新突破［J］．中国广播电视学刊，2009（6）．

[23]花宇．我们的新闻有建设性吗［J］．青年记者，2013（30）．

[24]黄典林．媒介社会学的文化研究路径：以斯图亚特·霍尔为例［J］．国际新闻界，2018（6）．

[25]黄勇．体味新闻报道“建设性”［J］．青年记者，2002（11）．

[26]纪娇娇，申帆，黄晟鹏，等．基于语义网络分析的微信公众平台转基因议题研究［J］．科普研究，2015（2）．

[27]季为民.中国特色社会主义新闻学“三大体系”的建构[J].新闻与传播研究，2019（9）.
[28]蒋韡薇.以“暖闻·暖心”探索融合——中国青年报的全媒体案例分享[J].传媒评论，2017（6）.
[29]金苗.建设性新闻：一个“伞式”理论的建设行动、哲学和价值[J].南京社会科学，2019（10）.
[30]金妍.“暖”新闻提升幸福感[J].新闻实践，2012（5）.
[31]凯伦·麦金泰尔.建设性新闻：概念的界定与实验[J].林晓平译.新闻与传播研究，2019（S01）.
[32]赖浩锋.解析电视民生新闻三内核[J].山东视听（山东省广播电视学校学报），2005（1）.
[33]兰继军，李苗，李莉.创伤性事件新闻报道中公众心理创伤的产生及防范[J].心理技术与应用，2019（4）.
[34]李彬，马学清.中国新闻专业主义的核心理念：责任感和建设性[J].湖南科技学院学报，2011（3）.
[35]李海波，郭建斌.事实陈述 vs. 道德评判：中国大陆报纸对“老人摔倒”报道的框架分析[J].新闻与传播研究，2013（1）.
[36]李金铨.“媒介专业主义”的悖论[J].国际新闻界，2018.
[37]李鲤，罗欢.建设性新闻：话语、实践与认知争议[J].当代传播，2019（6）.
[38]李良荣，张华.参与社会治理：传媒公共性的实践逻辑[J].现代传播，2014（4）.
[39]李林.不忘本来 吸收外来 推进新闻传播理论的创新与发展——在“建设性新闻：理念与实践”社科论坛上的致辞[J].新闻与传播研究，2019（S01）.
[40]李仁虎，文建.论新闻建设性的理论基础及价值追求[J].中国记者，2020（1）.
[41]李喜根.用媒体效果理论审视建设性新闻[J].新闻与传播研究，2019（S01）.
[42]李幸.《南京零距离》与中国电视的三次革命[J].中国广告，2004（3）.
[43]立足建设性 开拓新视野——市场经济新闻摄影研讨会发言摘登[J].新闻三昧，1999（1）.
[44]刘九洲，陈曦.论建设性新闻舆论监督[J].新闻界，2007（5）.
[45]刘瑞生.建构式新闻：西方新闻业的“升级”还是“救赎”？[J].出版参考，2019（5）.

[46]刘振．浅议负面新闻信息的建设性报道[J]．今传媒，2010（9）．
[47]鲁强．拿什么拯救你，文化新闻？——论文化新闻报道的建设性[J]．新闻实践，2004（5）．
[48]陆玉方．《对话苏州》：架设官民对话的平台[J]．视听界，2012（6）．
[49]陆玉方．建设性新闻的苏州实践与探索[J]．新闻与传播研究，2019（S01）．
[50]陆玉方．以机制创新探索城市广电融合发展新模式[J]．视听界，2019.
[51]陆玉方．用建设性新闻理念构建绿色舆论生态——苏州广电的实践与探索[J]．新闻与写作，2020（2）．
[52]麦克斯韦尔－麦考姆斯，郭镇之，邓理峰．议程设置理论概览：过去，现在与未来[J]．新闻大学，2007（3）．
[53]尼科·德罗克，莉丝贝特·赫尔曼斯．西方视角下的建设性新闻[J]．林晓平，译．新闻与传播研究，2019（S01）．
[54]聂书江．论电视问政的内在逻辑及其发展路径[J]．现代传播，2015（1）．
[55]牛光夏．“解困新闻”的精神实质[J]．青年记者，2014（4）．
[56]彭宁．善意应是社会新闻传播策划的出发点[J]．记者摇篮，2004（12）．
[57]漆亚林．建设性新闻的中国范式——基于中国媒体实践路向的考察[J]．编辑之友，2020（3）．
[58]漆亚林，刘静静．建设性新闻的生成逻辑与现实困境[J]．新闻与传播研究，2019（S01）．
[59]漆亚林，谯金苗．后真相时代西方媒体的“信任重构”——兼谈2018年西方媒体的发展路向[J]．新闻与写作，2019（1）．
[60]盛雷．《新闻深呼吸》：善意、理性、建设性 创办近四年来，节目收视率稳步上升，受到观众和业界学界的普遍好评[J]．新闻实践，2012（10）．
[61]时统宇．帮忙：民生新闻的更新换代产品[J]．青年记者，2009（25）．
[62]史安斌，盛阳．社交媒体时代的“正能量叙事”——“解困”型新闻分析[J]．青年记者，2015（28）．
[63]史安斌，王沛楠．多元语境中的价值共识：东西比较视野下的建设性新闻[J]．新闻与传播研究，2019（S01）．
[64]史安斌，王沛楠．建设性新闻：历史溯源、理念演进与全球实践[J]．新闻记者，2019（9）．

[65]柬开荣，孙彤昕，段世昌，等.2019年中国的新闻学研究［J］.国际新闻界，2020(1).
[66]孙彩芹.框架理论发展35年文献综述——兼述内地框架理论发展11年的问题和建议［J］.国际新闻界，2010（9）.
[67]谭天.帮忙节目帮啥忙［J］.媒体时代，2011（8）.
[68]谭天，王颖.民生新闻的突破：从节目到平台——兼议广东广播电视台《Dv现场》的实验[J].电视研究，2015（1）.
[69]唐绪军.建设性新闻与新闻的建设性［J］.新闻与传播研究，2019（S01）.
[70]唐绪军，殷乐.西方媒体“好新闻”的实践、理论及借鉴［J].对外传播，2015(11).
[71]田进，朱利平.互联网环境下网络公共事件触发政策议题的形成机理研究［J］.电子政务，2015（8）.
[72]汪丁丁.何谓“新闻敏感”[J].新世纪周刊，2011（44）.
[73]王朝明，陆玉方.专访苏州广播电视总台党委书记、总台长陆玉方：不等不靠，真融深融，能快则快［J］.电视指南，2019.
[74]王富伟.个案研究的意义和限度——基于知识的增长［J］.社会学研究，2012（5）.
[75]王君超.新闻报道的“解困”之道［J］.中国报业，2014（19）.
[76]王巍.《西雅图时报》基于解困新闻学的创新实践［J］.传媒，2016（15）.
[77]王小平.从建设性到建设者——新闻工作者履行职责的新姿态［J］.声屏世界，2013（7）.
[78]王英，陈金华.有效性·建设性·正确性——新闻媒体如何切实提升舆论监督的质量［J］.新闻爱好者，2009（23）.
[79]王英恺.新闻舆论监督的建设性立场［J］.黑龙江教育学院学报，2004（2）.
[80]吴飞，李佳敏.从希望哲学的视角透视新闻观念的变革——建设性新闻实践的哲学之源［J］.新闻与传播研究，2019（S01）.
[81]吴湘韩.建设性是党管媒体必须遵循的新闻理念——中国青年报的探索实践［J］.新闻与传播研究，2019（S01）.
[82]吴湘韩.建设性新闻实践：党管媒体发展的必由之路［J］.新闻与写作，2020（2）.
[83]新闻：有温度、有故事、建设性［J］.传媒评论，2014（4）.
[84]徐敬宏，郭婧玉，游鑫洋，等.建设性新闻：概念界定、主要特征与价值启示［J］.国际新闻界，2019（8）.
[85]徐自强，张静洁，马文倩，等.电视问政：城市公共治理的创新长效机制研究——基

于《问政日照》和《问政追踪》的内容分析［J］. 福建行政学院学报，2019（5）.
［86］许玲，马丹，凤黄宁．“情境化新闻”：后真相时代西方品质新闻理念略探［J］. 华中传播研究，2018（2）.
［87］晏青，凯伦·麦金泰尔．建设性新闻：一种正在崛起的新闻形式——对凯伦·麦金泰尔的学术访谈［J］. 编辑之友，2017（8）.
［88］杨建宇．从问题聚焦到方案导向——美国《德述理新闻报》编辑部文化的转型［J］. 青年记者，2018（24）.
［89］杨建宇．方案新闻及其在《西雅图时报》的实践［J］. 当代传播，2015（3）.
［90］杨建宇．基于方案的新闻：一种建设性实践［J］. 编辑之友，2015（7）.
［91］杨建宇．修复性叙事：创伤讲述新模式——美国希望镜像的主张与探索［J］. 编辑之友，2019（5）.
［92］杨建宇．英国《积极新闻》的创新性实验［J］. 新闻界，2017（9）.
［93］杨建宇．制作方案新闻的关键步骤——美国媒体实践观察［J］. 青年记者，2018（3）.
［94］杨诗哲，田惠风，程文浩．电视问政：现状、问题与未来深化［J］. 长江论坛，2014（6）.
［95］殷乐．并行与共振：建设性新闻的全球实践与中国探索［J］. 新闻与传播研究，2019（S01）.
［96］殷乐，高慧敏．建设性新闻：溯源、阐释与展望［J］. 新闻与写作，2020（2）.
［97］于泓洋．让媒体解困的“解困新闻学”——基于美国“解困新闻学网络”报道内容的分析［J］. 新闻记者，2016（1）.
［98］张潋．科学而人性的新闻观——论新闻业中的人文关怀［J］. 现代传播－北京广播学院学报，1997（5）.
［99］张剑虹．建设性——新闻批评的出发点［J］. 新闻爱好者，1991（5）.
［100］张明新．后 SARS 时代中国大陆艾滋病议题的媒体呈现：框架理论的观点［J］. 开放时代，2009（2）.
［101］张首映．中国特色社会主义新闻理论的来源和主要内容［J］. 新闻战线，2013（7）.
［102］张小平，蔡惠福．加强中国特色社会主义新闻传播理论研究的思考［J］. 新闻战线，2017（19）.
［103］张晓锋，周海娟．2019 年新闻传播学研究十大热点［J］. 新闻与写作，2020（1）.
［104］张艳秋．中国对非传播的建构性新闻学术话语建构：内涵与价值［J］. 新闻与传播

研究，2019（S01）.

[105]张艺馨.社会新闻要有建设性[J].军事记者，2012（11）.

[106]张志安.新闻场域的历史建构及其生产惯习——以《南方都市报》为个案的研究[J].新闻大学，2010（4）.

[107]张志安，束开荣.新媒体与新闻生产研究：语境、范式与问题[J].新闻记者，2015（12）.

[108]张志安，吴涛."宣传者"与"监督者"的双重式微——中国新闻从业者媒介角色认知、变迁及影响因素[J].国际新闻界，2014（6）.

[109]张志安，吴涛.互联网与中国新闻业的重构——以结构、生产、公共性为维度的研究[J].现代传播，2016（1）.

[110]郑保卫.开创中国特色社会主义新闻学学科发展新时代[J].教育传媒研究，2019（6）.

[111]郑保卫.立足中国土 请教马克思——对构建中国特色社会主义新闻学的思考[J].新闻与写作，2016（7）.

[112]郑亮.建设性新闻视角下"中国故事"的叙事策略研究[J].编辑之友，2020（3）.

[113]周然毅."建设性新闻"的中国化思考[J].新闻与传播研究，2019（S01）.

[114]朱清河.关于新时代中国特色社会主义新闻理论研究的几个问题[J].教育传媒研究，2018（5）.

[115]朱天，姚婷.中国电视新闻传播实践中"两种话语"现象辨析[J].西南民族大学学报（人文社科版），2015（11）.

[116]朱天，姚婷.中国电视新闻传播实践中"两种话语"现象辨析[J].西南民族大学学报：人文社会科学版，2015（11）.

[117]庄鹏.方案新闻的存在价值及其媒介生态学意义[J].传媒，2017（10）.

[118]邹明.从暖新闻到善传播——凤凰网的建设性新闻实践[J].新闻与传播研究，2019（S01）.

四、中文报纸、报告及电子资源

[1]"黄暴"视频看出心理阴影，内容审核师能被AI拯救吗?[EB/OL].（2020-01-12）[2020-03-12].https：//www.huxiu.com/article/335656.html.

[2]“建设性新闻研究中心”落户苏州大学[N/OL].(2019-11-28)[2020-03-08]. http://www.js.xinhuanet.com/2019-11/28/c_1125284209.htm.

[3]“另类”的网易，能够拯救个性化推荐时代的阅读之殇吗?[EB/OL].(2017-05-17)[2020-03-12]. https://www.sohu.com/a/141302579_613239.

[4]《点赞中国——2016～2017“五个一百”网络正能量精品展播特别节目》成功播出[N/OL].(2017-09-24)[2020-03-13]. http://news.youth.cn/gn/201709/t20170924_10772949.htm.

[5]《对话苏州》：一档“建设性质询”栏目的生长[EB/OL].(2013-06-11)[2020-03-17]. http://news.ifeng.com/shendu/21sjjjbd/detail_2013_06/11/26309985_0.shtml.

[6]《这事我来管》编者按[EB/OL].(2019-12-20)[2020-02-03]. https://html.kan0512.com/index.php?_hgoutlink=special/specialdetail&Id=315.

[7]《政对面》是如何成功吸引关注的[EB/OL].(2018-06-29)[2019-12-19]. http://s.cloud.gmw.cn/2016/c/2018-06-29/1151888.shtml.

[8]199 IT.清华大学新闻：2019中国传媒产业发展报告PPT版[R/OL].(2019-08-25)[2020-03-11]. http://www.199it.com/archives/928637.html.

[9]2018年三大产业营收超3亿，看这个电台是怎么做到的?[EB/OL].(2019-01-09)[2020-02-05].http://www.sohu.com/a/288053288_657264.

[10]2019年6月今日头条用户画像[EB/OL].(2019-09-18)[2020-03-12]. https://www.sohu.com/a/341755545_665157.

[11]CCTV央视新闻客户端正式推出“VR频道”[EB/OL].(2019-02-20)[2020-03-12]. https://new.qq.com/omn/20190220/20190220a07842.html?pc.

[12]2019Q1中国手机新闻客户端市场监测报告[R/OL].(2019-05-10)[2020-03-11]. https://www.iimedia.cn/c400/64308.html.

[13]陈城.政学媒聚焦“政能亮”现象——新时代政策解读与政务传播研讨会暨《政能亮》新书发布会在京举行[EB/OL].(2018-06-29)[2019-12-17]. http://www.gmw.cn/xueshu/2018-06/29/content_29560737.htm.

[14]陈牧，夏丽霞.苏明娟设立助学基金传递“希望”[N/OL].(2018-06-23)[2019-10-22]. http://www.zgjx.cn/2019-06/23/c_138143687_2.htm.

[15]传统媒体转型短视频，零成本小团队不用高大全/狠砸钱也能出精品[EB/OL].(2017-10-12)[2020-03-14]. https://m.sohu.com/a/197602079_465296.

[16]点赞中国·爱国、敬业、诚信、友善：有“家”的感觉真好[N/OL].(2014-08-11)[2020-03-13]. http://theory.people.com.cn/n/2014/0811/c375814-25439994.html.
[17]丁柏铨.论新闻舆论传播力、引导力、影响力、公信力[EB/OL].(2018-03-29)[2020-02-10].http://media.people.com.cn/n1/2018/0329/c418769-29896422.html.
[18]丁晓琴，陶悦清，朱冬艳，等.一片叶子的扶贫故事[N/OL].(2018-05-22)[2019-10-22].http://tea.zjol.com.cn/201810/t20181018_8512263.shtml.
[19]段丹洁.探路建设性新闻理论与实践[EB/OL].(2019-03-13)[2020-03-08].http://ex.cssn.cn/zx/bwyc/201903/t20190313_4846816.shtml.
[20]凤凰网与新华社新媒体中心联合共建暖新闻栏目[EB/OL].(2015-06-30)[2020-03-14]. http://news.china.com.cn/txt/2015-06/30/content_35945151.htm.
[21]广电独家.2019广电实力比拼!“TV地标”暨“时代之声”大型调研榜单出炉[EB/OL].(2019-12-05)[2020-03-18].https://www.sohu.com/a/358632421_613537.
[22]郭小容，田园，胡芳，等.问政现场：书记递上小纸条[N/OL].(2018-12-20)[2019-10-22]. http://www.zgjx.cn/2019-06/24/c_138168798.htm.
[23]国家新闻出版广电总局关于规范报刊单位及其所办新媒体采编管理的通知[EB/OL].(2017-08-30)[2020-03-11]. http://www.xinhuanet.com/zgjx/2017-08/30/c_136567623.htm.
[24]杭州日报“政在解读”报道部.时政新闻如何创新?杭州日报“政在参与”探路建设性新闻[EB/OL].(2018-10-12)[2020-03-17]. https://www.sohu.com/a/259211714_782597.
[25]呼东荣，张富强.榆林860万亩流沙全部得到治理[N/OL].(2015-01-27)[2019-10-22]. http://www.xinhuanet.com//zgjx/2016-08/30/c_135644626_2.htm.
[26]胡印斌.“政对面”谈政务，感应政策温度[EB/OL].(2018-07-04)[2020-02-15].https://pl.ifeng.com/opinion/zhengnengliang/448/1.shtml.
[27]互联网新闻信息服务管理规定[EB/OL].(2017-05-02)[2020-03-12].http://www.cac.gov.cn/2017-05/02/c_1120902760.htm.
[28]坚持初心为人民谋幸福是我们党的成功之道[EB/OL].(2019-06-28)[2020-02-03].http://sh.people.com.cn/gb/n2/2019/0628/c373960-33087203.html.
[29]今日头条发布2019年度数据报告[EB/OL].(2020-01-07)[2020-03-12]. http://finance.ifeng.com/c/7t3bojnsslo.

［30］近1800场主播秀 苏州广播电视总台打造主流媒体“网红”［EB/OL］.（2018-07-01）［2020-02-04］.http：//news.2500sz.com/doc/2018/07/01/303567.shtml.

［31］李卫红，刘莹，黄蔚，等．给乡亲一个精神焕发的村庄［N/OL］.（2017-03-31）［2019-10-22］. http：//news.gog.cn/system/2017/03/31/015545722.shtml.

［32］两会Vlog火了！这些媒体相当酷［EB/OL］.（2019-03-19）［2020-03-12］. http：//dy.163.com/v2/article/detail/eal4lu4f05148ski.html.

［33］龙隆．河池脱贫经验“出口”亚非国家［N/OL］.（2017-06-19）［2019-10-22］. http：//www.pingjiang.zgjx.cn/newsawardingsys/wkspublicsubmittedaction/totext.do? id=8a899010636d254c01636d6cf72d0417&flag=&prizeflag=.

［34］陆芬．北京通州：行政副中心如何“治病救城”?［N/OL］.（2015-08-03）［2019-10-22］. http：//www.xinhuanet.com//zgjx/2016-08/30/c_135642378_2.htm.

［35］陆玉方．苏州广电融合创新的六个转型［EB/OL］.（2019-03-22）［2020-02-04］. http：//www.ttacc.net/a/news/2019/0322/56065.html.

［36］陆玉方．智媒建设的“闯”与“创”［EB/OL］.（2019-12-27）［2020-02-06］. http：//finance.ifeng.com/c/7sk3dlyofvh.

［37］毛林涛，蒲克．重庆交大：破解沙子土壤化密码 沙漠有望变绿洲［N/OL］. 重庆广播电视集团（总台）（2016-09-17）［2019-10-22］.http：//www.xinhuanet.com//zgjx/2017-06/13/c_136362663.htm.

［38］梅双．第三方内容审核业务发力 人民网2018年净利润预增上亿元［N/OL］.（2019-02-02）［2020-03-12］.http：//company.stcn.com/2019/0202/14849506.shtml.

［39］暖新闻如何“好看又好吃”? 凤凰网月均过亿点击的秘诀［EB/OL］.（2019-05-06）［2020-03-14］. http：//news.ifeng.com/c/7mrzjkblqhh.

［40］澎湃新闻社会责任报告（2018年）［R/OL］.（2019-05-28）［2020-03-14］.http：//www.xinhuanet.com//zgjx/2019-05/28/c_138096729_11.htm.

［41］人民网副总裁唐维红发布《2019全国党报融合传播指数报告》［EB/OL］.（2019-07-30）［2020-03-12］. http：//media.people.com.cn/n1/2019/ 0730/c120837-31263678.html.

［42］人民网舆论与公共政策研究中心．人民网发布研究报告：付费阅读助力内容原创［EB/OL］.（2018-09-28）［2020-03-12］. http：//www.infzm.com/contents/139983.

［43］沈珍珍，张利荣，赵海云．与苏州轨交“较真”的苏大女生为什么赢? 主审法官这样说［EB/OL］.（2018-12-15）［2020-01-31］. https：//html.kan0512.com/index.php? _

hgoutlink=news/newsdetail&id=1549184.

[44]世界媒体 500 强排行榜出炉：中国有 95 家媒体入榜 腾讯进入前十 [EB/OL] .（2019-12-21）[2020-03-18] .https：//xw.qq.com/amphtml/20191221a00bv800.

[45]宋继祥 . 中国青年网短视频栏目“青蜂侠”团队荣获“年度重大主题宣传团队”称号 [EB/OL] .（2018-11-29）[2020-03-14] .http：//news.eastday.com/eastday/13news/auto/news/china/20181129/u7ai8228400.html.

[46]苏城议事厅节目播放页面 [EB/OL] .（2019-12-19）[2019-12-23] . http：//www.csztv.com/wldst/zt/spzt/1942910.shtml？ tdsourcetag=s_pcqq_aiomsg.

[47]苏州广播电视总台 . 讲好苏州故事 弘扬暖心正能量—— 千里挑一！“SBS 暖视频”喜提“学习强国”微视频大赛一等奖 [EB/OL] .（2019-12-26）[2020-02-09] .http：//www.csztv.cn/doc/2019/12/26/527628.shtml.

[48]苏州广播电视总台 . 这档融媒栏目厉害了，上线半年就拿下一等奖！[EB/OL] .（2018-11-07）[2020-02-06] .http：//www.csztv.cn/doc/2018/11/07/360328.shtml.

[49]苏州广播电视总台企业简介 [EB/OL] .（2020-01-20）[2020-01-30] . http：//www.csztv.cn/doc/2017/04/27/56086.shtml.

[50]苏州十二项三年行动计划出台 [EB/OL] .（2018-03-07）[2019-12- 21] .http：//www.zgjssw.gov.cn/shixianchuanzhen/suzhou/201803/t20180307_5173294.shtml.

[51]苏州市《政风行风热线》节目介绍 [EB/OL] .（2019-12-20）[2020-02-03] .http：//www.eng.suzhou.gov.cn/zfhf/index.asp.

[52]苏州市广播电视总台 .“看苏州”在京揽获“TV 地标”大奖！地市级媒体客户端全国首家 [EB/OL] .（2018-12-25）[2020-02-06] .http：//www.sohu.com/a/284367165_351257.

[53]苏州市广播电视总台 . 看苏州这项计划启动，吸引了全国 30 多位专家前来捧场 [EB/OL] .（2019-07-28）[2020-02-06] . http：//www.sohu.com/a/329881864_351257.

[54]腾讯新闻上线三大扶持计划，与优质内容创作者共同“战疫”[EB/OL].（2020-01-13）[2020-03-12] . https：//tech.qq.com/a/20200213/003887.htm.

[55]王君超 .“马航事件”报道与“解困新闻学”[N/OL] .（2014-03-22）[2020-03-07] . http：//epaper.gmw.cn/gmrb/html/2014/03/22/nw.d110000gmrb_20140322_2-07.htm？ div=-1.

[56]网络信息内容生态治理规定 [EB/OL] .（2019-12-20）[2020-03-11] . http：//www.cac.gov.cn/2019-12/20/c_1578375159509309.htm.

［57］未来互联网主业收入有可能变成为内容风控业务 人民网首当其冲［EB/OL］.（2019-02-22）［2020-03-12］. http：//xz.people.com.cn/n2/2019/0222/c138901-2673106.html.

［58］吴湘韩 . 发刊词：我心目中的你［N/OL］.（2016-01-15）［2020-03-14］. http：//zqb.cyol.com/html/2016-01/15/nw.d110000zgqnb_20160115_1-09.htm.

［59］吴湘韩 . 在融合创新中有效引导青年［EB/OL］.（2016-11-30）［2020-03-14］. http：//www.xinhuanet.com/zgjx/2016-11/30/c_135869108.Htm.

［60］习近平主持召开中央全面深化改革领导小组第四次会议［N/OL］.（2014-08-18）［2020-05-12］. http：//www.gov.cn/xinwen/2014-08/18/content_2736451.htm.

［61］新浪新闻 App 推品质月读 以硬核内容让价值重回 C 位［EB/OL］.（2019-04-02）［2020-03-12］. http：//news.tom.com/201904/4221718736.Html.

［62］新浪新闻客户端推出“二楼”探索用户深度阅读需求［EB/OL］.（2018-01-04）［2020-03-12］. http：//science.china.com.cn/2018-01/04/content_40132139.htm.

［63］《一槌工作室》节目播放页面［EB/OL］.（2019-12-20）［2020-02-03］.http：//html.kan0512.com/index.php？_hgoutlink=special/specialdetail&id=318.

［64］余新平 . 我们圆桌会［N/OL］.（2019-06-23）［2019-10-22］. http：//www.zgjx.cn/2019-06/23/c_138136705.htm.

［65］在“不忘初心、牢记使命”主题教育总结大会上的讲话［EB/OL］.（2020-01-08）［2020-03-21］.http：//www.gov.cn/gongbao/content/2020/content_5471422.htm.

［66］张帆，徐元锋 . 等不是办法，干才有希望［N/Ol］.（2017-03-20）［2019-10-22］. http：//www.pingjiang.zgjx.cn/newsawardingsys/wkspublicsubmittedaction/totext.do？id=8a8990106354783001635dd3af8f02e8&flag=&prizeflag=.

［67］张桑，陈旭东，周姗仪，等 .“老”评弹的新发展：年轻管理团队的互联网＋众筹推广［N/OL］.（2015-12-25）［2019-10-22］. http：//enjoy.eastday.com/ytft/index.html.

［68］中国互联网络信息中心 . 第 49 次《中国互联网络发展状况统计报告》（CNNIC）［R/OL］.［2022-02-25］. http://www.cnnic.net.cn/hlwfzyj/hlwxzbg/hlwtjbg/202202/P020220407403488048001.pdf.

［69］中国青年报社社会责任报告（2016 年）［R/OL］.（2017-05-25）［2020-03-11］. http：//www.xinhuanet.com//zgjx/2017-05/25/c_136311077_8.htm.

［70］中国市场化媒体的“崩盘”［EB/OL］.（2014-01-05）［2019-05-18］. https：//www.zaobao.com.sg/wencui/social/story20140105-296119.

[71]中国网络视听节目服务协会.网络综艺节目内容审核标准细则[EB/OL].(2020-02-21)[2020-03-12].http://www.cnsa.cn/index.php/infomation/dynamic_details/id/100/type/2.html.

[72]中国新闻出版广电报.传媒蓝皮书：中国传媒产业发展报告(2019)》显示——我国传媒产业总规模首破2万亿元[R/OL].(2019-08-27)[2020-03-11].http://www.cac.gov.cn/2019-08/27/c_1124927834.Htm.

[73]中国新闻事业发展报告(2017年)[R/OL].(2018-06-19)[2020-03-11].http://www.zgjx.cn/2018-06/19/c_137959217_2.Htm.

[74]周竞男，迈克尔·巴特沃斯，丁亨，等.直面雾霾：中国空气污染治理之战[N/OL].(2015-12-11)[2019-10-22].http://www.xinhuanet.com//zgjx/2016-08/30/c_135645497.Htm.

[75]周萌.女学生状告地铁胜诉，别只看到个体的力量[EB/OL].(2018-12-24)[2020-02-12].http://views.ce.cn/view/ent/201812/24/t20181224_31094982.shtml.

[76]邹明.从暖新闻到善传播，重构新媒体时代的传播价值[EB/OL].(2019-08-01)[2020-03-14].http://news.ifeng.com/c/7okuufzoz8i.

五、中文学位论文

[1]陈曦.论建设性新闻舆论监督与政治制度文明建设[D].武汉：华中师范大学，2008.

[2]方芳.改革开放以来电视帮忙类节目发展变迁研究[D].南京：南京师范大学，2014.

[3]郭咏萱.两岸报纸科学新闻报道框架与新闻生产研究[D].上海：上海交通大学，2011.

[4]胡坤宁.媒介社会学视角下的农民工污名化机制研究[D].上海：上海师范大学，2016.

[5]胡晓哲.解困新闻学视域下的环境新闻报道研究——以《人民日报》雾霾新闻报道为例[D].重庆：西南政法大学，2017.

[6]李东晓.中国贪腐丑闻的媒介呈现与新闻生产研究——媒介社会学的视角[D].杭州：浙江大学，2010.

[7]李艳红.弱势社群的公共表达：当代中国市场化条件下的城市报业与“农民工”[D].香港：香港中文大学，2004.

[8]刘高君.框架理论视野下的《南方周末》新闻评论研究[D].济南：山东师范大学，2015.
[9]马庆."编辑部的故事"：《楚天金报》的权力再生产及其管理机制的形成[D].武汉：武汉大学，2015.
[10]万小广.转型期"农民工"群体媒介再现的社会史研究[D].北京：中国社会科学院，2013.
[11]吴岳臻.解困新闻学视角下中国医患冲突报道研究[D].广州：广东外语外贸大学，2017.
[12]徐帆.制造角色：凤凰卫视的生产机制研（1996—2011）[D].上海：复旦大学，2011.
[13]许海涛.政风行风热线类节目发展研究——以《阳光热线》为例[D].保定：河北大学，2014.
[14]张文慧.《新闻调查》节目的"解困新闻学"分析[D].锦州：渤海大学，2018.
[15]张志安.编辑部场域中的新闻生产——《南方都市报》个案研究（1995-2005）[D].上海：复旦大学，2006.
[16]周榕.我国公共危机传播中的媒介角色研究[D].武汉：武汉大学，2013：40.
[17]朱佩.美联社涉华新項生产（2006—2015）研究[D].武汉：武汉大学，2016.

六、中文末出版的文献

[1]摘自苏州广播电视总台台长陆玉方在2019年11月9日"建设性新闻：理念与实践"的中国社会科学论坛的讲稿。
[2]摘自中国青年网副总编辑、短视频新闻资讯中心主任、视频专题中心主任王海的讲稿，2019年11月11日。
[3]摘自R记者在2019年11月9日"建设性新闻：理念与实践"的中国社会科学论坛上对《用"媒体+法治"思维 推动社会问题解决——看苏州在建设性新闻上的探索与实践》的汇报演讲。
[4]摘自凤凰网总编辑邹明在2019年11月9日"建设性新闻：理念与实践"中国社会科学论坛上的讲话《从暖新闻到善传播——凤凰的建设性新闻实践》。

七、外文文献

[1]AHVA L, HAUTAKANGAS M.Why do We Suddenly Talk so Much About Constructiveness? [J] .Journalism Practice, 2018 (12) .

[2]AITAMURTO T, VARMA A.The Constructive Role of Journalism [J] .Journalism Practice, 2018 (12) .

[3]ALLAM R.Constructive Journalism in Arab Transitional Democracies: Perceptions, Attitudes and Performance [J] .Journalism Practice, 2019, 13 (10) .

[4]ALTHEIDE, DAVID L. Creating Reality: How Television News Distorts Events [J] . Beverly Hills, 1976.

[5]ARDÈVOL-ABREU A. Framing Theory in Communication Research. Origins, Development and Current Situation in Spain [J] . Revista Latina de Comunicación Social, 2015 (70) .

[6]ATANASOVA D. Moving Society to a Sustainable Future: The Framing of Sustainability in a Constructive Media Outlet [J] . Environmental Communication, 2019 (13) .

[7]BADEN D, MCINTYRE K, HOMBERG F.The Impact of Constructive News on Affective and Behavioural Responses [J] . Journalism Studies, 2019 (20) .

[8]BANTZ C R, MCCORKLE S, BAADE R C. The News Factory [J] . Communication research, 1980, 7 (1) .

[9]BASKETTE F K, RICHTER D W. The Art of Editing [J] . Newspaper Research Journal, 1996, 17 (3) .

[10]BENESCH S. The Rise of Solutions Journalism [J] . Columbia Journalism Review, 1998, 36 (6) .

[11]BENSON R. Bringing the Sociology of Media Back In [J] . Political Communication, 2004, 21 (3) .

[12]BØDKER H. Cafébabel and 'Génération Bataclan': Cosmopolitan Identities and/as Constructive European News [J] . Journalism, 2019, 20 (4) .

[13]BOWMAN S, WILLIS C. We Media. How Audiences are Shaping the Future of News [R] . Reston: The Media Center at the American Press Institute, 2003.

[14]BRAUN V, CLARKE V. Thematic Analysis [EB/OL] . (2019-11-18) [2020-03-22] .https: //s3.amazonaws.com/academia.edu.documents/57712386/Braun12APAHandbook.

pdf? response-content-disposition=inline%3B%20filename%3DTHEMATIC_ANALYSIS.pdf&X-Amz-Algorithm=AWS4-HMAC-SHA256&X-Amz-Credential=AKIAIWOWYYGZ2Y53UL3A%2F20191118%2Fus-east-1%2Fs3%2Faws4_request&X-Amz-Date=20191118T123911Z&X-Amz-Expires=3600&X-Amz-SignedHeaders=host&X-Amz-Signature=c6c3696488189cfb7501fc971aa5d04502de4767a0ca19e18c5b8a260859be4b.

[15] BREED W. Mass Communication and Socio-Cultural Integration [J]. Social Forces, 1958.

[16] BREED W. Social Control in the Newsroom: A Functional Analysis [J]. Social Forces, 1955.

[17] BRIENZA C, REVERS M. The Field of American Media Sociology: Origins, Resurrection, and Consolidation [J]. Sociology Compass, 2016, 10 (7).

[18] BRO P. Constructive Journalism: Proponents, Precedents, and Principles [J]. Journalism, 2019, 20 (4): 504-519.

[19] BYBEE C. Walter Lippmann and John Dewey [EB/OL]. (2019-10-25) [2020-03-23]. https: //www.infoamerica.org/teoria_articulos/lippmann_dewey.htm.

[20] CHALMERS D M. The Muckrakers and the Growth of Corporate Power: a Study in Constructive Journalism [J]. The American Journal of Economics and Sociology, 1959, 18(3): 295-311.

[21] CHONG D, DRUCKMAN J N. A Theory of Framing and Opinion Formation in Competitive Elite Environments [J]. Journal of Communication, 2007, 57 (1): 99-118.

[22] CHRISTENSEN B M. Constructing a Social Movement: The Case of ATTAC: a Case of Constructive Journalism [M]. Modinet: Centre for Media and Democracy in the Network Society, 2002.

[23] CINTYRE K, GYLDENSTED C.Positive Psychology as a Theoretical Foundation for Constructive Journalism [J]. Journalism Practice, 2018 (12).

[24] Constructive Journalism Project: A Brief History. [EB/OL]. (2019-10-24) [2020-03-23]. https://www.constructivejournalism.org/.

[25] COTTLE S. New (s) times: Towards a 'Second Wave' of News Ethnography [J]. Communications: The European Journal of Communication Research, 2000, 25 (1): 19-42.

[26] CURRY A L, KEITH H. The Power of Solutions Journalism [EB/OL]. (2016-06-

10）[2020–03–23]. https：//engagingnewsproject.org/enp_prod/wpcontent/uploads/2014/06/ENP_SJNreport.pdf.

[27]DAHMEN N S. Images of Resilience：The Case for Visual Restorative Narrative [J] . Visual Communication Quarterly，2016，23（2）：93–107.

[28]DALY J，KELLEHEAR A，GLIKSMAN M. The Public Health Researcher：A Methodological Approach [M] . Melbourne：Oxford University Press，1997.

[29]DAVIES，CHRIS LAWE. Journalism，Corporatism，Democracy [J] .Media International Australia Incorporating Culture and Policy，1999，90（1）.

[30]DREIER P. The Position of the Press in the US Power Structure [J] . Social Problems，1982，29（3）.

[31]ELIZABETH M K. Constructive Journalism：The Effects of Positive Emotions and Solution Information in News Stories [D] . North Corolina：The University of North Carolina at Chapel Hill，2015.

[32]ENTMAN R. Framing：Toward Clarification of a Fractured Paradigm [J] . Journal of Communication，1993（43）.

[33]Exploring your Mind.Framing Theory and Media Manipulation [EB/OL].（2019–04–20）[2020–03–23] .https：//exploringyourmind.com/framing–theory–and–media–manipulation/.

[34]FAIRHURST G，SARR R. The Art of Framing [M] . San Francisco：Jossey–Bass，1996.

[35]FINK K，SCHUDSON M. The Rise of Contextual Journalism，1950s—2000s [J] . Journalism，2014，15（1）：3–20.

[36]FISHER C. The Advocacy Continuum：Towards a Theory of Advocacy in Journalism [J]. Journalism，2016，17（6）：711–726.

[37]FISHMAN M. Manufacturing the News [M] . Austin：University of Texas Press，1980.

[38]FROM U，KRISTENSEN N N.Rethinking Constructive Journalism by Means of Service Journalism [J] .Journalism Practice，2018（12）.

[39]GALTUNG J. RUGE M. The Structure of Foreign News：The Presentation of the Congo，Cuba and Cyprus Crises in Four Norwegian Newspapers [J] . Journal of Peace Research，1965（2）.

[40]GAMSON W A. News as Framing：Comments on Graber [J] . American Behavioral

Scientist, 1989 (33).

[41] GANS H J. Deciding What's News: A Study of CBS Evening News, NBC Nightly News, Newsweek, and Time [M]. Illinois: Northwestern University Press, 1979.

[42] GANS H. Deciding What's News [M]. New York: Random House, 1979.

[43] GANS H J. Making News: A Study in the Construction of Reality [M]. New York: Free Press, 1978.

[44] GIELAN M.Broadcasting Happiness: The Science of Igniting and Sustaining Positive Change [EB/OL]. [2020-03-04]. https://www.oreilly.com/library/view/broadcasting-happiness-the/9781941631317/.

[45] GILBERT D T, WILSON T D. Prospection: Experiencing the Future [J]. Science, 2007, 317 (5843).

[46] GITLIN T. The Whole World is watching [M]. Berkeley: University of California Press, 1980.

[47] GOFFMAN E. Frame Analysis: An Essay on the Organization of Experience [M]. Cam Bridge: Harvard University Press, 1974.

[48] GOTTFRIED J. Americans' News Fatigue isn't Going Away – About Two-Thirds Still Feel Worn Out. [EB/OL]. (2020-02-26) [2020-03-22]. https://www.pewresearch.org/fact-tank/2020/02/26/almost-seven-in-ten-americans-have-news-fatigue-more-among-republicans/.

[49] GRIJALVA A. Analysing the Effect of the Application of Constructive Journalism on the Mindset and Behaviour of Journalists in Traditional Media [EB/OL]. (2018-03-04) [2020-03-04]. https://revistas.usfq.edu.ec/index.php/perdebate/article/download/1334/1300.

[50] GYLDENSTED C. From Mirrors to Movers: Five Elements of Positive Psychology in Constructive Journalism [M]. Scotts Valley: CreateSpace Independent Publishing Platform, 2015.

[51] HAAGERUP U. Constructive News: Why Negativity Destroys the Media and Democracy-and How to Improve Journalism of Tomorrow [M]. Zurich: InnoVatio Publishing AG, 2015.

[52] HALLIN D C, MANCINI P. Comparing Media Systems Beyond the Western World [M]. Cambridge: Cambridge University Press, 2012.

[53]HALLIN D. The Uncensored War [M] . Berkeley: University of California Press, 1989.

[54]HAN K. Interlocking Directorates of Major Media Corporations: The Main Determinants [D] .Austrin: University of Texas at Austin, 1988.

[55]HANITZSCH T. Situating Peace Journalism in Journalism Studies: A Critical Appraisal [J]. Conflict & Communication, 2007, 6 (2) .

[56]HAUTAKANGAS M, AHVA L. Introducing a New Form of Socially Responsible Jour-nalism [J] . Journalism Practice, 2018 (12) .

[57]HERMAN E S, CHOMSKY N. Manufacturing Consent: The Political Economy of the Mass Media [M] . New York: Random House, 2010.

[58]HERMANS L, DROK N. Placing Constructive Journalism in Context [J] . Journalism Practice, 2018, 12 (6): 679–694.

[59]HERMANS L, DROK N.Placing Constructive Journalism in Context [J] . Journalism Practice, 2018 (12) .

[60]HERMANS L, GYLDENSTED C. Elements of Constructive Journalism: Characteristics, Practical Application and Audience Valuation [J] . Journalism, 2019, 20 (4) .

[61]HOWARD R. Conflict–Sensitive Journalism: (r) Evolution in Media Peacebuilding [M] //Communication and Peace. London: Routledge, 2015.

[62]Imagination Institute.Homepage [EB/OL] . [2019–11–02] . http: //imagination–in–stitute.org.

[63]IVOH. Restorative Narrative [EB/OL] . [2019–11–02] .https: //ivoh.org/what–we–do/restorative–narrative/.

[64]JANOWITZ M. Professional Models in Journalism: The Gatekeeper and the Advocate [J]. Journalism Quarterly, 1975, 52 (4) .

[65]JAY R. What are Journalists for? [EB/OL] . [2019–10–25] .https: //books.goo–gle.com/books? hl=zh–CN&lr=&id=M86kADfNwcgC&oi=fnd&pg=PR9&dq=Rosen, +Jay+++What+Are+Journalists+For&ots=dku0la7TNM&sig=LyjGoQSZ8Xnu8––hZWLX–H0ACO_8#v=onepage&q=Rosen%2C%20Jay%20%20%20What%20Are%20Journalists%20For&f=false.

[66]JOHNSTONE J W C, SLAWSKI E J, BOWMAN W W. The Professional Values of American Newsmen [J] . Public Opinion Quarterly, 1972, 36 (4) .

[67]JURKOWITZ M, MITCHELL A, SHEARER E, etc. Media Polarization and the 2020 Election: A Nation Divided [EB/OL] . (2020–01–24) [2020–02–13] . https: //www.journalism.org/2020/01/24/u–s–media–polarization–and–the–2020–election–a–nation–divided/.

[68]KASRIEL E. Why We Need Solutions–Focused Journalism [EB/OL] . (2016–08–31) [2020–03–23] . http: //www.bbc.co.uk/blogs/academy/entries/be8991c7–c1c7–42e6–a371–f40278838fa2.

[69]KEMPF W, LUOSTARINEN H. Journalism and the New World Order Vol. 2: Studying War and the Media [M] . Nordicom: University of Gothenburg, 2002.

[70]KITCH C. The Afterlife of Print [J] . Journalism, 2009 (10) .

[71]KLEEMANS M, DOHMEN R, SCHLINDWEIN L F, etc. Children's Cognitive Responses to Constructive Television News [J] . Journalism, 2019, 20 (4) .

[72]KOVACEVIC P, PERISIN T. The Potential of Constructive Journalism Ideas in a Croatian Context [J] .Journalism Practice, 2018 (12) .

[73]KRISTEN H. What's Restorative Narrative? A Q&A With a Journalism Professor Who's Studying It [EB/OL] . (2015–10–22) [2019–11–08] . https: //www.poynter.org/reporting–editing/2015/whats–restorative–narrative–a–qa–with–a–journalism–professor–whos–studying–it/.

[74]LANG K, LANG G E. The Unique Perspective of Television and its Effect: a Pilot Study [J] .American Sociological Review, 1953, 18 (1) .

[75]LICHTENSTEIN D, ESAU K, PAVLOVA L, etc. Framing the Ukraine Crisis: A Comparison Between Talk Show Debates in Russian and German television [J] . International Communication Gazette, 2019, 81 (1) .

[76]LOIZZO J, WATSON S, WATSON W.Examining Instructor and Learner Experiences and Attitude Change in a Journalism for Social Change Massive Open Online Course: A Mixed–Methods Case Study [J] . Journalism & Mass Communication Educator, 2017 (73) .

[77]LOUGH K, MCINTYRE K. Visualizing the Solution: An Analysis of the Images that Accompany Solutions–Oriented News Stories [J] . Journalism, 2019, 20 (4) .

[78]LOUIS W. Consensus and Mass Communication [J] . American Sociological Review, 1948, 13 (1) .

[79]LØVLIE A S.Constructive Comments? [J] .Journalism Practice, 2018, 12 (6) .

[80]LYNCH J A. Peace Journalism [M] . Stroud: Hawthorne Press, 2005.

[81]MAST J, COESEMANS R, TEMMERMAN M. Constructive Journalism: Concepts, Practices, and Discourses [J] . Journalism, 2019, 20 (4) .

[82]MCINTYRE K E, LOUGH K. Toward a Clearer Conceptualization and Operationalization of Solutions Journalism [J] . Journalism, 2021, 22 (6) .

[83]MCINTYRE K. Solutions Journalism: The Effects of Including Solution Information in News Stories about Social Problems [J] . Journalism Practice, 2019, 13 (1) .

[84]MCINTYRE K. What Makes "Good" News Newsworthy? [J] . Communication Research Reports, 2016, 33 (3) .

[85]MCINTYRE K, DAHMEN N S, ABDENOUR J. The Contextualist Function: US Newspaper Journalists Value Social Responsibility [J] . Journalism, 2018, 19 (12) .

[86]MCINTYRE K, GYLDENSTED C. Constructive Journalism: An Introduction and Practical Guide for Applying Positive Psychology Techniques to News Production [J] . The Journal of Media Innovations, 2017, 4 (2) .

[87]MCINTYRE K, GYLDENSTED C. Constructive Journalism: Applying Positive Psychology Techniques to News Production [J] .The Journal of Media Innovations, 2018, 4.

[88]MCINTYRE K, SOBEL M. Positive News Websites and Extroversion: Motives, Preferences, and Sharing Behavior Among American and British Readers [C] //Annual Meeting of the Association for Education in Journalism and Mass Communication. Montreal, 2014.

[89]MCINTYRE K, SOBEL M. Reconstructing Rwanda: How Rwandan Reporters use Constructive Journalism to Promote Peace [J] . Journalism Studies, 2018, 19 (14) .

[90]MEIER K.How Does the Audience Respond to Constructive Journalism? [J] . Journalism Practice, 2018 (12) .

[91]MIDBERRY J, DAHMEN N S. Visual Solutions Journalism: A Theoretical Framework [J] . Journalism Practice, 2020, 14 (10) .

[92]NEWMAN N, FLETCHER R, KUENG L, etc. Journalism, Media, and Technology Trends and Predictions [R/OL] . [2020-03-11] .https: //reutersinstitute.politics.ox.ac.uk/sites/default/files/202001/Newman_Journalism_and_Media_Predictions_2020_Final.pdf.

[93]NEWMAN N, FLETCHER R, OPOULOS A K. Reuters Institute Digital News Report

2019［R/OL］.（2019–10–17）［2020–01–08］. https：//reutersinstitute.politics.ox.ac.uk/sites/default/files/2019–08/DNR_2019_FINAL.pdf.

［94］ASHLEY N. Solutions Journalism Network Launches Free Toolkit［EB/OL］.（2015–01–14）［2019–10–19］. https：//ijnet.org/en/story/solutions–journalism–network–launch–es–free–toolkit.

［95］Oxford Eenglish Dictionary. The Australian Concise Oxford Dictionary（ed Moore B）［M］. Australia：Oxford University Press，1997.

［96］PARK R E. News and the Power of the Press［J］. The American Journal of Sociology，1941，47（1）.

［97］PARK R E. News as a form of Knowledge：a Chapter in the Sociology of Knowledge［J］. The American Journal of Sociology，1940，45（5）.

［98］PARK R E. Reflections on Communication and Culture［J］. The American Journal of Sociology，1938，44（2）.

［99］PARK R E. The Immigrant Press and Its Control［M］. New York：Harper and Bros，1922.

［100］PARK R E. The Natural History of the Newspaper［J］.The American Journal of So–ciology，1923，29（3）.

［101］PIROLLI B. Travel Journalism：A Constructive Approach to Tourism Reporting［EB/OL］.［2020–03–06］. https：//www.vub.be/sites/vub/files/proceedings_0.pdf#page=67Press.

［102］RICE P，EZZY D. Qualative Research Methods：A Health Focus［D］. Melbourne：Oxford University，1999.

［103］ROTMEIJER S. Words that Work? Practices of Constructive Journalism in a Local Ca–ribbean Context［J］. Journalism，2019，20（4）.

［104］SALAWU A，OWOLABI T O S. Exploring Journalism Practice and Perception in De–veloping Countries［M］. Hersey：IGI Global，2017.

［105］SCHLESINGER P. Putting'reality'together：BBC News［M］. London：Constable，1978.

［106］SELIGMAN M. Constructive Journalism and Moyers' Dictum［J］. Journalism，2019，20（4）.

［107］SEMETKO H A，VALKENBURG P M. Framing European Politics：A Content Analy–

sis of Press and Television News [J] . Journal of Communication，2000，50（2）.

[108]SHOEMAKER P J，REESE D S，etc. Mediating the Message in the 21st Century [M]. London：Routledge，2014.

[109]SHOEMAKER P J，REESE S D. Mediating the Message [M] . White Plains：Long-man，1996.

[110]SMITH DAHMEN N. Restorative Narrative as Contextual Journalistic Reporting [J] . Newspaper Research Journal，2019，40（2）.

[111]REESE S D，SHOEMAKER P J. A Media Sociology for the Networked Public Sphere：The Hierarchy of InfluencesModel [J] . Mass Communication and Society，2016，19（4）.

[112]STRAY J. Objectivity and the Decades-Long Shift from "Just the Facts" to "What does it Mean? " [EB/OL] .（2013-05-22）[2019-10-08] . https：//www.niemanlab.org/2013/05/objectivity-and-the-decades-long-shift-from-just-the-facts-to-what-does-it-mean/.

[113]THEODORE G L，CAMPBELL C. The Idea of Public Journalism [M] . New York：The Guilford Press，1999.

[114]THIER K.Opportunities and Challenges for Initial Implementation of Solutions Journalism Coursework [J] . Journalism & Mass Communication Educator，2016，71（3）.

[115]TUCHMAN G. Objectivity as Strategic Ritual：An Examination of Newsmen's Notions of Objectivity [J] . American Journal of Sociology，1977.

[116]WAGEMANS A，WITSCHGE T，HARBERS F. Impact as Driving Force of Journalis-tic and Social Change [J] . Journalism，2019，20（4）.

[117]WATERS H F，GLICK D. Networks Under the Gun [J] . Newsweek，1993，122（2）.

[118]WEAVER D H，WILHOIT G C. The American Journalist：A Portrait of U.S. News People and Their Work（2nd ed.）[M] . Bloomington：Indiana University Press，1991.

[119]WIARD V，SIMONSON M. "The City is Ours，so Let's Talk About It"：Constructing a Citizen Media Initiative in Brussels [J] . Journalism，2019，20（4）.

[120]Citizen Journalism [EB/OL] .（2019-10-25）[2020-03-23] . https：//en.wikipedia.org/wiki/Citizen_journalism.

[121]Peace Journalism. [EB/OL] .（2019-11-01）[2020-03-23] . https：//en.wikipedia.org/wiki/Peace_journalism.

[122] Ulrik Haagerup [EB/OL] . (2019-10-19) [2020-03-23] . https：//da.wikipedia.org/wiki/Ulrik_Haagerup.

[123] "Ulrik Haagerup Speaks about Constructive Journalism" [EB/OL] . (2009-10-19) [2020-03-23] . https：//www.youtube.com/watch？ v=zESU7OnR1_U.

[124] ZHANG Y Q. Constructive Journalism for China's Media in Africa，November 18，2013 [C] . Africa China Media Cooperation，the China-Africa Media Cooperation Seminar. Nairobi，2013.

[125] ZHANG Y Q. Understand China's Media in Africa from the Perspective of Constructive Journalism，September 11，2014 [C] . the International Conference China and Africa Media，Communications and Public Diplomacy. beijing，2014.

[126] ZHANG Y Q，MATINGWINA S. A New Representation of Africa？ The use of Constructive Journalism in the Narration of Ebola by China Daily and the BBC [J] . African Journalism Studies，2016 (37) .

[127] ZHANG Y Q，MATINGWINA S. Construct Relations via Constructive Journalism：A New Paradigm for Chinese Media in Africa？ September 4，2014 [C] .International Symposium on China's Soft Power in Africa：Emerging Media and Cultural Relations Between China and Africa. Ningbo，2014.

[128] ZHAO X，XIANG Y.Does China's Outward Focused Journalism Engage a Constructive Approach？ A Qualitative Content Analysis of Xinhua News Agency's English news [J] .Asian Journal of Communication，2019 (29) .

[129] ZHOU B H，ZHOU Y F. Journalists in China [EB/OL] . (2017-08-09) [2020-02-23] . https：//epub.ub.uni-muenchen.de/29702/1/Country_report_China.pdf.

附录

附录一　苏州广播电视总台旗下节目文本编码表

第一部分　建设性新闻报道的主题意旨、报道时间、价值倾向与消息来源

变量01——新闻主题：

（1）经济领域

（2）社会领域

（3）文化与旅游领域

（4）教育领域

（5）城市发展领域

（6）生态领域

（7）民生领域

（8）法治领域

变量02——报道时间：

（1）2017年

（2）2018年1—2月

（3）2018年3—4月

（4）2018年5—6月

（5）2018年7—8月

（6）2018年9—10月

（7）2018年11—12月

（8）2019 年 1—2 月
（9）2019 年 3—4 月
（10）2019 年 5—6 月
（11）2019 年 7—8 月
（12）2019 年 9—10 月
（13）2019 年 11 月
变量 03——报道价值倾向：______。
变量 04——消息来源：
（1）政府机构
（2）本台记者
（3）其他媒体机构
（4）当事人
（5）学校或学术机构
（6）企业或机构
（7）个人
（8）其他

第二部分　建设性新闻框架的呈现

变量 05——报道中是否存在问题呈现框架？
（1）是
（2）否
若选择“是”，则，
变量 05a——报道的框架是否与主题相关？
（1）是
（2）否
（3）不适用
变量 05b——框架所反映的是哪个层面的问题？
（1）宏观
（2）中观
（3）微观

变量 06——报道中是否存在先前事件与历史框架？

（1）是，两个框架都呈现了

（2）只呈现了先前事件框架

（3）只呈现了历史框架

（4）否，两个框架都没有呈现

若选择前三项（1）、（2）、（3），则，变量 06a——框架是否与主题相关？

（1）是

（2）否

（3）不适用

变量 07——报道中是否存在问题回应框架？

（1）是

（2）否

若选择“是”，则：

变量 07a——报道的框架是否与主题相关？

（1）是

（2）否

（3）不适用

变量 07b——回应主体的对象范围是以下哪一个？（可多选）

（1）市级政府及其职能部门

（2）区县级政府及其责任部门或单位

（3）街道办事处等基层政府单位

（4）专家学者

（5）企业人员

变量 07c——回应主体的层级是以下哪一个？

（1）中央级

（2）省级

（3）市级

（4）区县

变量 07d——回应主体有多少个？（单位可是人员，也可是单位数）

（1）1 个

（2）2 个

（3）3 个

（4）4 个

（5）5 个

（6）6 个

（7）7 个及以上

变量 07e——回应主体回应的频次是以下哪一个？（所有回应主体的回应频次相加）

（1）0 次

（2）1 ~ 10 次

（3）11 ~ 20 次

（4）21 ~ 30 次

（5）31 ~ 40 次

（6）41 ~ 50 次

（7）51 ~ 60 次

（8）61 次及以上

变量 07f——每个回应主体的职位层级是以下哪一个？（可多选）

（1）部级正职，省级正职

（2）部级副职，省级副职

（3）司级正职，厅级正职，巡视员

（4）司级副职，厅级副职，助理巡视员

（5）处级正职，县级正职，调研员

（6）处级副职，县级副职，助理调研员

（7）科级正职，乡级正职，主任科员

（8）科级副职，乡级副职，副主任科员

（9）科员

（10）办事员

变量 08——报道中是否存在归因与评估框架？

（1）是，两个框架都呈现了

（2）只呈现了归因框架

（3）只呈现了评估框架

（4）否，两个框架都没有呈现

若选择前三项（1）、（2）、（3），则，变量 08a——框架是否与主题相关？

（1）是

（2）否

（3）不适用

变量 08b——是否分析该社会问题产生的深层次原因？

（1）是

（2）否

变量 09——报道中是否存在问题解决框架？

（1）是

（2）否

若选择“是”，则

变量 09a——框架是否与主题相关？

（1）是

（2）否

（3）不适用

变量 09b——回应主体是否对某一问题/事件的解决给出清晰的时间期限或问题是否已得到解决？

（1）是

（2）否

变量 09c——回应方的解决方案或对策是否明晰、具体（有细节性信息）、有针对性和可行性？

（1）是

（2）否

变量 09d——是否延伸到其他领域？

（1）是

（2）否

变量 10——报道中是否存在情感框架？

（1）是

（2）否

若选择“是”，则变量 10a——报道的情感倾向是什么？

（1）正向（积极、称赞、乐观、移情、同情、关心）

（2）中性（理性、中立）

（3）负面（消极、愤怒、悲哀）

变量 11——报道中是否存在面向未来框架？

（1）是

（2）否

第三部分　字词使用、词性与图像符号

变量 12——各议题报道的关键词是________。

变量 13——报道过程中是否运用数据？

（1）是

（2）否

变量 14——报道中体现的词性是以下哪一种？

（1）褒义

（2）中立

（3）贬义

变量 15——视频报道中除了演播厅的访谈画面外，还有哪些展现形式？（可多选）

（1）动画或漫画

（2）新闻图片或文字介绍

（3）采访短片

（4）智能化技术

（5）其他

变量 16——视频报道中的景别是以下哪一种？（可多选）

（1）远景

（2）全景

（3）中景

（4）近景

（5）特写

变量 17——视频报道中的拍摄角度是以下哪一种？（可多选）

（1）仰视拍摄

（2）平视拍摄

（3）俯视拍摄

变量 18——视频报道中的主体是以下哪一种？

（1）以人为主体的视频画面

（2）以物为主体的视频画面

（3）人与物皆为主体的视频画面

变量 19——视频报道中的情感倾向是什么？

（1）正向（积极、称赞乐观、移情、同情、关心）

（2）中性（理性、中立）

（3）负面（消极、愤怒、悲哀）

变量 20——图文报道的图片数量是多少？

（1）0 张

（2）1—2 张

（3）3—4 张

（4）5—6 张

（5）7—8 张

（6）9 张及以上

如果选（1）则以下变量均不用测量。

变量 21——图文报道采用的图片类型是以下哪一种？（可多选）

（1）视频报道截取图片

（2）配图（不包括漫画）

（3）漫画

变量 22——图文报道中的图片画幅是以下哪一种？

（1）横幅

（2）竖幅

（3）横幅与竖幅皆有

变量 23——图文报道中的图片景别是以下哪一种？（可多选）

（1）远景

（2）全景

（3）中景

（4）近景

（5）特写

变量24——图文报道中的图片拍摄角度是以下哪一种？（可多选）

（1）仰视拍摄

（2）平视拍摄

（3）俯视拍摄

变量25——图文报道中的图片主体是以下哪一种？

（1）以人为主体的图片

（2）以物为主体的图片

（3）人与物皆为主体的图片

变量26——图文报道中的图片情感倾向是什么？

（1）正向（积极、称赞、乐观、移情、同情、关心）

（2）中性（理性、中立）

（3）负面（消极、愤怒、悲哀）

附录二 访谈提纲

一、针对直接负责人的访谈提纲

（一）媒体工作者个人的情况

1. 请问您到苏州广播电视台多久了？主要负责哪些方面的工作？

2. 您当时为什么被分配到这个岗位？ 公司有什么考虑吗？

3. 这些年您工作有哪些感受和心得呢？

（二）记者议题报道经验与栏目情况

1. 请介绍一个让您印象最深的新闻案例，当时是在一种什么样的情形下报道的？怎么考虑到要报道这个问题？当时是一种什么样的想法？是如何获得消息源的？最终效果如何？您有什么感受？您认为问题该如何解决？

2. 媒体论述的边界是什么？您如何看待所报道的争议性事件及事件中的新闻人物？您如何看待新闻的客观性与记者的主观介入？您为何选择此种呈现方式？

3. 了解到您在整个栏目中担当记者 / 编辑，请问每期节目的生产流程是怎样的？各个环节如何分工？您的任务安排情况是怎样的？每日 / 每周 / 每月完成多少条新闻？每期节目是否有固定的时长？

4. 苏州广播电视总台是如何转向建设性新闻报道的？具体采取了哪些举措？是否有采访路线、报道人力的改变？是否组织培训？有哪些人力 / 资源支持？发生哪些调整？组织层面调整有哪些？内容层面调整有哪些？有无策划专题？

5. 贵栏目设立的原因是什么？有无形成固定的模式？有无固定的议题偏向？选题的依据是什么？如何平衡不同议题？消息 / 稿件来源于哪里？对于采访人员 / 评论员的资质有无相关的要求？

6. 您认为建设性新闻节目与帮扶类新闻、问政类新闻的区别是什么？

（三）媒体报道的立场、角色与困境

1. 您所负责栏目的立场是什么？媒体在报道过程中能够起到什么作用，扮演何种角色？现实过程中是如何履行这一角色的？履行过程中遇到哪些困难，又是如何解决的？能否举个例子？

2. 您认为现在报道是否得心应手？遇到哪些困难？您是如何解决的？您认为

组织层面应该如何帮助解决上述困难？您认为社会系统层面，如有关主管部门可以为建设性新闻提供哪些帮助？

3. 栏目在创办、运行过程中遇到哪些困难？

4. 您觉得在您心中怎样才是出色的建设性新闻记者？有无相应的榜样？如果有，哪些特质让您觉得他是好记者？您认为记者个人在报道中充当什么角色？您是如何履行该角色的？遇到哪些困难？

5. 您认为媒体实际扮演的角色与受众的角色期待之间有无差距？如果有，您认为造成差距的原因是什么？如何缩小两者之间的差距？

6. 在受众定位与作用方面与受众互动方式有哪些？有无线下的活动？受众反馈如何？如何看待受众在建设性新闻中作用？

（四）媒体报道的影响因素

您认为在报道过程中最主要受以下哪些因素影响？

1. 政治：有无宣传任务或工作安排？宣传部有哪些基本的规定？是如何考虑这些要求的？有无相应的文件？是否必须执行？如果没有严格执行是否会受到批评或有哪些惩罚措施？当地政府有无相应的规定？

2. 经济：营业方式是怎样的？资金来源有哪些？广告收益如何？赞助商是否提出过相应的要求？有无利益冲突？据您所知，栏目的市场反应如何？赞助商的反应如何？是如何考虑这些反映的？苏州广播电视总台是否支持与鼓励此类报道？与其他组织机构是否有合作或跨媒介合作？

3. 文化：文化环境对节目有何影响？有无明确的受众定位？有无考虑受众喜好与需要？

二、针对间接参与人的访谈提纲

（一）媒体工作者个人的情况

1. 请问您到苏州广播电视台多久了？主要负责哪些方面的工作？

2. 您当时为什么被分配到这个岗位？ 公司有什么考虑吗？

3. 这些年您工作有哪些感受和心得呢？

（二）记者议题报道经验与栏目情况

1. 苏州广播电视总台的节目制作理念是什么？经营理念与方针是什么？是如何践行的？是否形成制度化文件？推行、传播制作理念途径有哪些？

2. 新闻报道队伍及人员的构成是怎样的？

3. 栏目的组织架构是怎样的？栏目制作流程是怎样的？

4. 您怎样看待建设性新闻？如何界定建设性？所在媒体转型建设性新闻的原因是什么？

5. 您在节目制作 / 稿子写作过程中，是否有践行建设性新闻理念？

6. 据您所知，苏州广播电视总台是如何转向建设性新闻报道的？具体采取了哪些举措？是否有采访路线、报道人力的改变？是否组织培训？有哪些人力 / 资源支持？发生哪些调整？组织层面调整有哪些？内容层面调整有哪些？有无策划专题？

（三）媒体报道的立场、角色与困境

1. 您认为媒体在报道中的角色是什么？现实工作中如何履行这一角色的？履行过程中遇到哪些困难，又是如何解决的？能否举个例子？

2. 您觉得在您心中怎样才是出色的建设性新闻记者？有无相应的榜样？如果有，哪些特质让您觉得他是好记者？您认为记者个人在报道中充当什么角色？

3. 您认为媒体实际扮演的角色与受众的角色期待之间有无差距？如果有，您认为造成差距的原因是什么？如何缩小两者之间的差距？

4. 如何看待受众在建设性新闻中作用？

（四）媒体报道的影响因素

您认为在报道过程中最主要受以下哪些因素影响？

1. 政治：有无宣传任务或工作安排？宣传部有哪些基本的规定？是如何考虑这些要求的？有无相应的文件？是否必须执行？如果没有严格执行是否会受到批评或有哪些惩罚措施？当地政府有无相应的规定？

2. 经济：营业方式是怎样的？资金来源有哪些？广告收益如何？赞助商是否提出过相应的要求？有无利益冲突？据您所知，栏目的市场反应如何？赞助商的反应如何？是如何考虑这些反映的？苏州广播电视总台是否支持与鼓励此类报道？与其他组织机构是否有合作或跨媒介合作？

3. 文化：文化环境对节目有何影响？有无明确的受众定位？有无考虑受众喜好与需要？

后记

我要感谢我的恩师殷乐老师。2017 年，我有幸成为了殷乐教授的开山弟子。博士求学三年以来，恩师的渊博学识，温文尔雅的大师风范及严谨的工作作风，一直影响着我，让我学会了如何做学问，如何关注社会，在学术的领域里大开眼界，使自己的视野更上新台阶。每次恩师风趣的表达，乐观的生活态度，以及坚毅的品格，这是一笔宝贵的精神财富，都将使我受用终生。

此次著作的出版，恩师更是给予我极大的支持与帮助。恩师在我最灰暗时，一直给我鼓励支持与帮助，展现出学者的敏锐与宽厚。恩师时时宽待，处处优容，帮我走出了困境，论文结构框架以及整个思路的展开和恩师的帮助分不开，恩师无私的指教使我顿开茅塞，受益匪浅，心中的感激无以言表。

恩师不仅从学术上给我帮助，而且在生活上也是无微不至。在我父亲生病与孩子生病时，嘘寒问暖，安慰体贴，关怀备至，犹如冬日的太阳，让我倍感温暖。它成为了一种动力，让我暗下决心，一定要把著作尽快写完写好，以报答恩师的一片深情。

感谢唐绪军老师、卜卫老师、黄楚新老师、宋小卫老师、刘昶老师、王甫老师、史安斌老师、蔡雯老师在开题、答辩、评阅时为我指点迷津并提供宝贵意见。令我不胜感动的有两件事；其一，在论文评阅过程中，刘昶老师打了两次电话给我，就论文修改提出了翔实的参考意见；其二，唐绪军老师与卜卫老师在论文评阅与答辩过程中，两位老师非常细致地阅读了我的论文，并提出了有针对性的、极为翔实的参考意见。还有孙萍老师、曾昕老师、王颖老师等在论文写作过程中的无私帮助，还有我的同门以及同门师妹们，同届的各位同学以及师姐、师兄们对我的关怀与鼓励。

我要感谢所有接受我访谈的受访者。感谢苏州广播电视总台的副台长王晓雄老师热情地帮我联系、张罗，感谢总编室融媒中心主任常江老师帮我安排具体的采访事宜，感谢融媒体中心魏代岭总监拨冗接受我访谈，感谢苏州广播电视总台的朱怡岚总编、张利荣记者、闪音瑜记者、毕老师、张蒙记者、卢奕记者、颜国编辑耐心回答我的疑问。感激之情永存心中。感谢所有人的无私帮助。

感谢文学院领导白杰老师与张原老师、教研室主任张盼盼老师对我书稿出版的殷切关怀与支持。感谢知识产权出版社的李婧编辑的辛勤校对与编辑，正是李婧女士细致专业认真的工作，本书在短时间内得以面世。

感谢我的老公，是他帮助我收集样本，整理数据，找寻资料，一字一句斟酌，认真审读。再有感谢我的婆婆公公，从我孩子出生，他们就来到家里伺候我坐月子，做饭、照看宝宝，鼓励、支持我备考，考取博士与他们的帮助分不开，尽管他们 70 岁了，而且身体也不太好，婆婆公公还是千里迢迢跟随我来到了北京，帮助照看孩子，料理家务，让我安心学习，解除了我的后顾之忧。

感谢我的父母，父亲在我上高中、大学、研究生时经常接来送往，尤其是在我考博期间，更是三番几次陪我来京应考面试，还有在我婆婆公公双双住院，不能来京看孩子期间，当时我母亲有工作，不能一同前往，是我父亲一人来京，照看孩子，做饭承担家务，其辛苦可想而知。

虽然新闻学术的道路很艰辛，还有许多沟沟坎坎，但是，正是因为有恩师与同学、朋友们的鼓励与帮助，有家人爱的陪伴与支持，这条路不再是踽踽独行，正因为此，这条路我会走得更加执着与坚定，希望未来走得会更好，行得会更远。